行政单位会计制度讲解

行政单位会计制度研究组 编写

东北财经大学出版社
Dongbei University of Finance & Economics Press
大 连

ⓒ 行政单位会计制度研究组 2014

图书在版编目（CIP）数据

行政单位会计制度讲解／行政单位会计制度研究组编写.
—大连：东北财经大学出版社，2014.4（2015.6 重印）
ISBN 978-7-5654-1475-6

Ⅰ. 行… Ⅱ. 行… Ⅲ. 单位预算会计-会计制度-中国
Ⅳ. F812.2

中国版本图书馆 CIP 数据核字（2014）第 034972 号

东北财经大学出版社出版
（大连市黑石礁尖山街 217 号 邮政编码 116025）
教学支持：（0411）84710309
营 销 部：（0411）84710711
总 编 室：（0411）84710523
网 址：http：//www.dufep.cn
读者信箱：dufep@dufe.edu.cn
大连图腾彩色印刷有限公司印刷 东北财经大学出版社发行

幅面尺寸：170mm×240mm 字数：350 千字 印张：18 插页：1
2014 年 4 月第 1 版 2015 年 6 月第 3 次印刷

责任编辑：李智慧 责任校对：惠恩乐 毛 杰
封面设计：张智波 版式设计：钟福建

ISBN 978-7-5654-1475-6
定价：38.00 元

前　言

为适应公共财政改革和行政单位财务管理改革的需要，进一步规范行政单位会计核算，财政部于 2013 年 12 月发布了新修订的《行政单位会计制度》（财库〔2013〕218 号），自 2014 年 1 月 1 日起全面施行。同原会计制度相比，新《行政单位会计制度》在会计核算目标、会计核算方法、会计科目设置、会计处理流程、财务报表体系等方面发生了较大的变化，对行政单位会计核算工作和会计人员素质提出了更高要求。

为了指导和帮助广大行政单位会计从业人员系统、完整、准确地理解新制度，做好新旧会计制度衔接工作，促进新《行政单位会计制度》的有效实施，由行政单位会计制度研究组组织编写了《行政单位会计制度讲解》一书。行政单位会计制度研究组由长期从事行政单位会计实务、教学及培训工作的专家、学者组成，他们对行政单位会计理论、方法问题有较为深入的研究，熟悉行政单位会计核算实务，了解《行政单位会计制度》的修订背景、指导思想和主要内容。本书可以用于行政单位会计人员新会计制度的培训，也可作为行政单位会计人员后续学习、提高的教材，还可以作为高等学校会计学专业教学的参考资料。

本书的主要特点包括：

1. 以行政单位会计核算为核心内容，深入贯彻了新修订的《行政单位会计制度》，在介绍行政单位会计的基本理论与方法的基础上，详细地讲解了行政单位会计核算的业务流程及财务报告的编制方法，对新制度的解读力求全面、准确和清晰。

2. 以最新的文件制度为依据，把中共中央、国务院和财政部近期颁布的关于加强党政机关经费管理等文件精神融入到了会计核算中，将行政单位的会计核算与预算管理、财务管理、内部控制有机结合。

3. 以实用性和可操作性为目标，力求理论密切联系实际，每项账务处理均配有例题或实例，并通过设置"小比较"、"小知识"、"小提示"、"小问题"等栏目，清晰地归纳了新旧行政单位会计制度的差异或变化，简洁地提供了有助于理解新制度内容的背景资料，明确地指出了掌握新制度需要关注的重点和难点，有针对性地回答了学习中可能存在的疑惑，便于读者尽快掌握并运用新制度。

本书内容共分八章。第一章为《行政单位会计制度》概述，主要介绍《行政单位会计制度》的修订与基本内容；第二章至第六章为行政单位会计核算实务，按照收入、支出、资产、负债和净资产的顺序讲解各会计要素的确认、计量、记录方法与账务处理流程；第七章为行政单位的财务报告，讲解行政单位财务报告的构成、编制与分析方法；第八章为新旧行政单位会计制度的衔接，讲解新旧会计制度衔接工作的总体要求与操作程序。为便于读者查阅，本书附有《行政单位会计制度》、《新旧行政单位会计制度有关衔接问题的处理规定》和《行政单位财务规则》原文。

本书由何东平落实完成编写。在此过程中，得到了行政单位会计制度研究组全面、细致的指导，以及中国会计学会政府与非营利组织会计专业委员会委员常丽、国有资产管理与评估专家王景升、资深会计考试辅导专家魏红元的协助与支持，在此深表谢意！本书的编写参考并引用了财政部颁布的《行政单位会计制度》、《新旧行政单位会计制度有关衔接问题的处理规定》、《行政单位财务规则》等相关文件资料。本书的出版得到了东北财经大学出版社编辑的支持与协助，在此一并表示感谢！

由于时间仓促，加之水平有限，书中不妥乃至错误之处在所难免，敬请同仁和广大读者不吝指正。新的制度颁布与实施的时间不长，我们与大家一样也在学习、领会之中，本书的内容还需要后续的修订、充实与完善。我们的电子邮箱是xzdwkj2014@163.com。读者学习新会计制度中如有问题，或者发现本书错误之处，恳请通过此邮箱与我们联系。

行政单位会计制度研究组

2014 年 3 月

目 录

第一章

《行政单位会计制度》概述

第一节　行政单位会计基础

学习行政单位会计，领会新修订《行政单位会计制度》的内容和精髓，需要了解行政单位的基本情况，理解行政单位会计的含义和特点，明确行政单位财务管理和内部控制的相关规定。本节主要介绍行政单位的范围和行政单位会计的含义，熟悉行政单位预算管理、财务管理和内部控制的对行政单位会计的要求。

一、行政单位会计

（一）行政单位的范围

一般来说，行政单位是行使国家权力、管理国家事务的各级政府机构，其主要活动是进行国家行政管理、组织经济建设和文化建设、维护社会公共秩序。作为行政单位会计主体，行政单位有着特定的范围，是各级各类国家机关、政党组织的统称。

1. 国家机关

国家机关是指依据宪法和有关组织法的规定设置的，行使国家行政职权，负责对国家各项行政事务进行组织、管理、监督和指挥的机关。我国的国家机关主要包括：各级人民代表大会及其常务委员会机关、各级人民政府及其所属工作机构、中国人民政治协商会议各级委员会机关、各级审判机关、各级检察机关等。其中，各级人民代表大会及其常务委员会是国家权力机关；各级人民政府及其所属工作机构是行政机关；中国人民政治协商会议是中国共产党领导的多党合作和政治协商机构；审判机关是人民法院，包括最高人民法院、地方各级人民法院和专门人民法院；检察机关是人民检察院，包括最高人民检察院、地方各级人民检察院和专门人民检察院。

> **小知识**
>
> 　　中华人民共和国的国家机构包括：全国人民代表大会；中华人民共和国主席；中华人民共和国国务院；中华人民共和国中央军事委员会；地方各级人民代表大会和地方各级人民政府；民族自治地方的自治机关；人民法院和人民检察院。中华人民共和国国务院，即中央人民政府，是最高国家权力机关的执行机关，是最高国家行政机关。国务院组成部门包括：外交部、国防部、国家发展和改革委员会、教育部、科学技术部、工业和信息化部、国家民族事务委员会、公安部、国家安全部、监察部、民政部、司法部、财政部、人力资源和社会保障部、国土资源部、环境保护部、住房和城乡建设部、交通运输部、水利部、农业部、商务部、文化部、国家卫生和计划生育委员会、中国人民银行、审计署。地方各级人民政府是地方各级国家权力机关的执行机关，是地方各级国家行政机关。

　　2. 政党组织

　　政党组织包括中国共产党各级机关、各民主党派和工商联的各级机关。其中，中国共产党为执政党，由党的中央组织、地方组织和基层组织组成。民主党派是指除执政党中国共产党以外的参政党的统称，包括中国国民党革命委员会、中国民主同盟、中国民主建国会、中国民主促进会、中国农工民主党、中国致公党、九三学社、台湾民主自治同盟。工商联是中华全国工商业联合会的简称，是面向工商界、以非公有制企业和非公有制经济人士为主体的人民团体和商会组织。

> **小知识**
>
> 　　中国共产党中央部门机构包括：中央纪律检查委员会机关、中央办公厅、中央组织部、中央宣传部、中央统战部、中央对外联络部、中央政法委员会机关、中央政策研究室、中央台湾工作办公室、中央对外宣传办公室、中央财经领导小组办公室、中央外事工作领导小组办公室、中央机构编制委员会办公室、中央直属机关工作委员会、中央国家机关工作委员会。

　　行政单位依法设立，工作人员一般列为国家行政编制，活动经费由国家财政供给。按照管理层次，行政单位分为中央行政单位和地方行政单位。中央行政单位由中央财政拨款，包括党中央各部门、全国人大机构、中央人民政府机构、政协全国委员会、最高人民法院机构、最高人民检察院机构、各民主党派和工商联中央机关等。地方行政单位由地方财政拨款，是国家机关、政党组织的地方分支机构，包括省（自治区、直辖市）、市（设区的市、自治州）、县（自治县、不设区的市、市辖区）和乡（镇）四个级次。

（二）行政单位会计的含义

行政单位会计是反映和监督各级各类国家机关、政党组织财务状况、预算执行情况及结果的专业会计。行政单位会计的主体是行政单位，包括各级国家权力机关、政府机关、审判机关、检察机关以及政党组织、接受预算拨款的人民团体等。行政单位会计的核算对象是部门预算资金，纳入财政预算管理。行政单位会计需要向会计信息使用者提供财务状况、预算执行情况等有关的会计信息，反映行政单位受托责任的履行情况，为加强经济管理、监督资金的使用和作出经济决策服务。

行政单位会计是预算会计的组成部分。预算会计是反映各级政府、行政单位、事业单位预算执行情况的专业会计，包括财政总预算会计、行政单位会计和事业单位会计。预算会计的目的是为预算管理与单位财务管理提供有用信息，提高财政资金的使用效益，加强预算控制，保证财政预算的实现。行政单位会计属于预算会计范畴，是政府会计的重要组成部分，对加强行政单位管理，提供及时、准确的预算信息具有重要的作用。

（三）行政单位会计的规范

会计规范是行政单位在从事会计核算及相关活动中应当遵循的约束性行为准则。按层次划分，行政单位会计规范包括法律规范、行政法规和会计制度三个层面。会计法律是指由全国人民代表大会及其常务委员会经过一定立法程序制定的有关会计工作的法律，我国的会计法律指的是《中华人民共和国会计法》。会计行政法规是指由国务院制定并发布，或者由国务院有关部门拟订、经国务院批准发布，调整某些方面会计关系的行政规范。会计制度是指财政部门制定的关于会计核算要求、会计确认计量方法、会计科目设置与使用方法、财务报表编制说明的具体规定。

我国原来的《行政单位会计制度》是 1998 年颁布实施的，对规范行政单位会计核算，加强行政单位财务管理发挥了重要作用。为适应公共财政改革和行政单位财务管理改革的需要，进一步规范行政单位会计核算，财政部于 2013 年 12 月修订发布了《行政单位会计制度》，自 2014 年 1 月 1 日起全面施行。行政单位的会计核算除了要遵循会计法律、行政法规和会计制度外，还应当符合预算管理、财务管理与内部控制制度的要求。

二、行政单位的预算管理

（一）行政单位预算管理的内容

行政单位预算是财政预算的重要组成部分。我国的各级预算由财政总预算和部门（或单位）预算组成，行政单位的预算属于部门（或单位）预算，隶属于不同级次的财政总预算。我国的财政预算体系包括中央预算和地方预算，如果行政单位隶属于中央机关，由中央财政拨付经费，则该行政单位为中央行政单位；

如果行政单位隶属于地方机关，由地方财政拨付经费，则该行政单位为地方行政单位。

行政单位预算是行政单位根据其职责和工作任务编制的年度财务收支计划，由收入预算和支出预算组成。行政单位的收入预算包括财政拨款收入和其他收入，支出预算包括经费支出和拨出经费。行政单位取得的各项收入和发生的各项支出，均应当全部纳入单位预算，实行收入、支出统一管理。

（二）行政单位预算管理的级次

按照预算管理权限，行政单位预算管理分一级预算单位、二级预算单位和基层预算单位三个级次。向同级财政部门申报预算的行政单位，为一级预算单位；向上一级预算单位申报预算并有下级预算单位的行政单位，为二级预算单位；向上一级预算单位申报预算，且没有下级预算单位的行政单位，为基层预算单位。一级预算单位有下级预算单位的，为主管预算单位。各级预算单位应当按照预算管理级次申报预算，并按照批准的预算组织实施，定期将预算执行情况向上一级预算单位或者同级财政部门报告。

> **小提示**
>
> 主管预算单位一定是一级预算单位，但是一级预算单位不一定就是主管预算单位。向财政部门申报预算，并有下级预算单位的，既是一级预算单位，又是主管预算单位；不直接向财政部门申报预算，但又有下级预算单位的为二级预算单位；没有下级预算单位，又不直接向财政部门申报预算的，为基层预算单位。

（三）行政单位预算管理的办法

根据《行政单位财务规则》的规定，财政部门对行政单位实行收支统一管理，定额、定项拨款，超支不补，结转和结余按规定使用的预算管理办法。

1. 收支统一管理

行政单位的收入预算、支出预算构成单位预算的整体，在预算编制、核定和实施等方面统一进行管理。行政单位应当将全部收入和全部支出统一编入预算，报请财政部门或上级预算单位核定。财政部门根据预算政策、行政单位的工作目标和计划、资产状况等情况，核定行政单位的年度收支预算。行政单位按照财政部门或上级预算单位核定的预算，统一组织预算收入、支出的实施。

2. 定额、定项拨款

行政单位的预算拨款包括基本支出拨款和项目支出拨款，基本支出拨款是财政部门拨给行政单位用于维持正常运行和完成日常工作任务所需要的款项，项目支出拨款是财政部门拨给单位在基本支出以外完成特定任务所需要的款项。基本支出拨款实行定额拨款的办法，按照拨款标准核定拨款的数额。项目支出拨款实行定项拨款的办法，根据项目的具体情况核定拨款的数额。

3. 超支不补，结转和结余按规定使用

行政单位的预算核定后，除特殊因素外，超预算发生的支出，财政部门或主管预算单位不再追加预算。如果当期形成结转或结余资金，应当按照同级财政部门的有关规定执行。对结转和结余资金的管理，各地财政部门的做法不尽相同。结转资金原则上按原用途使用，确需改变用途的，应报经批准。结余资金应当实行不同的管理办法，原则上统筹用于编制以后年度的单位预算。

行政单位编制预算，应当综合考虑年度工作计划和相应支出需求、以前年度预算执行情况、以前年度结转和结余情况、资产占有和使用情况等因素。行政单位预算应当按照规定的程序编报和审批。行政单位应当严格执行预算，按照收支平衡的原则，合理安排各项资金，不得超预算安排支出。预算在执行中原则上不予调整。因特殊情况确需调整预算的，行政单位应当按照规定程序报送审批。

小比较

　　同行政单位的原预算管理制度相比，行政单位的结转和结余资金管理办法发生了变化。原财务制度规定，行政单位的结余资金留归本单位使用。新财务制度将收入与支出相抵后的差额分为结转资金和结余资金，强调结转和结余资金按规定使用。即行政单位的结转和结余资金不再全部留用，应当根据同级财政部门的规定，或者结转下年继续使用，或者用于统筹编制以后年度的预算，或者统一安排调剂使用。

三、行政单位的财务管理[①]

（一）行政单位财务管理的规范

为了规范行政单位的财务行为，加强行政单位财务管理和监督，提高资金使用效益，保障行政单位工作任务的完成，财政部于2012年12月颁布了《行政单位财务规则》（财政部令第71号），自2013年1月1日起施行。

《行政单位财务规则》适用于各级各类国家机关、政党组织的财务活动。《行政单位财务规则》包括总则、单位预算管理、收入管理、支出管理、结转和结余管理、资产管理、负债管理、行政单位划转撤并的财务处理、财务报告和财务分析、财务监督、附则共十一章内容，对行政单位的财务活动进行了全面规范。行政单位所有财务活动均应当符合财务规则的要求。

（二）行政单位财务管理的原则与任务

《行政单位财务规则》规范了行政单位的财务行为，明确了行政单位财务管理的目标、基本原则和主要任务。行政单位财务管理的基本原则是：量入为出，保障重点，兼顾一般，厉行节约，制止奢侈浪费，降低行政成本，注重资金使用

---

① 本部分内容参考了：财政部编写组. 行政单位财务规则解读［M］. 北京：经济科学出版社，2013.

效益。

行政单位财务管理的主要任务是：科学、合理编制预算，严格预算执行，完整、准确、及时编制决算，真实反映单位财务状况；建立健全财务管理制度，实施预算绩效管理，加强对行政单位财务活动的控制和监督；加强资产管理，合理配置、有效利用、规范处置资产，防止国有资产流失；定期编制财务报告，进行财务活动分析；对行政单位所属并归口行政财务管理的单位的财务活动实施指导、监督；加强对非独立核算的机关后勤服务部门的财务管理，实行内部核算办法。

（三）行政单位财务管理的内容

行政单位财务管理的内容主要包括预算管理、收入管理、支出管理、结转和结余管理、资产管理、负债管理、财务报告和财务分析、财务监督等。满足财务管理的要求，是行政单位会计的一项重要任务。行政单位财务人员应当熟悉行政单位财务管理的各项要求，监督单位的财务活动，为加强单位财务管理提供有用的会计信息。

新的《行政单位会计制度》与《行政单位财务规则》在适用范围、会计核算基础定位、收入支出科目分类、资产负债确认计量等方面保持了基本一致，二者的协调统一有利于发挥会计基础性作用，在兼顾财务管理需求的同时，体现财政预算管理的信息需求。

四、行政单位的内部控制①

（一）行政单位内部控制的规范

为了提高行政单位内部管理水平，规范内部控制，加强风险防控机制建设，财政部于 2012 年 12 月颁布了《行政事业单位内部控制规范（试行）》，于 2014 年 1 月 1 日起施行。行政单位经济活动的内部控制，应当遵循《行政事业单位内部控制规范（试行）》的要求。

《行政事业单位内部控制规范（试行）》充分考虑了现阶段我国行政单位经济活动的内在特点和相互之间的关系，将内部控制的基本原理与我国行政事业单位的实际情况相结合，瞄准内部管理中的薄弱环节，重点强化机制建设，将制衡机制嵌入到内部管理制度中，提高内部管理制度的执行力，在行政事业单位建立具有中国特色的内部控制体系。

（二）行政单位内部控制的目标

行政单位内部控制是指行政单位为实现控制目标，通过制定制度、实施措施和执行程序，对经济活动的风险进行防范和管控。行政单位内部控制的目标主要包括：合理保证单位经济活动合法合规、资产安全和使用有效、财务信息真实完

---

① 本部分内容参考了：刘永泽．行政事业单位内部控制制度设计操作指南［M］．大连：东北财经大学出版社，2013．

整，有效防范舞弊和预防腐败，提高公共服务的效率和效果。

行政单位应当根据《行政事业单位内部控制规范（试行）》建立适合本单位实际情况的内部控制体系，并组织实施。具体工作包括梳理单位各类经济活动的业务流程，明确业务环节，系统分析经济活动风险，确定风险点，选择风险应对策略，在此基础上根据国家有关规定建立健全单位各项内部管理制度并督促相关工作人员认真执行。

（三）行政单位内部控制的内容

行政单位内部控制体系包括风险评估和控制、单位层面内部控制、业务层面内部控制、评价与监督等。

1. 风险评估和控制

行政单位应当建立经济活动风险定期评估机制，对经济活动存在的风险进行全面、系统和客观的评估。经济活动风险评估至少每年进行一次；外部环境、经济活动或管理要求等发生重大变化的，应及时对经济活动风险进行重估。风险评估包括单位层面的风险评估和经济活动业务层面的风险评估。行政单位内部控制的方法包括不相容岗位相互分离、内部授权审批控制、归口管理、预算控制、财产保护控制、会计控制、单据控制和信息内部公开。

2. 单位层面内部控制

行政单位应当单独设置内部控制职能部门或者确定内部控制牵头部门，负责组织协调内部控制工作。同时，应当充分发挥财会、内部审计、纪检监察、政府采购、基建、资产管理等部门或岗位在内部控制中的作用。行政单位经济活动的决策、执行和监督应当相互分离。行政单位应当建立健全内部控制关键岗位责任制，明确岗位职责及分工，确保不相容岗位相互分离、相互制约和相互监督。

3. 业务层面内部控制

业务层面内部控制主要包括预算业务控制、收支业务控制、政府采购业务控制、资产控制、建设项目控制和合同控制。

4. 评价与监督

行政单位应当建立健全内部监督制度，明确各相关部门或岗位在内部监督中的职责权限，规定内部监督的程序和要求，对内部控制建立与实施情况进行内部监督检查和自我评价。内部监督应当与内部控制的建立和实施保持相对独立。

五、行政单位会计核算的组织

（一）会计机构与人员

会计工作的组织，是为实现会计工作目标，完成日常会计核算工作，而对会计机构设置、会计岗位设置、会计人员配备以及会计管理制度、财务管理制度、内部控制制度的制定的具体安排。正确、科学、合理地组织会计工作，对全面完成行政单位的会计任务，充分发挥会计在预算管理与经济管理工作中的作用具有重要意义。

行政单位应当根据《中华人民共和国会计法》、《会计基础工作规范》的规定及会计业务的需要，设置会计机构和配备会计人员。行政单位一般设立专门的会计机构，负责组织、领导和从事会计工作。行政单位应当根据会计业务需要设置会计工作岗位，配备会计人员。工作岗位主要包括会计机构负责人、会计主管人员、出纳人员、收入支出核算、财产物资核算、资金往来结算、总账报表等。从事会计工作的人员，必须取得会计从业资格证书，具备必要的专业知识和专业技能，熟悉国家的相关法律、法规和会计制度，遵守会计职业道德。会计机构负责人应当具有会计专业技术资格，熟悉国家财经法律、法规、规章和方针、政策，掌握行政单位业务管理的有关知识，并具有较强的组织能力。行政单位应当制定完善的内部会计管理制度、财务管理制度和内部控制制度，规范会计工作。

小知识

根据《会计从业资格管理办法》（财政部令第73号）的规定，在国家机关、社会团体、企业、事业单位和其他组织中担任会计机构负责人（会计主管）的人员，以及从事会计工作的人员应当取得会计从业资格。单位不得任用（聘用）不具备会计从业资格的人员从事会计工作。国家实行会计从业资格考试制度，会计从业资格考试科目为：财经法规与会计职业道德、会计基础、会计电算化（或者珠算）。会计从业资格各考试科目应当一次性通过。持证人员应当接受继续教育，提高业务素质和会计职业道德水平。

小知识

根据《会计专业技术资格考试暂行规定》和《会计专业技术资格考试实施办法》（财会〔2000〕11号）的规定，会计专业技术资格实行全国统一组织、统一考试时间、统一考试大纲、统一考试命题、统一合格标准的考试制度。会计专业技术资格分为：初级资格、中级资格和高级资格。会计专业技术初级资格考试科目为初级会计实务、经济法基础，参加初级资格考试的人员必须在一个考试年度内通过全部科目的考试。会计专业技术中级资格考试科目为中级会计实务、财务管理、经济法，会计专业技术中级资格考试以2年为一个周期，参加考试的人员必须在连续的2个考试年度内通过全部科目的考试。会计专业技术高级资格实行考试与评审结合的评价制度，考试科目为高级会计实务。

（二）会计组织体系

根据行政单位的隶属关系和按照预算管理级次，行政单位会计分为主管会计单位、二级会计单位和基层会计单位三级。向财政部门申报预算，并发生预算管理关系的，为主管会计单位。向主管会计单位或上一级会计单位申报预算，并发生预算管理关系，有下一级会计单位的，为二级会计单位。向上一级会计单位申报预算，并发生预算管理关系，没有下级会计单位的，为基层会计单位。主管会计单位、二级会计单位和基层会计单位实行独立会计核算，负责组织管理本部门、本单位的全部会计工作。不具备独立核算条件的行政单位，实行单据报账制度，作为"报销单位"管理。

（三）会计核算中心

行政单位实行国库集中收付制度改革后，经费拨付方式产生了根本性的变化。在国库集中收付制度下，行政单位存在着"集中收支，分散核算"和"集中收支，集中核算"两种会计核算方法。在"集中收支，分散核算"的模式下，尽管资金由财政部门统一直接支付，但单位依然需要保留会计核算部门，按正常的业务进行会计核算，编制会计报表，这一模式适用于一些规模较大的行政单位。在"集中收支，集中核算"的模式下，资金由财政部门统一集中支付，单位不再保留会计核算部门，由财政部门或上级单位设立的"会计核算中心"统一核算，各单位只设"报账员"，这一模式适用于一些数量较多但规模较小的行政单位。

许多地区的行政单位设立了会计核算中心，采用了"会计集中核算"的模式。会计集中核算是指在财政部门或上级单位成立会计核算中心，在资金所有权、使用权、财务自主权不变的前提下，取消所属各行政单位的会计机构以及会计岗位，以会计核算中心为单位，集中办理会计核算事项，实行统一的会计监督。会计核算中心按"单一账户，集中支付，统一核算"的管理办法，对行政单位的财务收支集中进行核算，实行单位报账的会计管理制度，加强了财政监督和会计监督，从而改变了分单位、分部门、按级次逐级开户的现状，提高了财政资金的使用效益。

第二节　《行政单位会计制度》的修订

财政部于 2013 年 12 月印发了新修订的《行政单位会计制度》（财库〔2013〕218 号），自 2014 年 1 月 1 日起全面施行。本节介绍《行政单位会计制度》修订的背景，分析修订后《行政单位会计制度》的主要变化。

一、《行政单位会计制度》修订的背景①

（一）《行政单位会计制度》修订的过程

原《行政单位会计制度》（财预字〔1998〕49 号）是 1998 年 1 月 1 日开始

---

① 本部分内容参考了：财政部国库司．财政部国库司有关负责人就修订发布《行政单位会计制度》答记者问 ［EB/OL］．［2013－12－25］．http：//gks. mof. gov. cn/zhengfuxinxi/zhengcejiedu/201312/t20131225_ 1029255. html（财政部网站）．

施行的，对规范行政单位会计核算，加强行政单位预算管理、财务管理发挥了重要作用。近年来，我国的财政预算管理体制发生了深刻的变化，对行政单位的会计产生了较大的影响。我国的行政单位会计制度并没有作相应的修改，只是针对改革的内容出台了一些暂行规定或补充规定。随着公共财政体系建立健全和财政预算管理改革深入推进，原会计制度已不能适应新形势发展需要，亟待修订。为此，财政部在广泛调研、反复论证、模拟运行、公开征求社会各方面意见的基础上，经过多轮修改完善，制定了新的《行政单位会计制度》。

《行政单位会计制度》的修订工作主要经过四个阶段：一是调查摸底阶段。2012 年 8 月至 9 月，听取部分中央单位和地方财政部门对修订制度的意见和建议，在此基础上，初步确定了制度修订思路。二是起草初稿阶段。2012 年 10 月至 2013 年 4 月，起草《行政单位会计制度》（初稿），并组织召开座谈会，广泛听取有关方面意见，修改形成《行政单位会计制度》（讨论稿），提交全国财政国库工作会议讨论。三是模拟运行阶段。2013 年 5 月，选择部分行政单位对《行政单位会计制度》（讨论稿）进行模拟运行，测试有关内容的可操作性。四是修改完善阶段。2013 年 6 月至 11 月，在对各方面反馈意见进行认真梳理和分析研究的基础上，对《行政单位会计制度》（讨论稿）作进一步修改，形成《行政单位会计制度》（征求意见稿），向社会公开征求意见，并根据反馈意见情况，再次进行修改完善。修订后《行政单位会计制度》于 2013 年 12 月印发。

（二）《行政单位会计制度》修订的必要性

《行政单位会计制度》修订的必要性包括：

1. 适应公共财政管理改革与发展的需要

近年来，我国的公共财政管理制度发生了较大的变化，相继推行的部门预算、国库集中收付制度、政府收支分类、财政拨款结转和结余资金管理等多项公共财政管理改革，对行政单位的会计核算提出了新的要求。新会计制度修订前，财政部通过出台一些补充规定对原会计制度打了一些"补丁"，但因相对分散而缺乏系统性与完整性。《行政单位会计制度》的修订，全面体现了公共财政管理改革的要求，对公共财政管理改革事项的会计核算进行了规范，可以更好地适应公共财政改革与发展需要。

2. 满足行政单位财务管理的需要

2012 年 12 月财政部颁布了修订后的《行政单位财务规则》（财政部令第 71 号），已经于 2013 年 1 月 1 日起施行。新《行政单位财务规则》对行政单位的预算管理、收入管理、支出管理、结转和结余管理、资产管理、负债管理、财务报告等财务活动进行了规范，对行政单位的会计核算提出了新的要求。《行政单位会计制度》的修订，通过加强日常会计核算与管理，落实《行政单位财务规则》对行政单位财务管理的要求。

3. 提高行政单位会计信息质量的需要

由于会计制度修订的滞后性，行政单位会计核算中存在许多问题，所提供的会计信息质量不高，主要表现在会计信息不完整、资产计价不合理、业务核算不规范、财务报告不完善、信息披露不充分等方面。所提供的会计信息，不能充分反映行政单位受托责任的履行情况，不能满足会计信息者进行财务管理、预算管理的需要。《行政单位会计制度》的修订，着力解决行政单位会计信息质量问题，进一步规范行政单位的会计行为，提高行政单位会计信息质量。

（三）《行政单位会计制度》修订的原则

《行政单位会计制度》的修订，充分考虑了行政单位会计环境的变化，适应了财务制度的要求，满足了财务管理与预算管理对行政单位会计信息的需要，规范了行政单位的会计行为。

1. 符合财政改革与发展方向原则

《国民经济和社会发展第十二个五年规划纲要》要求"进一步推进政府会计改革，逐步建立政府财务报告制度"，《中共中央关于全面深化改革若干重大问题的决定》明确提出"建立权责发生制的政府综合财务报告制度"，《党政机关厉行节约反对浪费条例》规定"推进政府会计改革，进一步健全会计制度，准确核算机关运行经费，全面反映行政成本"。上述要求主要目的是全面核算反映政府资产负债状况和行政成本。《行政单位会计制度》的修订工作紧扣财政改革与发展方向，通过加强和完善会计核算，为建立政府综合财务报告制度、全面反映行政成本奠定了基础。

2. 与《行政单位财务规则》相衔接原则

《行政单位会计制度》修订前，财政部于 2012 年 12 月颁布了新的《行政单位财务规则》，对行政单位的财务活动进行了规范。新修订的《行政单位会计制度》在适用范围、会计要素分类和定义、会计核算基础定位、收入支出科目分类、资产负债确认计量、财务报表体系等方面与《行政单位财务规则》基本保持一致。

3. 有利于行政单位会计实务操作原则

《行政单位会计制度》主要用于指导和规范行政单位会计核算，《行政单位会计制度》的修订要更好地服务于行政单位的实际业务需求，有利于行政单位会计实务操作。为此，新《行政单位会计制度》下会计核算方法力求清晰、简便，有利于行政单位会计人员掌握与运用。

二、《行政单位会计制度》修订的主要内容

同原会计制度相比，新《行政单位会计制度》在会计核算目标、收入支出核算、资产负债核算、会计计量方法、会计核算方法、财务报告体系等方面发生了深刻的变化。

（一）明确了会计核算目标

原会计制度下行政单位会计核算主要为财政预算管理服务，侧重提供反映单位预算收支信息，没有完整地反映行政单位的财务状况。新《行政单位会计制度》对会计核算目标定位更清晰，明确规定行政单位会计核算目标是向会计信息使用者提供与行政单位财务状况、预算执行情况等有关的会计信息。这要求行政单位会计核算要满足预算管理和财务管理的双重需求，既要反映行政单位预算执行情况，也要反映行政单位财务状况。会计目标的"兼顾性"是新《行政单位会计制度》的重要特征，为后续的会计确认、计量、记录与报告方法奠定的基础。

（二）规范了收支会计核算

原会计制度下行政单位会计收入、支出的分类较为混乱，与财务规则的要求不一致。新《行政单位会计制度》更加完整地体现了财政改革对会计核算的要求，进一步规范了单位收支的会计核算。

（1）新会计制度重新进行了收入和支出的会计分类。行政单位的收入包括财政拨款收入和其他收入，财政拨款收入是行政单位从同级财政部门取得的财政预算资金，其他收入是行政单位依法取得的除财政拨款收入以外的各项收入。行政单位的支出包括经费支出和拨出经费，经费支出是行政单位自身开展业务活动使用各项资金发生的支出，拨出经费是行政单位拨付给所属单位的非同级财政拨款资金。新会计制度将全部收入、支出纳入了单位的预算管理，有利于加强收入、支出的预算管理。

（2）新会计制度明确了收入、支出的确认与计量原则。新会计制度要求，行政单位的收入一般应当在收到款项时予以确认，并按照实际收到的金额进行计量；行政单位的支出一般应当在支付款项时予以确认，并按照实际支付金额进行计量。收入、支出的确认与计量方法与预算管理的要求一致，有利于为财政预算管理提供有用的信息。

（3）新会计制度较好协调了会计核算与预算管理、国有资产管理、财务管理之间的关系，对行政单位的新业务事项进行了规范。配套新增了与国库集中支付、政府收支分类、部门预算、国有资产管理等财政改革相关的会计核算内容，实现了会计规范与其他财政法规政策的有机衔接，有利于促进各项财政改革政策的贯彻落实。

（三）充实了资产负债内容

原会计制度下行政单位会计资产、负债、净资产不完整，不利于全面反映行政单位的财务状况。根据行政单位会计核算目标的要求，新《行政单位会计制度》调整了相关资产、负债和净资产项目，并要求将基本建设会计信息并入行政单位按照新制度规定设置的会计账中。

（1）新会计制度将原会计制度中的资产科目进行细分，新增了"无形资产"、"在建工程"等会计科目。新会计制度增加了对行政单位直接负责管理的为社会提供公共服务的资产会计核算的相关规定，通过增设"政府储备物资"、"公共基础设施"、"受托代理资产"等科目，反映为社会提供公共服务和受托管理的资产情况，与行政单位自用资产相区分，弥补了相关资产信息的缺失。

（2）新会计制度为加强风险管理，将行政单位的负债按照流动性分为流动负债和非流动负债。新会计制度将原会计制度中的负债科目进行细分，增设了"应付政府补贴款"、"长期应付款"、"受托代理负债"等科目。

（3）新会计制度加强了财政拨款结转结余的会计核算，增设了"财政拨款结转"、"财政拨款结余"和"其他资金结转结余"科目，分类核算形成的结转和结余资金，并设计了清晰的账务处理流程。为实现满足预算管理和财务管理需要的会计核算目标，运用"双分录"的会计核算方法，增设"资产基金"和"待偿债净资产"科目。

（4）对于基本建设投资，新会计制度要求行政单位在按照基本建设会计核算规定单独建账、单独核算的同时，将基本建设账（简称"基建账"）相关数据定期并入单位按照新制度规定设置的会计账（简称"大账"）中。这一规定有助于提高行政单位会计信息的完整性，为行政单位全面加强资产负债管理、防范和降低财务风险发挥会计信息的支撑作用。

（四）明确了资产的计量方法

原会计制度关于资产的确认、计量与记录较为简单，强调历史成本计量属性，对资产入账和处置的核算没有作出具体的规定，所提供的资产信息不能满足行政单位经济管理的需要，也不利于财政部门、上级单位对行政单位资产的监督与管理。新会计制度规范了行政单位资产的入账和处置的核算行为，明确了资产的初始计量、后续计量及处置的具体要求。

（1）在初始计量方面，分别"支付对价方式取得的资产"和"取得资产时没有支付对价"两种方式进行了规范。新会计制度要求，取得资产时没有支付对价的，取得资产的价值没有相关凭据也未经评估，其同类或类似资产的市场价格无法可靠取得，所取得的资产应当按照名义金额入账。

（2）在后续计量方面，引入了固定资产折旧和无形资产摊销。原会计制度不要求对固定资产计提折旧，也缺乏无形资产核算方面的规定。新会计制度增加了固定资产折旧和无形资产摊销的会计处理规定，明确要求在计提折旧和摊销时冲减相关净资产，而非计入当期支出。这种处理方法可以兼顾行政单位预算管理和财务管理的双重信息需求，在不影响准确反映预算支出的同时，真实体现资产的价值。

（五）改进了会计核算方法

原会计制度下行政单位会计核算只有固定资产的核算采用"双分录"的方法，在取得固定资产时，同时记录固定资产的原值与形成的支出。为体现行政单位会计不仅要反映行政单位预算执行情况，也要反映行政单位财务状况的要求，新《行政单位会计制度》扩大了"双分录"核算方法的应用范围，将所有非货币性资产和部分负债项目纳入了"双分录"的核算范围。

（1）非货币性资产的"双分录"核算。新会计制度要求，行政单位的所有非货币性资产均应当采用"双分录"的核算方法，在取得存货、固定资产、在建工程、无形资产、政府储备物资、公共基础设施或发生预付账款时，同时做两个会计分录：一个分录确认所取得资产的价值和所对应的资产基金，另一个分录确认所形成的经费支出与支付的款项。

（2）部分负债的"双分录"核算。新会计制度要求，行政单位的应付账款、长期应付款应当采用"双分录"的核算方法。发生应付账款、长期应付款时，先确认所形成的应付款项和待偿债净资产；偿付应付账款、长期应付款时需要同时做两个会计分录：一个分录冲销应付的款项和待偿债净资产，另一个分录确认所形成的经费支出与支付的款项。

小提示

"双分录"核算方法是学习新会计制度的一个重点与难点。我们先简单了解此方法的含义，具体操作将在后续的内容中讲解。简单来说，"双分录"核算是对行政单位发生的某项业务或事项同时进行两项记录，一项侧重确认所形成的资产或负债，另一项侧重确认所发生的预算支出。"双分录"的核算本质就是为了解决会计核算目标的实现问题。由于我国预算编制基础是收付实现制，实际收支也只有采用收付实现制基础确认和报告，才能与预算形成有效对比，准确反映预算执行情况。但是，单位的财务管理要求准确核算资产负债，充分反映单位的财务状况。如果不采用"双分录"方法核算，则不能兼顾预算管理与财务管理的需要，要么准确地反映了单位预算执行情况，但无法反映单位的资产负债；要么准确地反映了单位资产负债，但无法反映单位的预算执行情况。例如，行政单位发生预付账款时，记入"预付账款"，不记入"经费支出"，造成单位资金已经支付，但仍反映在账面的结余中，虚增了结余。

（六）完善了财务报告体系

原会计制度下行政单位的财务报告体系不完善，未能充分地反映行政单位一定时期财务状况和预算执行结果。原会计制度仅对会计报表的内容和编制进行了规范，会计报表只包括资产负债表、收入支出总表两张主表，会计披露侧重收入支出总表，忽视资产负债表。新会计制度完善了财务报告制度，建立了新的财务报表体系。

（1）新会计制度完善了财务报告制度。行政单位财务报告由会计报表、会计报表附注和财务情况说明书组成。会计报表和会计报表附注构成财务报表。会计报表包括资产负债表、收入支出表、财政拨款收入支出表。

（2）新会计制度建立了财务报表体系。增加了"财政拨款收入支出表"反映财政拨款收入、支出情况，改进了各报表的项目、结构和排列方式。调整了资产负债表的结构，取消了资产负债表中原来的收入、支出项目；重新设计了收入支出表的结构，既全面反映了行政单位一定会计期间内的收入、支出全貌，同时又反映了各项资金结转结余情况；增加了报表附注，规范了报表附注应当披露的内容。

新《行政单位会计制度》的实施可以全面准确反映行政单位财务状况和预算执行情况，进一步提高会计信息质量，对深化公共财政管理改革、提升行政单位财务管理水平将发挥积极作用。

小问题

新会计制度究竟难不难，是否易于会计人员学习和掌握？

新会计制度的根本变化体现在会计核算目标上，行政单位会计从侧重为预算管理服务，转变为兼顾预算管理与财务管理的需要。为此，新会计制度在会计确认、计量、记录与报告方法方面发生了较大的变化，会计确认适当引入了权责发生制基础，会计计量运用了历史成本以外的计量属性，会计记录设计了"双分录"的核算方法。可以说，新会计制度的实施，在一定程度上增加了行政单位会计核算的难度，对会计人员提出了更高的要求。但是，新会计制度规范了经济业务或事项的会计处理，使得各项业务核算均有章可循，会计核算程序化。只要认真学习和领会新制度的修订背景与内容，其会计核算方法并不难掌握。

三、《行政单位会计制度》的实施

新会计制度自 2014 年 1 月 1 日起在全国施行，实施时间紧、任务重。为确保新会计制度的顺利贯彻实施，各级财政部门、行政单位及相关会计人员应当迅速行动、周密部署，扎实细致地做好新会计制度培训、新旧会计制度衔接转换和会计信息系统的调整工作。

1. 认真做好新会计制度的培训、学习工作

同原会计制度相比，新《行政单位会计制度》在会计科目、核算范围、计量方法、账务处理流程、财务报表等方面发生了较大的变化。行政单位会计人员应当充分认识到执行新会计制度的重要意义，认真学习新会计制度的内容，熟悉新会计制度下各业务事项的核算流程，领会新会计制度的精髓，掌握新会计制度的方法，保证新会计制度的顺利实施。

2. 认真做好新旧会计制度的衔接转换工作

根据《新旧行政单位会计制度有关衔接问题的处理规定》的要求，自 2014 年 1 月 1 日起，行政单位应当严格按照新制度的规定进行会计核算和编报财务报

表。各级行政单位应当将 2013 年 12 月 31 日按照原会计制度核算的账簿中各会计科目的期末余额，按照新旧会计制度的衔接转换工作的规定进行调整，以调整后的会计科目余额编制新的科目余额表，作为 2014 年 1 月 1 日各会计科目的期初余额，据以登记按照新会计制度的要求设置的新账。根据新账各会计科目的期初余额，按照新会计制度的要求编制 2014 年 1 月 1 日期初资产负债表。自 2014 年 1 月 1 日起，按新会计制度的要求组织核算。

3. 认真做好会计信息系统的调整工作

行政单位应当按照新会计制度的要求及时调整会计信息系统，对原有会计核算软件和会计信息系统进行及时更新和调试，正确实现数据转换，确保新旧账套的有序衔接。

小问题

新会计制度的实施是否会增加行政单位会计人员的工作量？

这是行政单位会计人员普遍关心的问题。与原会计制度相比，新会计制度的篇幅大大增加，近 5 万字，对行政单位发生的业务或事项的核算流程进行了详尽的说明。新会计制度对行政单位会计核算工作提出了更高要求，不再是过去简单的收支核算，在一定程度上会增加会计人员工作量。但行政单位会计人员也不要担心，新会计制度篇幅的增加，主要是要对各种类型经济业务的会计处理作出了全面规定，具体到某一行政单位，一般不会发生会计制度规定的所有业务。而且，在会计工作信息化水平日益提高的情况下，会计人员工作量增加程度有限。

第三节　《行政单位会计制度》的基本内容

《行政单位会计制度》对行政单位的会计活动进行了规范，是行政单位会计核算的操作指南。本节介绍会计制度的基本内容，阐述行政单位会计目标、基本假设、会计要素和会计信息质量等会计核算的基本要求，讲解行政单位会计确认、计量、记录与报告等会计核算的基本方法，为后续具体核算方法的学习奠定基础。

一、《行政单位会计制度》的结构与适用范围

（一）行政单位会计制度的结构

新《行政单位会计制度》明确了行政单位会计核算的基本要求，为行政单位会计建立统一的概念基础和框架，详细规定会计科目使用及财务报表编制，较为全面地规范了行政单位经济业务或者事项的确认、计量、记录和报告方法，为行政单位会计核算的操作提供了指引。

新《行政单位会计制度》共包括十章内容：第一章为总则，阐述了行政单

位会计制度的制定依据，明确了会计制度的适用范围、会计目标、会计假设，以及会计确认、计量、记录与报告方法等基本事项；第二章为会计信息质量要求，阐述了行政单位的会计信息质量特征；第三章至第七章为各会计要素的说明，分别阐述了资产、负债、净资产、收入和支出各会计要素的含义、内容、确认与计量的具体方法；第八章为会计科目及使用说明，以会计科目表的形式列出了行政单位会计科目的序号、编号和名称；详细说明了各会计科目的核算内容、明细科目设置和主要账务处理方法；第九章为财务报表，介绍了行政单位财务报表的构成，规范了会计报表的编号、名称、编制期和表格式样，阐述了会计报表的编制要求；详细说明了会计报表各栏目、项目的内容和填列方法，以及报表附注应披露的主要内容。第十章为附则，说明了行政单位会计核算需要依据的相关制度；规定了新《行政单位会计制度》的施行时间。

> **小知识**
>
> 会计规范包括"准则规范"和"制度规范"两种基本模式。会计准则为会计核算建立统一的概念基础和框架，其内容包括财务报告目标、会计基本假设、会计信息质量要求、会计要素的确认与计量原则、财务报告编制要求等。会计制度是会计要素的确认、计量、记录与报告的操作性规范，其内容主要包会计事项确认与计量的具体方法、会计科目设置及使用说明、会计报表格式及编制说明等。从形式上来看，行政单位会计采用的是"制度规范"模式，但内容上是"准则"与"制度"融合，不但包括会计信息的基本要求，也为行政单位会计核算的操作提供了指引。与行政单位会计不同，事业单位会计采用的是"准则"加"制度"模式，其会计核算需要遵循《事业单位会计准则》、《事业单位会计制度》或行业事业单位会计制度的要求。

（二）行政单位会计制度的适用范围

《行政单位会计制度》第二条规定："本制度适用于各级各类国家机关、政党组织（以下统称行政单位）。"会计制度对适用范围的表述更加科学、准确、规范，充分考虑到了我国行政事业单位改革的需要，与《行政单位财务规则》的适用范围保持一致。

1. 各级国家机关、政党组织执行《行政单位会计制度》

各级国家机关执行《行政单位会计制度》。国家机关是指行使国家权力、管理国家事务的各级机关。包括：国家权力机关，即全国人民代表大会和地方各级人民代表大会及其常务委员会；国家行政机关，即国务院和地方各级人民政府及其所属工作机构；政治协商机构，即中国人民政治协商会议各级常设工作机构；国家审判机关，即各级人民法院；国家检察机关，即各级人民检察院。

各级政党组织执行《行政单位会计制度》。政党组织由中国共产党各级机关、各民主党派和工商联的各级机关组成，包括：中国共产党、中国国民党革命委员会、中国民主同盟、中国民主建国会、中国民主促进会、中国农工民主党、中国致公党、九三学社、台湾民主自治同盟和中华全国工商业联合会。

2. 参照公务员制度管理的社会团体、事业单位参照执行《行政单位会计制度》

参照公务员制度管理的社会团体是由中国共产党领导的，按照其各自特点组成的从事特定的社会活动的全国性群众组织，主要包括中华全国总工会、中国共产主义青年团、中华全国妇女联合会、中华全国青年联合会、中华全国学生联合会、中华全国工商业联合会、中国科学技术协会、中国文学艺术界联合会、中华全国台湾同胞联谊会、中华全国归国华侨联合会等。参照公务员制度管理的社会团体，参照执行《行政单位会计制度》。

参照公务员制度管理的事业单位会计制度的适用性，《行政单位会计制度》没有作出明确的规定，但《行政单位财务规则》第六十一条第一款规定："参照公务员法管理的事业单位财务制度的适用，由财政部另行规定。"我国事业单位管理体制正处于改革与完善中，根据事业单位分类及相关改革的方案，现有事业单位按社会功能可以划分为行政支持类、社会公益类、经营开发服务类三种类型。行政支持类事业单位是指依据法律、法规授权，完全从事具体行政执法、监督检查的事业单位。目前，一些具有公共事务职能的行政支持类事业单位人员参照公务员法管理，这些单位原来执行《行政单位会计制度》。根据国务院关于分类推进事业单位改革的指导意见的要求，对承担行政职能的事业单位，逐步将其行政职能划归行政机构或转为行政机构，事业单位将回归公益性，所以新《行政单位会计制度》没有对其会计制度的适用性进行规范。但是，在事业单位分类改革完成前，参照公务员制度管理的事业单位依然应当参照执行《行政单位会计制度》。

3. 不执行《行政单位会计制度》的情况

行政单位附属独立核算的事业单位和企业单位不执行《行政单位会计制度》。行政单位会计制度主要适用于各级各类国家机关、政党组织，但一些行政单位设立一些实行独立核算的事业单位和企业单位，这些单位不具有行政管理职能，在资金来源与运用方面与行政单位存在较大的差异，不执行《行政单位会计制度》，应当纳入企业会计准则、事业单位会计准则和事业单位会计制度的规范。

行政单位设立的实行独立核算单位，是指在行政单位的管理下依法成立，有自己的名称、组织机构和场所，能够承担民事责任，单独进行会计核算的单位。这类单位主要包括：教育部门所属的各级各类学校，科技部门所属的科研院所、科技馆（站）文化部门所属的图书馆、博物馆、文化馆、艺术表演团体，卫生部门所属的医院、卫生防疫站、妇幼保健站，以及农林水气、工交商贸、优抚等其他部门所属的事业单位等。

二、《行政单位会计制度》中会计核算要求方面的内容

（一）行政单位会计的目标

《行政单位会计制度》规定："行政单位会计核算目标是向会计信息使用者提供与行政单位财务状况、预算执行情况等有关的会计信息，反映行政单位受托责任的履行情况，有助于会计信息使用者进行管理、监督和决策。"这一规定明确了行政单位会计目标，强调了行政单位会计目标的"兼顾性"，不仅要反映行政单位预算执行情况，也要反映行政单位财务状况，兼顾预算管理与财务管理的需要；不但要报告受托责任的履行情况，还要提供有助于作出经济决策的信息，兼顾受托责任与决策有用的需要。

会计目标是会计所要达到的根本目的，是对会计信息作出的基本要求。会计目标需要明确谁是会计信息的使用者，会计信息的使用者需要什么样的会计信息，以及能够为会计信息使用者提供哪些会计信息。确定行政单位会计的具体目标，首先需要明确会计信息使用者及其需要。行政单位会计信息使用者包括人民代表大会、政府及其有关部门、行政单位自身和其他会计信息使用者。不同的会计信息使用者对行政单位会计信息有着不同的需求。内部会计信息使用者，要求提供对单位内部管理有用的会计信息，侧重于反映预算收支情况及结果，为财政预算管理和单位的财务管理服务。外部会计信息使用者，要求提供反映社会受托责任的会计信息，以便进行业绩评价与考核，为合理配置社会资源进行经济决策服务。因此，行政单位会计不但要为财政预算管理服务，还要为行政单位的财务管理服务；不但要反映行政单位受托责任履行情况，还要提供有助于作出经济决策的信息。

原会计制度下，行政单位会计核算主要侧重于反映单位预算收支信息，对行政单位财务状况的信息反映相对不足，不利于行政单位加强财务管理，不能充分反映行政单位受托责任的履行情况。新会计制度对会计核算目标定位更清晰，明确规定行政单位会计核算目标是向会计信息使用者提供与行政单位财务状况、预算执行情况等有关的会计信息。这要求行政单位会计核算要满足预算管理和财务管理的双重需求，既要反映行政单位预算执行情况，也要反映行政单位财务状况。行政单位会计核算的目标兼顾了行政单位财务、预算、资产、成本等方面管理的需要，促使行政单位的财务状况、预算执行情况得到更为全面、真实、合理的反映，对提高会计信息质量，深化公共财政管理改革、提升行政单位财务管理水平将发挥积极作用。

小知识

根据会计所提供信息的侧重点不同，会计目标分为决策有用观和受托责任观两种观点。决策有用观认为，会计目标是向会计信息使用者提供对决策有用的经济信息，会计所提供的信息应当有助于会计信息使用者作出正确的

经济决策。受托责任观认为，会计目标是向会计信息使用者报告受托责任的履行情况和结果，会计所提供的信息应当有助于会计信息使用者评价管理者受托责任的履行情况。决策有用观和受托责任观是相互联系的，都要求提供具有相关性的会计信息。两者的区别在于侧重点不同，决策有用观侧重于为会计信息使用者提供决策信息，受托责任观侧重于向会计信息使用者报告受托责任的履行情况。

（二）行政单位会计的假设

会计假设是会计核算的前提条件，是对会计核算的范围、内容、程序和方法所做的基本假定。《行政单位会计制度》规定，行政单位会计包括会计主体假设、持续运营假设、会计分期假设和货币计量假设四个基本前提条件。

1. 会计主体假设

会计主体假设要求会计核算以会计主体为对象，所提供的会计信息仅限定于会计主体范围。《行政单位会计准则》规定："行政单位应当对其自身发生的经济业务或者事项进行会计核算。"

2. 持续运营假设

持续运营假设设定会计主体的运营活动会按照既定的目标存续下去，不会在可预见的未来被终止，除非有充分的相反证明。《行政单位会计制度》规定："行政单位会计核算应当以行政单位各项业务活动持续正常地进行为前提。"

3. 会计分期假设

会计分期假设将持续的运营活动分割为若干会计期间，分别按照会计期间提供会计信息。《行政单位会计制度》规定："行政单位应当划分会计期间，分期结算账目和编制财务报表。会计期间至少分为年度和月度。会计年度、月度等会计期间的起讫日期采用公历日期。"

4. 货币计量假设

货币计量假设规定了会计的计量尺度，要求以统一的货币单位反映会计信息。《行政单位会计制度》规定："行政单位会计核算应当以人民币作为记账本位币。发生外币业务时，应当将有关外币金额折算为人民币金额计量。"

（三）行政单位会计的要素

会计要素是对会计对象的基本分类，是会计对象的具体化。会计要素也是会计报表的构成要素，是财务报表的基本内容。《行政单位会计制度》规定："行政单位会计应当按照业务或事项的经济特征确定会计要素。会计要素包括资产、负债、净资产、收入和支出。"

1. 资产

资产是指行政单位占有或者使用的，能以货币计量的经济资源。行政单位的资产包括流动资产、固定资产、在建工程、无形资产等。

2. 负债

负债是指行政单位所承担的能以货币计量，需要以资产等偿还的债务。行政单位的负债按照流动性，分为流动负债和非流动负债。

3. 净资产

净资产是指行政单位资产扣除负债后的余额。行政单位的净资产包括财政拨款结转、财政拨款结余、其他资金结转结余、资产基金、待偿债净资产等。

4. 收入

收入是指行政单位依法取得的非偿还性资金。行政单位的收入包括财政拨款收入和其他收入。

5. 支出

支出是指行政单位为保障机构正常运转和完成工作任务所发生的资金耗费和损失。行政单位的支出包括经费支出和拨出经费。

（四）行政单位会计信息的质量要求

为保证行政单位会计信息质量，《行政单位会计制度》对行政单位会计信息质量进行了规定，主要包括：

1. 可靠性

行政单位应当以实际发生的经济业务或者事项为依据进行会计核算，如实反映各项会计要素的情况和结果，保证会计信息真实可靠。

2. 相关性

行政单位提供的会计信息应当与行政单位受托责任履行情况的反映、会计信息使用者的管理、监督和决策需要相关，有助于会计信息使用者对行政单位过去、现在或者未来的情况作出评价或者预测。

3. 完整性

行政单位应当将发生的各项经济业务或者事项全部纳入会计核算，确保会计信息能够全面反映行政单位的财务状况和预算执行情况等。

4. 及时性

行政单位对已经发生的经济业务或者事项，应当及时进行会计核算，不得提前或者延后。

5. 可比性

行政单位提供的会计信息应当具有可比性。同一行政单位不同时期发生的相同或者相似的经济业务或者事项，应当采用一致的会计政策，不得随意变更。确需变更的，应当将变更的内容、理由和对单位财务状况、预算执行情况的影响在附注中予以说明。不同行政单位发生的相同或者相似的经济业务或者事项，应当采用统一的会计政策，确保不同行政单位会计信息口径一致、相互可比。

6. 明晰性

行政单位提供的会计信息应当清晰明了，便于会计信息使用者理解和使用。

三、《行政单位会计制度》中会计核算方法方面的内容

（一）行政单位会计的确认基础

《行政单位会计制度》规定："行政单位会计核算一般采用收付实现制，特殊经济业务和事项应当按照本制度的规定采用权责发生制核算。"这一规定明确了行政单位会计以收付实现制为主要确认基础，适当引入了权责发生制基础，满足了兼顾财政预算管理和行政单位的财务管理需要的目标要求。

会计确认是将发生的会计事项归于特定的会计要素及相应账户的过程。行政单位发生一项特定的业务或会计事项，必须首先经过会计确认，才能进行后续的会计计量、会计记录和会计报告等过程。会计确认的内容包括会计要素确认和会计确认基础两个层次。会计要素的确认，是将发生的会计事项，按会计规范的要求，确认为资产、负债、净资产、收入和支出等会计要素。每一项会计要素均有其含义和确认条件，行政单位发生的业务或会计事项只有符合会计要素的定义及满足规定的条件，才能被确认为相应的会计要素。会计确认基础是解决何时确认的问题，在发生的会计事项已被确认为特定的会计要素后，需要确定其记入相应会计账户的时间。会计确认基础对行政单位会计报告有着较大的影响，不同确认基础下的会计信息有着不同的含义。行政单位会计应当根据会计目标的要求和会计规范的规定，合理选择会计确认基础。

会计确认基础主要包括收付实现制、权责发生制和修正的收付实现制或修正的权责发生制。每一种会计确认基础均有其特点。收付实现制确认基础可以如实地反映会计主体的现金流量，收入和支出与实际的现金收支保持一致，有利于加强单位的预算管理；权责发生制确认基础可以如实地反映归属于会计期间的收入和支出，便于计算财务成果及业绩评价，有利于加强单位的财务管理；修正的收付实现制或修正的权责发生制是两种确认基础的结合，兼有两种确认基础的特点。

原会计制度下，行政单位会计采用收付实现制，有利于反映行政单位的预算收支信息，但不利于反映行政单位的财务状况。新修订的《行政单位会计制度》在会计确认基础的选择方面发生了较为显著的变化，充分体现了行政单位会计目标兼顾预算管理与财务管理、受托责任与决策有用的要求。由于我国预算编制基础是收付实现制，实际收支也只有采用收付实现制基础确认和报告，才能与预算形成有效对比，准确反映预算执行情况。但是，加强行政单位的财务管理要求准确反映其资产、负债的价值，与其相适应的会计确认基础是权责发生制。为兼顾行政单位预算管理和财务管理的双重信息需求，在不影响准确反映预算支出的同时，行政单位会计采用双重基础确认，在资产、负债的核算采用权责发生制基础确认，全面地反映行政单位的财务状况，为编制权责发生制基础的政府综合财务报告、反映行政成本信息奠定基础。

> **小知识**
>
> 　　会计确认基础包括收付实现制和权责发生制，也存在介于两者之间的修正的收付实现制或修正的权责发生制。(1) 收付实现制确认基础，也称为现金制，是以实际收到或付出款项为标准，来记录收入的实现和支出（费用）的发生。(2) 权责发生制确认基础，也称为应计制，是以应收应付作为标准，来记录收入的实现和支出（费用）的发生的。按照权责发生制，凡属本期已获得的收入，不管是否已收到现款，均作为本期的收入处理，凡属本期应负担的支出（费用），不管是否付出了现款，都作为本期的支出（费用）处理。(3) 修正的收付实现制或修正的权责发生制，也称为修正的现金制或修正的应计制，是收付实现制和权责发生制的结合。在这种确认制度下，并不采用单一的收付实现制或权责发生制，而是有些会计事项采用收付实现制，而另一些会计事项采用权责发生制。行政单位会计实际采用的是修正的收付实现制，一般事项采用收付实现制，特定的会计事项采用权责发生制。

　　（二）行政单位会计的计量方法

　　《行政单位会计制度》规定："行政单位的资产应当按照取得时实际成本进行计量。除国家另有规定外，行政单位不得自行调整其账面价值。""行政单位应当按照本制度的规定对无形资产进行摊销；对无形资产计提摊销的金额，应当根据无形资产原价和摊销年限确定。行政单位对固定资产、公共基础设施是否计提折旧由财政部另行规定"。这一规定明确了行政单位会计以历史成本为主要计量属性，适当引入了历史成本以外的计量属性，满足了兼顾财政预算管理和行政单位的财务管理需要的目标要求。

　　会计计量是以货币形式确定会计要素的价值数量。在进行会计确认后，需要按会计计量属性进行计量，确认其金额。会计计量是会计核算的重要环节，对于正确反映各会计要素的价值有着重要的意义。会计计量存在着许多方法，不同方法下的计量结果表现为不同的计量属性，不同的计量属性会使相同的会计要素表现为不同的货币数量。会计计量属性主要包括历史成本、重置成本、可变现净值、现值和公允价值等。不同的计量属性存在着不同的特点，有着不同的适用范围。历史成本通常反映的是资产或者负债过去的价值，而重置成本、可变现净值、现值以及公允价值是与历史成本相对应的计量属性，通常反映的是资产或者负债的现时成本或者现时价值。

　　原会计制度下，行政单位会计主要采用历史成本计量，各项资产、负债在取得时按照实际成本入账，一般不需要进行后续计量。此种计量方法下的会计信息有着较高的可靠性，有利于反映行政单位的预算收支信息，但不利于反映行政单位的财务状况。新修订的《行政单位会计制度》在会计计量方法方面发生了变化，要求对无形资产计提摊销，允许对固定资产计提折旧，适当引入了历史成本以外的计量属性。无形资产摊销和固定资产折旧采用的"虚提"模式（即只冲减其所对应的资产基金，不确认当期经费支出），在保证预算收支准确的基础上充分反映了单位的财务状况，兼顾了预算管理和财务管理的双重需要。新会计制度规范了行政单位资产的入账和处置的核算行为，明确了资产的初始计量、后续计量及处置的具体要求。

（1）初始计量。以支付对价方式取得的资产，应当按照取得资产时支付的现金或者现金等价物的金额，以及所付出的非货币性资产的评估价值等金额计量。取得资产时没有支付对价的，其计量金额应当按照有关凭据注明的金额加上相关税费、运输费等确定；没有相关凭据但依法经过资产评估的，其计量金额应当按照评估价值加上相关税费、运输费等确定；没有相关凭据也未经评估的，其计量金额比照同类或类似资产的市场价格加上相关税费、运输费等确定；没有相关凭据也未经评估，其同类或类似资产的市场价格无法可靠取得，所取得的资产应当按照名义金额入账，名义金额一般为人民币1元。行政单位应当在会计报表附注中披露以名义金额计量的资产情况。

（2）后续计量。行政单位资产的后续计量主要包括无形资产的摊销和固定资产的折旧。行政单位应当按照会计制度的规定，根据无形资产原价和摊销年限计算无形资产摊销数额，对无形资产进行摊销。行政单位对固定资产、公共基础设施是否计提折旧由财政部另行规定。如果计提折旧，其折旧金额应当根据固定资产、公共基础设施原价和折旧年限确定。

小知识

　　会计计量属性主要包括历史成本、重置成本、可变现净值、现值和公允价值等。（1）历史成本。历史成本又称为实际成本，是按照实际发生的数额计量。资产按照其购置时支付的现金或者现金等价物的金额计量。负债按照其因承担现时义务而实际收到的款项或者资产的金额计量。（2）重置成本。按重新购置相同或相似资产的金额计量。按照当前市场条件，重新取得同样一项资产所需支付的现金或现金等价物的金额计量。（3）可变现净值。按正常销售所能收到的现金扣减相应费用后的金额计量。按照正常对外销售所能收到的现金或者现金等价物的金额，扣减该资产估计将要发生的成本、估计将要发生的销售费用以及相关税费后的金额计量。（4）现值。按预计产生的未来净现金流入量的折现金额计量。考虑货币时间价值，对未来现金净现金流入量以恰当的折现率进行折现后，计算的现值。（5）公允价值。按在公平交易中自愿进行资产交换的金额计量。是熟悉情况的交易双方，自愿进行资产交换或者债务清偿，所形成的市场交易金额。

（三）行政单位的会计记录

会计记录是进行了会计确认与会计计量后，通过一定的记账方法，登记总账与明细账的过程。会计记录是会计确认与计量的结果，也是编制会计报表的基础。发生的经济业务或事项经过会计确认、计量环节后，需要按复式记账规则，在账簿上加以登记。会计确认和计量只是解决了发生的经济交易或事项能否记入以及何时记入相应的会计账户的问题，而会计确认和计量的结果必须以适当的方式在会计账户中加以记录、核算，形成系统、连续、全面以及综合的会计核算数据资料，并编制成财务报表，形成有用的会计信息。《行政单位会计制度》规定，行政单位应当采用借贷记账法记账。行政单位的会计记录应当使用中文，少数民族地区可以同时使用本民族文字。会计记录包括从会计事项的发生、原始凭证的取得、记账凭证的制作、会计账簿的登记等一系列过程，按照一定的方法与程序进行。会计记录方法，主要包括设置账户、复式记账、填制凭证和登记账簿等。行政单位的信息化普及率较高，许多单位已经使用会计软件实现会计核算的过程。

新会计制度根据行政单位会计核算目标的要求，对原会计制度下的会计科目进行了全面梳理和改进，新增、取消了部分科目，对个别科目名称进行了修改，调整了会计科目体系。新会计制度完善了会计科目使用说明，明确了各会计科目的核算内容、明细科目设置和确认计量原则，详细阐述了各会计科目所涉及经济业务或者事项的账务处理流程与方法，为行政单位会计实务操作提供了更为科学、全面的依据。

根据《行政单位会计制度》的规定，行政单位会计共设置会计科目 34 个。其中资产类科目 17 个，负债类科目 8 个，净资产类科目 5 个，收入类科目 2 个，支出类科目 2 个。行政单位的会计科目见表 1–1。

表 1–1 　　　　　　　　　　　　行政单位会计科目表

序号	科目编号	科目名称	序号	科目编号	科目名称
		一、资产类	21	2301	应付账款
1	1001	库存现金	22	2302	应付政府补贴款
2	1002	银行存款	23	2305	其他应付款
3	1011	零余额账户用款额度	24	2401	长期应付款
	1021	财政应返还额度	25	2901	受托代理负债
4	102101	财政直接支付			三、净资产类
	102102	财政授权支付	26	3001	财政拨款结转
5	1212	应收账款	27	3002	财政拨款结余
6	1213	预付账款	28	3101	其他资金结转结余

续表

序号	科目编号	科目名称	序号	科目编号	科目名称
7	1215	其他应收款	29	3501	资产基金
8	1301	存货		350101	预付款项
9	1501	固定资产		350111	存货
10	1502	累计折旧		350121	固定资产
11	1511	在建工程		350131	在建工程
12	1601	无形资产		350141	无形资产
13	1602	累计摊销		350151	政府储备物资
14	1701	待处理财产损溢		350152	公共基础设施
15	1801	政府储备物资	30	3502	待偿债净资产
16	1802	公共基础设施			四、收入类
17	1901	受托代理资产	31	4001	财政拨款收入
		二、负债类	32	4011	其他收入
18	2001	应缴财政款			五、支出类
19	2101	应缴税费	33	5001	经费支出
20	2201	应付职工薪酬	34	5101	拨出经费

小比较

　　同原会计制度相比，会计科目设置发生了较大的变化，新会计制度新增、调整、合并了一些会计科目。原会计制度（包括补充规定）只设置了22个会计科目，其中8个资产类科目，6个负债类科目，2个净资产类科目，3个收入类科目，3个支出类科目。新旧会计科目对应关系，请参见本书第八章新旧会计制度的衔接中的相关内容。

　　行政单位应当按照会计制度的规定设置、运用会计科目，具体要求如下：

　　（1）行政单位应当对有关法律、法规允许进行的经济活动，按照会计制度的规定使用会计科目进行核算；行政单位不得以会计制度规定的会计科目及使用说明作为进行有关法律、法规禁止的经济活动的依据。

　　（2）行政单位对基本建设投资的会计核算在执行行政单位会计制度的同时，还应当按照国家有关基本建设会计核算的规定单独建账、单独核算。

　　（3）行政单位应当按照会计制度的规定设置和使用会计科目，因没有相关业务不需要使用的总账科目可以不设；在不影响会计处理和编报财务报表的前提下，行政单位可以根据实际情况自行增设会计制度规定以外的明细科目，或者自行减少、合并会计制度规定的明细科目。

（4）按照财政部规定对固定资产和公共基础设施计提折旧的，相关折旧的账务处理应当按照会计制度规定执行；按照财政部规定不对固定资产和公共基础设施计提折旧的，不设置会计制度规定的"累计折旧"科目，在进行账务处理时不考虑会计制度其他科目说明中涉及的"累计折旧"科目。

（5）会计制度统一规定会计科目的编号，以便于填制会计凭证、登记账簿、查阅账目、实行会计信息化管理。行政单位不得随意打乱重编会计制度规定的会计科目编号。

（四）行政单位的财务报表

财务报表是反映行政单位财务状况和预算执行结果等的书面文件。财务报表是行政单位财务报告的重要组成部分，是以表格和文字的形式反映行政单位一定时点的财务状况和一定时期的预算收支情况，对于加强行政单位的预算管理和财务管理有着重要的意义。行政单位应当定期编制真实、完整的财务报表，由单位负责人和主管会计工作的负责人、会计机构负责人（会计主管人员）签名并盖章后，提供给相关会计信息使用者。

根据《行政单位会计制度》的规定，行政单位的财务报表由会计报表及其附注构成。会计报表包括资产负债表、收入支出表、财政拨款收入支出表等。会计报表附注是指对在会计报表中列示项目的文字描述或明细资料，以及对未能在会计报表中列示项目的说明等。

小知识

　　会计报表、财务报表和财务报告是一组相互联系、相互区别的概念，财务报告包含财务报表，财务报表包含会计报表。财务报告包括财务报表和其他应当在财务会计报告中披露的相关信息和资料，如财务情况说明书。财务报表由会计报表和会计报表附注构成；会计报表包括资产负债表，收入支出表，财政拨款收入支出表及其附表、明细表。《行政单位会计制度》对财务报表的内容、格式、编制方法进行了说明。《行政单位财务规则》则对财务报告进行了规范，明确了财务情况说明书的内容及财务分析的内容与方法。

第二章

行政单位收入的核算

第一节 行政单位收入概述

本节讲解《行政单位会计制度》中收入的核算与管理的一般要求。介绍行政单位收入的含义与内容，阐述行政单位收入的确认与计量方法，以及财务管理与内部控制的相关规定。

一、收入的含义与内容

（一）收入的含义

《行政单位会计制度》规定，收入是指行政单位依法取得的非偿还性资金。行政单位的收入具有以下特征：

1. 收入是行政单位为开展业务及其他活动而取得的。

行政单位的主要职能是进行政府行政管理、组织经济建设和文化建设、维护社会公共秩序，为实现其职能必须有一定的资金作保障。行政单位的业务活动是向社会提供公共产品或公共服务，行政单位的资金主要来源于财政拨款。此外，行政单位还从事一些其他活动，在财政拨款以外取得其他方面的收入。

2. 收入是行政单位依法取得的。

行政单位取得的各项收入，必须符合国家法律、法规和规章制度。行政单位的财政拨款收入应当符合《预算法》的规定，按规定的程序申报、审批和领拨。行政单位的其他收入也必须符合相关法律法规和规章制度的要求。

3. 收入是行政单位的非偿还性资金。

行政单位取得的各项收入应当不需要在未来偿还，可以按照规定安排用于所开展的业务活动。行政单位取得的罚没收入、行政事业性收费、政府性基金、国有资产处置收入等，因需要上缴财政部门，不属于行政单位的收入。

（二）收入的内容

行政单位的收入包括财政拨款收入和其他收入。行政单位会计设置了"财政拨款收入"和"其他收入"两个收入类会计科目。

1. 财政拨款收入

财政拨款收入是指行政单位从同级财政部门取得的财政预算资金。财政拨款收入是行政单位按照预算级次从同级财政部门取得的，不包括行政单位从非同级财政部门取得的资金。此项资金纳入同级财政部门的财政预算管理，也属于单位的预算资金。

2. 其他收入

其他收入是指行政单位依法取得的除财政拨款收入以外的各项收入。其他收入并非由同级财政部门拨付，而是行政单位是开展其他各项活动取得的收入。此项资金未纳入同级财政部门的预算管理，但属于单位的预算资金。

小比较

　　同原会计制度相比，新会计制度删除了预算外资金收入的内容。预算外资金是行政单位或其他单位为履行或代行政府职能，依国家法律、法规而收取、提取和安排使用的未纳入国家预算管理的财政性资金，主要是行政收费等非税收入。行政单位的非税收入实行"收支两条线"以及"单位开票、银行代收、财政统管"的管理制度。在原会计制度中，行政单位收到不需要上缴的及财政专户核拨的预算外资金确认为预算外资金收入。2010年财政部印发了《关于将预算外资金管理的收入纳入预算管理的通知》（财预〔2010〕88号），明确从2011年1月1日起将预算外资金（教育除外）全部纳入预算管理。据此，行政单位的预算外资金收入不再存在。

二、收入的确认与计量

《行政单位会计制度》规定，行政单位的收入一般应当在收到款项时予以确认，并按照实际收到的金额进行计量。行政单位会计中的收入定义为"非偿还性资金"，强调在取得时予以确认。收入是行政单位取得的、会导致本期净资产增加的经济利益或者服务潜力的总流入。根据《行政单位会计制度》的规定，收入以收付实现制为主要确认基础，特定情况下采用权责发生制基础确认。

（1）行政单位的收入一般按收付实现制确认。在收付实现制基础下，收入应当在收到款项时予以确认，并按照实际收到的金额进行计量。此时，经济利益或服务潜力已经流入行政单位，并且导致行政单位资产增加或者负债减少。由于我国预算编制基础是收付实现制，实际收入也只有采用收付实现制基础确认和报告，才能与预算形成有效对比，准确反映预算执行情况。

（2）行政单位收入的特殊经济业务和事项可以采用权责发生制确认。在权责发生制基础下，收入应当在发生时予以确认，并按照实际发生的数额计量。此时，经济利益或服务潜力能够流入行政单位，并且能够导致行政单位资产增加或者负债减少。

小提示

　　为准确反映预算执行情况，行政单位的收入的确认基础主要是收付实现制，按权责发生制基础确认的收入事项极少。例如，年末注销财政用款额度（包括直接额度和授权额度）时，可以将本年度未实现的用款额度确认为当期财政拨款收入，其目的也是为了保证与预算收入的一致。

三、收入的财务管理

加强行政单位收入的财务管理，对于提高财政资金的使用效益，保护社会公众的基本权益，加强财政资金的监督，促进行政单位建立科学、完整、规范、透明的单位预算管理体系，有着重要的意义。根据《行政单位财务规则》的要求，行政单位收入财务管理的内容主要包括：

（1）行政单位取得各项收入，应当符合国家规定，按照财务管理的要求，分项如实核算。行政单位的各项收入应当依法取得，符合国家有关法律、法规和规章制度的规定。行政单位的收入应当区分为财政拨款收入和其他资金收入，并采用不同的管理方法。财政拨款收入应当按规定的程序申报、审批和领拨，基本经费拨款应按定员定额标准和实物费用定额予以核定，项目经费拨款要保证特殊工作任务的顺利实施。其他收入的来源必须合法，严格控制没有法律法规依据的其他收入，不得将其他收入转移或私设账外账和小金库。

（2）行政单位的各项收入应当全部纳入单位预算，统一核算，统一管理。行政单位的全部收入，包括财政拨款收入和其他收入，均应当全部纳入单位的预算体系中，统一组织核算与管理，不允许出现未纳入单位预算管理的收入。行政单位应正确区分收入和应缴款项，行政单位履行或代行政府职能，依照国家法律、法规收取的财政预算资金或专户资金，不能确认为行政单位的收入。行政单位对按照规定上缴国库或者财政专户的资金，应当按照国库集中收缴的有关规定及时足额上缴，不得隐瞒、滞留、截留、挪用和坐支。

四、收入的内部控制

行政单位收入的内部控制属于业务层面内部控制。根据《行政事业单位内部控制规范（试行）》的规定，行政单位应当建立健全收入内部管理制度。行政单位收入内部控制的主要内容包括：

（1）行政单位应当合理设置岗位，明确相关岗位的职责权限，确保收款、会计核算等不相容岗位相互分离。各项收入应当由财会部门归口管理并进行会计核算，严禁设立账外账。业务部门应当在涉及收入的合同协议签订后及时将合同等有关材料提交财会部门作为账务处理的依据，确保各项收入应收尽收，及时入账。财会部门应当定期检查收入金额是否与合同约定相符；对应收未收项目应当查明情况，明确责任主体，落实催收责任。

（2）有政府非税收入收缴职能的行政单位，应当按照规定项目和标准征收政府非税收入，按照规定开具财政票据，做到收缴分离、票款一致，并及时、足额上缴国库或财政专户，不得以任何形式截留、挪用或者私分。

（3）行政单位应当建立健全票据管理制度。财政票据、发票等各类票据的申领、启用、核销、销毁均应履行规定手续。行政单位应当按照规定设置票据专管员，建立票据台账，做好票据的保管和序时登记工作。票据应当按照顺序号使用，不得拆本使用，做好废旧票据管理。负责保管票据的人员要配置单独的保险柜等保管设备，并做到人走柜锁。行政单位不得违反规定转让、出借、代开、买卖财政票据、发票等票据，不得擅自扩大票据适用范围。

第二节　财政拨款收入的核算

财政拨款是行政单位的一项重要的资金来源，占行政单位收入的绝大比重。本节讲解《行政单位会计制度》中关于财政拨款收入核算的方法，阐述"财政拨款收入"科目的核算内容、账户设置和主要账务处理。

一、财政拨款收入的含义

《行政单位会计制度》规定，财政拨款收入是行政单位从同级财政部门取得的财政预算资金。理解财政拨款收入的含义，需要明确以下两点：

1. 财政拨款收入是纳入财政预算管理的资金。

行政单位主要包括各类国家机关、政党组织等，它们依照国家赋予职能，开展各项行政管理工作。行政单位的业务活动是提供公共产品或服务，不能通过市场配置获取补偿，其资金绝大部分来源于财政拨款，包括公共财政预算拨款、政府性基金预算拨款等。

2. 财政拨款收入是行政单位从同级财政部门取得的。

根据财政预算管理体系，行政单位的预算经费由同级财政部门根据预算安排拨付。一级预算单位向同级财政部门申报预算，直接从同级财政部门取得拨款。二级及二级以下预算单位，向上一级预算单位申报预算，通过上一级预算单位从同级财政部门取得拨款。行政单位应当按照批准的年度部门预算和月度用款计划申请取得财政拨款，并按照部门预算的管理要求使用经费。实行国库集中收付制度的行政单位，财政拨款由国库单一账户统一拨付，主要方式是财政直接支付和财政授权支付。

二、财政拨款收入的分类

根据财政部门的要求，行政单位需要对财政拨款收入进行适当的分类，以便加强管理与核算。财政拨款收入的主要分类如下：

1. 按财政拨款的种类，财政拨款收入分为公共财政预算拨款和其他预算拨款。

财政拨款收入是行政单位取得的财政预算资金，而财政预算资金按性质的不同分为公共财政预算资金、政府性基金预算资金、国有资本经营预算资金和社会保险基金预算资金，所以行政单位的财政拨款收入存在不同的资金性质，需要按照财政拨款的种类进行明细核算。

（1）公共财政预算拨款，是行政单位从同级财政部门取得的公共财政预算资金拨款。

（2）其他预算拨款，是行政单位从同级财政部门取得的公共财政预算资金以外的拨款，主要包括政府性基金预算资金拨款、国有资本经营预算资金拨款和社会保险基金预算资金拨款。

行政单位的财政拨款收入主要是公共财政预算资金，有些行政单位也会取得政府性基金预算、国有资本经营预算、社会保险基金预算的拨款。

2. 按部门预算管理的要求，财政拨款收入分为基本支出拨款和项目支出拨款。

（1）基本支出拨款是行政单位用于维持正常运行和完成日常工作任务所需要的经费。基本支出拨款又可进一步划分为人员经费和日常公用经费。人员经费是指用于行政单位人员方面开支的经费，日常公用经费是指用于行政单位日常公务活动开支的经费。基本支出拨款由财政部门根据相应的标准核定，实行财政定额拨款。

（2）项目支出拨款是行政单位在基本经费以外完成特定任务所需要的经费，包括专项业务费、专项会议费、专项修缮费、专项设备购置费等。项目支出拨款要求按项目的不同分类管理、分项核算，保证专款专用。项目支出拨款由财政部门根据具体情况的不同分项核定，实行财政定项拨款。

3. 按政府收支分类科目的要求，财政拨款收入需要进行功能分类。

行政单位的财政拨款收入是财政部门的预算支出，需要按政府预算支出分类管理的要求进行分类。经过政府预算收支分类改革，我国已经建立了一套包括收入分类、支出功能分类和支出经济分类在内的完整、规范的政府收支分类体系。根据政府收支分类的要求，财政拨款收入需要按照财政预算支出的功能进行分类。支出功能分类侧重反映政府支出的职能，设置类、款、项三级预算科目，行政单位会计需要按"项级"科目对财政拨款收入进行明细核算。

根据《2014 政府收支分类科目》[①]，预算科目按照公共财政预算、政府性基金预算、国有资本经营预算、社会保险基金预算四类预算各自的收支范围分别归集列示。其中，公共财政预算支出科目设置见表 2–1[②]。

---

① 财政部 . 2014 年政府收支分类科目［M］. 北京：中国财政经济出版社，2013.
② 本表并非完整的功能分类，只列出了公共财政预算支出科目中与行政单位会计核算相关的类、款两级科目。

表 2-1　　　　　　　　　　　公共财政预算支出科目

编号	类	款	项（略）
201	一般公共服务支出	人大事务、政协事务、政府办公厅（室）及相关机构事务、发展与改革事务、统计信息事务、财政事务、税收事务、审计事务、海关事务、人力资源事务、纪检监察事务、人口与计划生育事务、商贸事务、知识产权事务、工商行政管理事务、质量技术监督与检验检疫事务、民族事务、宗教事务、港澳台侨事务、档案事务、民主党派及工商联事务、群众团体事务、党委办公厅（室）及相关机构事务、组织事务、宣传事务、统战事务、对外联络事务、其他共产党事务支出、其他一般公共服务支出	
202	外交支出	外交管理事务、驻外机构、对外援助、国际组织、对外合作与交流、对外宣传、边界勘界联检、其他外交支出	
203	国防支出	现役部队、国防科研事业、专项工程、国防动员、其他国防支出	
204	公共安全支出	武装警察、公安、国家安全、检察、法院、司法、监狱、劳教、国家保密、缉私警察、其他公共安全支出	
205	教育支出	教育管理事务、普通教育、职业教育、成人教育、广播电视教育、留学教育、特殊教育、进修及培训、教育费附加安排的支出、地方教育附加安排的支出、其他教育支出	
206	科学技术支出	科学技术管理事务、基础研究、应用研究、技术研究与开发、科技条件与服务、社会科学、科学技术普及、科技交流与合作、科技重大专项、其他科学技术支出	
207	文化体育与传媒支出	文化、文物、体育、广播影视、新闻出版、其他文化体育与传媒支出	
208	社会保障和就业支出	人力资源和社会保障管理事务、民政管理事务、财政对社会保险基金的补助、补充全国社会保障基金、行政事业单位离退休、企业改革补助、就业补助、抚恤、退役安置、社会福利、残疾人事业、城市居民最低生活保障、其他城市生活救助、自然灾害生活救助、红十字事业、农村最低生活保障、其他农村生活救助、补充道路交通事故社会救助基金、其他社会保障和就业支出	

编号	类	款	项（略）
210	医疗卫生支出	医疗卫生管理事务、公立医院、基层医疗卫生机构、公共卫生、医疗保障、中医药、食品和药品监督管理事务、其他医疗卫生支出	
211	节能环保支出	环境保护管理事务、环境监测与监察、污染防治、自然生态保护、天然林保护、退耕还林、风沙荒漠治理、退牧还草、已垦草原退耕还草、能源节约利用、污染减排、可再生能源、资源综合利用、能源管理事务、其他节能环保支出	
212	城乡社区支出	城乡社区管理事务、城乡社区规划与管理、城乡社区公共设施、城乡社区环境卫生、建设市场管理与监督、其他城乡社区事务支出	
213	农林水支出	农业、林业、水利、南水北调、扶贫、农业综合开发、农村综合改革、促进金融支农支出、其他农林水支出	
214	交通运输支出	公路水路运输、铁路运输、民用航空运输、石油价格改革对交通运输的补贴、邮政业支出、车辆购置税支出、其他交通运输支出	
215	资源勘探电力信息等支出	资源勘探开发、制造业、建筑业、电力监管、工业和信息产业监管、安全生产监管、国有资产监管、支持中小企业发展和管理支出、其他资源勘探电力信息等支出	
216	商业服务业等支出	商业流通事务、旅游业管理与服务支出、涉外发展服务支出、其他商业服务业等事务支出	
217	金融支出	金融部门行政支出、金融部门监管支出、金融发展支出、金融调控支出、其他金融支出	
219	援助其他地区支出	一般公共服务、教育、文化体育与传媒、医疗卫生、节能环保、农业、交通运输、住房保障、其他支出	
220	国土海洋气象等支出	国土资源事务、海洋管理事务、测绘事务、地震事务、气象事务、其他国土海洋气象等支出	
221	住房保障支出	保障性安居工程支出、住房改革支出、城乡社区住宅	
222	粮油物资储备支出	粮油事务、物资事务、能源储备、粮油储备、重要商品储备	

小知识

政府收支分类是对政府收入、支出的类别与层次划分，是政府预算编制的基础，也是行政单位会计核算的重要依据。政府收支分类体系包括"收入分类"、"支出功能分类"、"支出经济分类"三部分。财政部每年均会下发新的《政府收支分类科目》，规范下一年度的政府收支分类。与上一年度相比，《2014 年政府收支分类科目》发生了较大的变化：一是补充了 2013 年预算编制及执行过程中调整的内容；二是将预算科目按公共财政预算、政府性基金预算、国有资本经营预算、社会保险基金预算四类预算各自的收支范围分别归集列示，同时在科目附录中将全部科目汇总归集；三是根据政策变化删除、新增和整合部分支出科目。

三、财政拨款收入的账户设置

行政单位设置"财政拨款收入"科目，核算行政单位从同级财政部门取得的财政预算资金，包括基本支出拨款和项目支出拨款。财政拨款收入一般应当于发生财政直接支付或收到财政授权支付额度，或者实际收到款项时确认，按实际支付或收到的数额计量。年终注销时，可将未使用的财政直接支付额度和财政授权支付额度确认为财政拨款收入。

《行政单位会计制度》规定，财政拨款收入科目应当设置"基本支出拨款"和"项目支出拨款"两个明细科目，分别核算行政单位取得用于基本支出和项目支出的财政拨款资金；同时，按照《政府收支分类科目》中"支出功能分类科目"的项级科目进行明细核算；在"基本支出拨款"明细科目下按照"人员经费"和"日常公用经费"进行明细核算，在"项目支出拨款"明细科目下按照具体项目进行明细核算。有公共财政预算拨款、政府性基金预算拨款等两种或两种以上财政拨款的行政单位，还应当按照财政拨款的种类分别进行明细核算。

财政拨款收入科目需要反映财政预算管理和部门预算管理的要求，明细科目层次较多。行政单位可以按下列方法设置财政拨款收入科目的明细科目。

1. 如果行政单位的财政拨款收入全部为公共财政预算拨款，则：

（1）"财政拨款收入"科目按部门预算管理的要求，设置"基本支出拨款"和"项目支出拨款"两个一级明细科目，分别核算行政单位取得用于基本支出和项目支出的财政拨款资金。

（2）"财政拨款收入——基本支出拨款"科目下应设置"人员经费"和"日常公用经费"两个二级明细科目；"财政拨款收入——项目支出拨款"科目下应按具体项目设置二级明细科目。

（3）按照《政府收支分类科目》中"支出功能分类科目"的"项级"科目进行明细核算。例如行政运行、一般行政事务、机关服务、专项服务、专项业务活动等，具体款项请查阅财政部下发的《政府收支分类科目》。

具体明细科目设置见表2-2。

表2-2 **财政拨款收入明细科目设置表（单一公共财政预算拨款）**

总账科目	一级明细科目	二级明细科目	功能分类
财政拨款收入	基本支出拨款	人员经费	项级科目
		日常公用经费	
	项目支出拨款	具体项目	
		…	

2. 如果行政单位的财政拨款收入存在两种或两种以上的性质，则：

（1）按照财政拨款的种类，设置"公共财政预算拨款"、"政府性基金预算拨款"、"国有资本经营预算"、"社会保险基金预算"等一级明细科目，分别核算行政单位取得的不同性质的财政拨款资金。

（2）在设置上述明细科目的基础上，再依次按表2-2设置次级明细科目。

小提示

为清晰表达明细科目的层次，本书将一级会计科目称为"总账科目"，二级会计科目称为"一级明细科目"，并依此类推。行政单位财政拨款收入的明细科目较为复杂，上面讲解的是设置明细科目的基本要求，可能存在其他的明细科目设置方法。会计人员应当按照制度的要求，结合单位的具体情况设置明细科目。行政单位普遍运用了会计信息系统进行核算，若会计软件中明细科目已经进行了相应的设置，会计人员按照设置好的会计科目系统核算即可。

四、财政拨款收入的账务处理

财政拨款收入需要分别按照财政直接支付、财政授权支付和其他方式进行不同的账务处理。

1. 财政直接支付方式

（1）以财政直接支付方式支付费用

财政部门以财政直接支付方式为行政单位支付相关的费用，包括工资福利支出、补助补贴支出、各种服务支出等，行政单位应当在收到国库支付执行机构委托代理银行转来的"财政直接支付入账通知书"及相关原始凭证时确认财政拨款收入，同时确认财政直接支付所形成的经费支出。此时，借记"经费支出"科目，贷记"财政拨款收入"科目。

【例2-1】某行政单位收到国库支付执行机构委托代理银行转来的"财政直接支付入账通知书"及原始凭证，行政单位的一笔培训费用60 000元已经完成支付，资金性质为公共财政预算资金。

借：经费支出——财政拨款支出——基本支出　　　　　　　　60 000

　　贷：财政拨款收入——基本支出拨款　　　　　　　　　　　60 000

> **小提示**
>
> 　　为了阐述清晰，上面的会计分录省略了二级明细科目和支出功能分类科目。在会计核算实务中，上述事项还需要在"基本支出拨款"科目下分别"人员经费"和"日常公用经费"明细核算。同时根据财政拨款的具体用途，按照《政府收支分类科目》中"支出功能分类科目"的项级科目进行明细核算。上述分录所涉及的"经费支出"科目的明细科目设置将会在后续的章节介绍。

　　【例2-2】某行政单位收到国库支付执行机构委托代理银行转来的"财政直接支付入账通知书"及原始凭证，财政部门通过财政直接支付方式为行政单位支付了一项技术开发费用共计78 000元。此款项为项目经费，资金性质为政府性基金预算，专门用于行政单位的专业设备技术改造。

　　借：经费支出——财政拨款支出——项目支出　　　　　　78 000

　　　　贷：财政拨款收入——政府性基金预算拨款——项目支出拨款　　78 000

　　（2）收回本年度财政直接支付的资金

　　财政部门已经完成直接支付的资金在本年度收回，行政单位应当冲销当期已经确认财政拨款收入，借记"财政拨款收入"科目，贷记"经费支出"等科目。

　　【例2-3】行政单位收到"财政直接支付收回通知"，财政部门以财政直接支付方式为行政单位支付的一项培训费用，因培训内容的变化缩短了培训时间，培训费用由原来的60 000元减少到40 000元，差额20 000元已经收回。

　　借：财政拨款收入——基本支出拨款　　　　　　　　　　20 000

　　　　贷：经费支出——财政拨款支出——基本支出　　　　　　　20 000

> **小提示**
>
> 　　收回本年度财政直接支付的资金，应当直接冲减当期的财政拨款收入；如果收回的是上年度的资金，涉及以前年度结转结余调整事项，则需要通过"财政拨款结转"、"财政拨款结余"科目核算。

　　（3）以财政直接支付方式购买资产

　　行政单位以财政直接支付方式购买存货、固定资产、无形资产、政府储备物资，以及支付工程结算的款项等，需要进行"双分录"会计核算，不但要确认所形成的经费支出和财政拨款收入，还要同时确认所形成的资产及所对应的资产基金。

　　【例2-4】某行政单位以政府集中采购的方式购入办公用品一批，价值总计12 500元。款项已经通过财政直接支付方式全额支付，办公用品已经由供货商交付行政单位, 行政单位已经验收入库。

借: 经费支出——财政拨款支出——基本支出　　　　　　　12 500

　　贷: 财政拨款收入——基本支出拨款　　　　　　　　　　　　12 500

同时:

借: 存货——办公用品　　　　　　　　　　　　　　　　　12 500

　　贷: 资产基金——存货　　　　　　　　　　　　　　　　　　12 500

（4）财政直接支付额度的年终注销

年终注销财政直接支付额度时, 根据本年度财政直接支付预算指标数与财政直接支付实际支出数的差额, 借记"财政应返还额度——财政直接支付"科目, 贷记"财政拨款收入"科目。

【例2-5】某行政单位本年度财政直接支付预算指标数为 850 000 元, 财政直接支付实际支出数为 820 000 元, 年终注销未使用的财政直接支付额度 30 000 元。

借: 财政应返还额度——财政直接支付　　　　　　　　　30 000

　　贷: 财政拨款收入——基本支出拨款　　　　　　　　　　　30 000

小知识

　　财政直接支付是行政单位用款时向财政部门的国库支付执行机构提出支付申请, 国库支付执行机构根据批复的预算、用款计划及相关要求对支付申请审核无误后, 向财政零余额账户代理银行发出支付指令, 将财政资金直接划转到收款单位的银行账户。行政单位应在收到财政部门委托财政零余额账户代理银行转来的财政直接支付入账通知书时, 按照财政实际支付的金额确认财政拨款收入。即财政直接支付方式下, 行政单位在实际使用了财政资金的同时确认财政拨款收入。

---

2. 财政授权支付方式

（1）财政授权支付额度的下达

在财政授权支付方式下, 行政单位在收到代理银行转来的"授权支付到账通知书"时, 即可确认财政拨款收入, 同时确认已经到账的零余额账户用款额度。此时, 借记"零余额账户用款额度"等科目, 贷记"财政拨款收入"科目。

【例2-6】某行政单位收到代理银行转来的"授权支付到账通知书", 本月行政单位财政授权支付额度为 170 000 元, 已经下达到代理银行, 其中基本支出拨款 150 000 元, 项目支出拨款 20 000 元。

借: 零余额账户用款额度　　　　　　　　　　　　　　170 000

　　贷: 财政拨款收入——基本支出拨款　　　　　　　　　　150 000

　　　　　　　　　　　——项目支出拨款　　　　　　　　　　　20 000

（2）财政授权支付额度的年终注销

年终注销财政授权支付额度时，如行政单位本年度财政授权支付预算指标数大于财政授权支付额度下达数，根据两者间的差额，借记"财政应返还额度——财政授权支付"科目，贷记"财政拨款收入"科目。

【例2-7】某行政单位本年度财政授权支付预算指标数为365 000元，财政授权支付额度下达数为352 000元，年终注销未下达的财政授权额度13 000元。

借：财政应返还额度——财政授权支付　　　　　　　　　　13 000
　　贷：财政拨款收入——基本支出拨款　　　　　　　　　　　　　13 000

小知识

　　财政授权支付是财政部门的国库支付执行机构按照批复的部门预算和资金使用计划，将用款额度下达到行政单位的零余额账户代理银行。行政单位在月度用款额度内，自行开具支付令，通过国库支付执行机构转由零余额账户代理银行向收款人付款。行政单位在收到单位的零余额账户代理银行转来的财政授权支付到账通知书时，按照通知书上所列的用款额度确认财政拨款收入。行政单位收到的用款额度不是实存资金账户，是一个过渡性的待结算账户。

---

3. 其他方式

在国库集中收付制度下，财政直接支付和财政授权支付是两种主要的财政支付方式。除此之外，还存在其他支付方式，主要是财政实拨资金。财政实拨资金是财政部门的国库支付执行机构按照批复的部门预算和资金使用计划，开出拨款凭证将财政拨款划转到行政单位在商业银行开设的存款账户。财政实拨资金主要适用于未实行国库集中收付制度的行政单位，以及一些特殊事项财政款项的拨付。

在财政实拨资金方式下，行政单位在商业银行开设的是实存资金账户，收到的是货币资金。行政单位收到开户银行转来的"到账通知书"，款项已经到账时，即可按照通知书上所列的收款金额确认财政拨款收入。此时，借记"银行存款"科目，贷记"财政拨款收入"科目。

【例2-8】某行政单位收到开户银行转来的"到账通知书"，财政部门拨入的项目经费150 000元已经到账。

借：银行存款　　　　　　　　　　　　　　　　　　　　150 000
　　贷：财政拨款收入——项目支出拨款　　　　　　　　　　　　　150 000

年末，应将"财政拨款收入"科目本年发生额转入"财政拨款结转"科目。具体核算方法，在后续的章节中介绍。年终结账后，"财政拨款收入"科目应无余额。

第三节　其他收入的核算

除了从同级财政部门取得的财政拨款收入，行政单位还存在其他方面的收入。本节讲解《行政单位会计制度》中关于其他收入核算的方法，阐述"其他收入"科目的核算内容、账户设置和主要账务处理。

一、其他收入的含义

《行政单位会计制度》规定，其他收入是指行政单位依法取得的除财政拨款收入以外的各项收入。财政拨款是行政单位的一项主要收入，除此之外行政单位的其他活动或事项也会取得一定的收入。其他收入是一个排他的概念，如果行政单位取得的一项收入并非是从同级财政部门取得的财政预算资金，即可确认为其他收入。

其他收入应当依法取得，其事项应当符合国家法律法规，严格控制和取消没有法律依据的其他收入。其他收入是行政单位收入的组成部分，行政单位应当将其他收入全面、完整地纳入单位预算，不准发生转移收入、私设账外账和小金库等违反财经纪律的行为。行政单位的其他收入按照规定应当缴纳税金的，必须按照税收法规缴纳相关税金。

二、其他收入的分类

根据来源渠道和资金性质的不同，行政单位的其他收入可以分为若干种类。行政单位应当加强其他收入的分类管理与核算。

1. 按照收入的来源，其他收入分为非同级财政部门补助收入、主管部门或上级单位补助收入、服务收入等。

（1）非同级财政部门补助收入，是非同级财政部门给予行政单位的补助款项。行政单位的财政拨款收入是按预算级次从同级财政部门取得的，从非同级财政部门取得的补助款项属于其他收入。例如，地方行政单位从中央财政取得的补助款项，中央行政单位从地方财政取得的补助款项等。

（2）主管部门或上级单位补助收入，是行政单位的主管部门、上级单位给予行政单位的补助款项。按照行政单位的管辖与隶属关系，每个行政单位均有主管部门或上级单位，主管部门或上级单位可以利用自身的收入或集中的收入，对所属行政单位给予补助。

（3）服务收入，是行政单位所属非独立核算的后勤部门对外提供服务所取得的收入。有些行政单位设有后勤服务部门，如机关食堂、打字复印、生活服务设施等，实行对外有偿服务，会取得一定的服务收费。

除上述几项外，行政单位还存在一些其他来源的收入，主要包括行政单位银行存款利息、无法查明原因的现金溢余、因故无法偿付或债权人豁免偿还的其他应付款项、变卖废旧报刊等。

2. 按照资金的限定性,其他收入分为项目资金收入和非项目资金收入。

(1) 项目资金收入,是行政单位收到的用于完成特定任务的款项。项目资金收入属于限定性资金,包括行政单位从非同级财政部门、主管部门或上级单位取得的专项资金收入。项目资金收入应当专款专用、单独核算,并按照规定向非同级财政部门、主管部门或上级单位报送专项资金使用情况,接受检查、验收,项目结余的资金应当按拨款单位的要求处理。

(2) 非项目资金收入,是行政单位收到的用于维持正常运行和完成日常工作任务的款项。非项目资金收入属于非限定性资金,包括行政单位从非同级财政部门、上级主管部门取得的非专项资金收入,以及服务收入、银行存款利息、现金溢余、无法偿还的其他应付款项等。

小问题

按照原会计制度在"其他收入"科目核算的资产处置收入,现在通过什么科目核算?

行政单位国有资产处置收入,包括各类资产的出售收入、置换差价收入、报废报损残值变价收入、出租出借收入等。根据行政单位国有资产管理办法的规定,行政单位国有资产处置收入属于政府非税收入,是财政收入的重要组成部分,由财政部门负责收缴和监管。新会计制度下,行政单位国有资产处置收入通过"应缴财政款"科目核算,属于负债项目。

三、其他收入的账户设置

行政单位设置"其他收入"科目,核算行政单位取得的除财政拨款收入以外的其他各项收入,如从非同级财政部门、上级主管部门等取得的用于完成项目或专项任务的资金、库存现金溢余等。行政单位从非同级财政部门、上级主管部门等取得指定转给其他单位,且未纳入本单位预算管理的资金,不通过本科目核算,应当通过"其他应付款"科目核算。其他收入在实际收到时确认,按收到的数额计量。

"其他收入"科目应当按照其他收入的类别、来源单位、项目资金和非项目资金进行明细核算。对项目资金收入,还应当按照具体项目进行明细核算。明细科目设置的要求如下:

(1) 按照其他收入的类别、来源单位,设置一级明细科目。非同级财政部门补助收入、上级主管部门补助收入应注明来源单位,服务收入应注明服务的类别,其他来源的收入按"存款利息收入"、"现金盘盈收入"、"收回已核销其他应付款项"、"无法偿付的其他应付款项"等内容设置明细科目。

(2) 按照资金的限定性,在"非同级财政部门拨款收入"、"上级主管部门补助收入"类别的明细科目下,设置"项目资金"和"非项目资金"两个二级明细科目。在"项目资金"明细科目下,按照具体项目名称设置三级明细科目,进行明细核算。

四、其他收入的账务处理

1. 从非同级财政部门、上级主管部门取得资金

行政单位从非同级财政部门、上级主管部门取得资金时，按照实际收到的金额，借记"银行存款"、科目，贷记"其他收入"科目。此类收入所取得的资金，应当区分是项目资金还是非项目资金。

【例 2-9】某行政单位为市财政所属预算单位，现收到省财政部门拨来的补助款项 78 000 元，用于完成一项指定的 A 项目。行政单位收到开户银行转来的"到账通知书"，款项已经到账。

借：银行存款　　　　　　　　　　　　　　　　　78 000
　　贷：其他收入——省财政补助收入——项目资金——A 项目　78 000

【例 2-10】某行政单位收到主管部门拨来的款项 52 000 元，用于维持单位的正常运行。行政单位收到开户银行转来的"到账通知书"，款项已经到账。

借：银行存款　　　　　　　　　　　　　　　　　52 000
　　贷：其他收入——主管部门补助收入——非项目资金　　　52 000

2. 服务收入和其他来源的收入

行政单位收到后勤服务收入、银行存款利息，以及发生现金溢余、无法偿还的其他应付款项时，应当按照实际收到或发生的金额借记"银行存款"、"库存现金"、"其他应付款"等科目，贷记"其他收入"科目。此类收入所取得的资金一般为非项目资金，要求按收入的类别组织核算。

【例 2-11】某行政单位在对外办公区域向外来办事人员提供复印服务，没有实行独立核算。根据复印服务提交的收入日报表，本日复印服务收到现金360 元。

借：库存现金　　　　　　　　　　　　　　　　　360
　　贷：其他收入——复印服务收入　　　　　　　　　　360

【例 2-12】某行政单位的一项其他应付款因故无法偿付，金额为 2 000 元，报经批准后进行核销。

借：其他应付款　　　　　　　　　　　　　　　　2 000
　　贷：其他收入——无法偿付的其他应付款项　　　　　2 000

年末，应将"其他收入"科目本年发生额转入"其他资金结转结余"科目。具体核算方法，在后续的章节中介绍。年终结账后，"其他收入"科目应无余额。

小比较

同原会计原制度相比，新会计制度在其他收入的核算方面发生了一定的

变化。新会计制度充分体现了《行政单位财务规则》的要求，规范了其他收入的内容，将行政单位的各项收入全部纳入单位预算，统一核算，统一管理。随着行政单位改革的深入，其他收入的种类和规模将逐步减少，其他收入的使用将受到规范和严格控制。

第三章

行政单位支出的核算

第一节　行政单位支出概述

本节讲解《行政单位会计制度》中支出的核算与管理的一般要求。介绍行政单位支出的含义与内容，阐述行政单位支出的确认与计量方法，以及财务管理与内部控制的相关规定。

一、支出的含义与内容

（一）支出的含义

《行政单位会计制度》规定，支出是指行政单位为保障机构正常运转和完成工作任务所发生的资金耗费和损失。行政单位的支出具有以下特征：

1. 支出是行政单位为保障机构正常运转和完成工作任务所发生的。

行政单位的支出包括保障机构正常运转支出和完成工作任务支出两项内容。保障机构正常运转支出是行政单位为履行其职能，保证机构运行、完成日常工作而发生的基本支出，包括日常人员支出和日常公用支出。完成工作任务支出是行政单位在基本支出以外为完成特定的工作任务而发生的项目支出。

2. 支出是行政单位的资金耗费和损失。

行政单位的支出包括资金耗费和资金损失。资金耗费是行政单位在履行其职能的过程中所正常消耗的各种财产，如支付货币、领用材料、设备折旧等。资金损失是行政单位因故造成的财产毁损与灭失，如资产盘亏、报废、丧失等。

（二）支出的内容

行政单位的支出包括经费支出和拨出经费。行政单位会计设置了"经费支出"和"拨出经费"两个支出类会计科目。

1. 经费支出

经费支出是指行政单位自身开展业务活动使用各项资金发生的基本支出和项目支出。行政单位自身开展业务活动所发生的所有支出均为经费支出，包括基本支出和项目支出两项内容。

2. 拨出经费

拨出经费是指行政单位纳入单位预算管理、拨付给所属单位的非同级财政拨款资金。拨出经费并非行政单位自身开展业务活动发生的支出，而是拨付给所属独立核算单位的资金。由于同级财政拨款直接拨付到所属单位，所以以拨出经费只包括转拨非同级财政的拨款资金。

> **小比较**
>
> 同原会计制度相比，新会计制度删除了结转自筹基建的内容。结转自筹基建是行政单位经批准用财政拨款收入以外的自筹资金安排基本建设，转入建设银行或基建财务管理部门形成的支出。在原会计制度中，结转自筹基建单独设立会计科目进行会计核算。新会计制度规范了支出的范围，将结转自筹基建纳入经费支出科目的核算内容。

二、支出的确认与计量

《行政单位会计制度》规定，行政单位的支出一般应当在支付款项时予以确认，并按照实际支付金额进行计量。行政单位的支出可以表现为经济利益的流出或者服务潜力的流出，导致本期净资产的减少。支出一般在经济利益或者服务潜力已经流出或者能够流出，从而导致行政单位资产减少或者负债增加，并且当经济利益或者服务潜力的流出的金额能够可靠计量时予以确认。支出以收付实现制为主要确认基础，特定情况下采用权责发生制基础确认。

（1）行政单位的支出一般按收付实现制确认。在收付实现制基础下，行政单位的支出应当在其实际支付时予以确认，并按照实际支付金额计量。此时，经济利益或者服务潜力已经流出行政单位，并且导致行政单位资产减少或者负债增加。例如，行政单位通过财政直接支付购买存货、固定资产等，要求在财政部门已经完成支付时确认经费支出。以收付实现制基础确认支出，可以准确地反映行政单位的预算执行情况。

（2）行政单位支出的特殊经济业务和事项可以采用权责发生制确认。在权责发生制基础下，行政单位的支出应当在其发生时予以确认，并按照实际发生额进行计量。此时，经济利益或者服务潜力能够流出行政单位，并且能够导致行政单位资产减少或者负债增加。

> **小提示**
>
> 为准确反映预算执行情况，行政单位的支出的确认基础主要是收付实现

制，按权责发生制基础确认的支出事项极少。例如，应付在职人员的薪酬形成的经费支出，应当在规定支付职工薪酬的时间确认；应付政府补贴款形成的经费支出，应当在规定发放政府补贴的时间确认。

三、支出的财务管理

加强行政单位支出的财务管理，对于降低行政成本以及提高财政资金的使用效益，具有重要的意义。根据《行政单位财务规则》的要求，行政单位支出财务管理的内容主要包括：

（1）加强支出的预算管理。《行政单位财务规则》规定："行政单位应当将各项支出全部纳入单位预算，各项支出由单位财务部门按照批准的预算和有关规定审核办理。"行政单位应当将不同来源形成的支出全部纳入单位预算，各项支出应当与预算管理、收入管理的口径与要求相统一，全面反映行政单位的各项支出情况。行政单位应当按照规定的程序编报和审批预算，根据年度业务发展的需要以及预算编制的规定，提出预算建议数，经主管部门审核汇总报财政部门。行政单位根据财政部门下达的预算控制数编制预算，由主管部门审核汇总报财政部门，经法定程序审核批复后执行。行政单位的各项支出由单位财务部门统一归口管理，统筹安排各项支出。行政单位应当严格执行批准的预算，按预算规定的支出项目、内容和数额安排支出，不得自行变更预算，不得无预算、超预算安排支出。

（2）加强支出的规范性管理。《行政单位财务规则》规定："行政单位的支出应当严格执行国家规定的开支范围及标准，建立健全支出管理制度，对节约潜力大、管理薄弱的支出进行重点管理和控制。"行政单位支出管理是一项政策性较强的工作，国家通过财务规章制度形式限定了行政单位支出的开支范围和开支标准。开支范围是对行政单位支出内容的限定，开支标准是对行政单位支出额度的限定。行政单位的支出应当严格执行国家有关财务规章制度规定的开支范围及开支标准，开支范围和开支标准是行政单位编制预算、财政部门核算预算的重要依据，行政单位必须严格执行，不提自行扩大开支范围和提高开支标准。行政单位要结合本单位的实际情况，建立健全单位内部的支出管理规章制度，完善相应的支出管理体系，加强对各项支出的管理。行政单位应当厉行节约，加强对因公出国（境）费、公务接待费、公务车购置及运行费、会议费、培训费、差旅费等薄弱环节的支出管理。

小知识

财政部 2013 年 9 月印发了《中央和国家机关会议费管理办法》（财行〔2013〕286 号），对中央和国家机关会议费的开支范围、开支标准等作出了详细的规定，从 2014 年 1 月 1 日起施行。会议费是指各单位召开的会议所发生的各项费用支出，包括会议住宿费、伙食费、会议室租金、交通费、文件印刷费、医药费等。会议费管理办法规定，会议分为一类会议、二类会议、三类会议和四类会议，各单位召开的会议实行分类管理、分级审批，对各类会议的规模进行严格控制。会议费开支实行综合定额控制，各项费用之间可以调剂使用。综合定额标准是会议费开支的上限，各单位应在综合定额标准以内结算报销。财务部门要严格按规定审核会议费开支，对未列入年度会议计划，以及超范围、超标准开支的经费不予报销。各单位会议费支付，应当严格按照国库集中支付制度和公务卡管理制度的有关规定执行，以银行转账或公务卡方式结算，禁止以现金方式结算。具备条件的，会议费应由单位财务部门直接结算。

小知识

财政部 2013 年 12 月印发了《中央和国家机关培训费管理办法》（财行〔2013〕523 号），对中央和国家机关培训费的开支范围、开支标准等作出了详细的规定，从 2014 年 1 月 1 日起施行。培训费是指各单位开展培训直接发生的各项费用支出，包括住宿费、伙食费、培训场地费、讲课费、培训资料费、交通费、其他费用。培训是指根据有关法律法规的规定，使用财政资金在境内举办的三个月以内的岗位培训、任职培训、专门业务培训、初任培训等。培训费管理办法规定，中央单位应当建立培训计划编报和审批制度。培训费实行综合定额标准，分项核定、总额控制。综合定额标准是培训费开支的上限，各项费用之间可以调剂使用。各单位应在综合定额标准以内结算报销。各单位财务部门应当严格按照规定审核培训费开支，对未履行审批备案程序的培训，以及超范围、超标准开支的费用不予报销。

小知识

财政部 2013 年 12 月印发了《中央和国家机关差旅费管理办法》（财行〔2013〕531 号），对中央和国家机关国内差旅费的开支范围、开支标准等作出了详细的规定，从 2014 年 1 月 1 日起施行。差旅费是指工作人员临时到常驻地以外地区公务出差所发生的各项费用支出，包括城市间交通费、住宿费、伙食补助费和市内交通费。差旅费管理办法规定，中央单位应当建立健全公务出差审批制度。财政部按照分地区、分级别、分项目的原则制定差旅费标准，并根据经济社会发展水平、市场价格及消费水平变动情况适时调整。出差人员应当在职级别对应的标准限额内乘坐交通工具、入住宾馆，按规定的标准自行用餐，超支部分个人自理。住宿费、机票支出等按规定用公务卡结算，对未经批准出差以及超范围、超标准开支的费用不予报销。

（3）加强项目资金管理。《行政单位财务规则》规定："行政单位从财政部门或者上级预算单位取得的项目资金，应当按照批准的项目和用途使用，专款专用、单独核算，并按照规定向同级财政部门或者上级预算单位报告资金使用情况，接受财政部门和上级预算单位的检查监督。项目完成后，行政单位应当向同级财政部门或者上级预算单位报送项目支出决算和使用效果的书面报告。"行政单位的经费包括基本经费和项目经费，项目经费是行政单位为完成特定工作任务而取得的具有指定用途的资金。对于不同来源的项目资金，应当按照国家有关规定或者合同要求进行管理，不得截留、挤占、挪用和违反规定转拨资金，不得虚列支出，不得以任何形式谋取私利。

（4）加强国库集中支付和政府采购管理。《行政单位财务规则》规定："行政单位应当严格执行国库集中支付制度和政府采购制度等规定。"实行国库集中支付制度和政府采购制度是财政支出改革的重要内容，行政单位应当结合本单位的实际情况制定切实可行的具体措施，严格执行国库集中支付制度和政府采购制度的有关规定和要求。国库集中收付制度是指政府在国库或国库指定的代理银行开设账户，集中收纳和支付财政性资金的一种结算制度。国库集中收付制度下，财政资金的收缴包括直接缴库和集中汇缴两种方式，财政资金的支拨包括财政直接支付和财政授权支付两种方式。行政单位应当按照国库集中收付制度的要求，将收缴的财政资金及时上缴国库，支付的财政资金通过国库单一账户体系办理。政府采购是指各级政府及其所属机构为满足开展日常政务活动或提供公共服务活动的需要，在财政的监督下，以法定的方式、方法和程序，购买货物、工程或劳务的行为。行政单位应当按照《政府采购法》及《政府采购非招标采购方式管理办法》（财政部令第18号）、《政府采购货物和服务招标投标管理办法》（财政部令第74号）等相关制度的规定组织政府采购活动。

（5）加强支出的绩效管理。《行政单位财务规则》规定："行政单位应当加强支出的绩效管理，提高资金的使用效益。"预算绩效管理是政府绩效管理的重要组成部分，是财政科学化精细化管理的重要内容和结果要求。加强预算绩效管理的根本目的是改进预算支出管理、优化财政资源配置，提高公共产品和服务的质量。根据财政部分颁布的《预算绩效管理工作规划（2012—2015年）》（财预〔2012〕396号），行政单位要树立"讲绩效、重绩效、用绩效"的绩效管理理念，建立预算绩效管理机制，完善预算绩效管理制度体系和预算绩效评价体系。

（6）加强票据管理。《行政单位财务规则》规定："行政单位应当依法加强各类票据管理，确保票据来源合法、内容真实、使用正确，不得使用虚假票据。"行政单位必须加强票据管理，认真审核各类票据，确保票据的真实性，杜绝使用虚假票据，提高会计信息质量。

四、支出的内部控制

行政单位支出的内部控制属于业务层面内部控制。根据《行政行政单位内部控制规范（试行）》的规定，行政单位应当建立健全支出内部管理制度。行政单位支出内部控制的主要内容包括：

（1）完善支出的内部管理制度。行政单位应当建立健全支出内部管理制度，确定单位经济活动的各项支出标准，明确支出报销流程，按照规定办理支出事项。行政单位应当合理设置岗位，明确相关岗位的职责权限，确保支出申请和内部审批、付款审批和付款执行、业务经办和会计核算等不相容岗位相互分离。

（2）加强支出的审批控制。明确支出的内部审批权限、程序、责任和相关控制措施。审批人应当在授权范围内审批，不得越权审批。

（3）加强支出的审核控制。全面审核各类单据。重点审核单据来源是否合法，内容是否真实、完整，使用是否准确，是否符合预算，审批手续是否齐全。支出凭证应当附反映支出明细内容的原始单据，并由经办人员签字或盖章，超出规定标准的支出事项应由经办人员说明原因并附审批依据，确保与经济业务事项相符。

（4）加强支出的支付控制。明确报销业务流程，按照规定办理资金支付手续。签发的支付凭证应当进行登记。使用公务卡结算的，应当按照公务卡使用和管理有关规定办理业务。

（5）加强支出的核算和归档控制。由财会部门根据支出凭证及时准确登记账簿，与支出业务相关的合同等材料应当提交财会部门作为账务处理的依据。

第二节　经费支出的核算

经费支出是行政单位的一项重要的支出，占行政单位支出的绝大比重。本节讲解《行政单位会计制度》中关于经费支出核算的方法，阐述"经费支出"科目的核算内容、账户设置和主要账务处理。

一、经费支出的含义

《行政单位会计制度》规定，经费支出是指行政单位自身开展业务活动使用各项资金发生的基本支出和项目支出。理解经费支出的含义，需要明确以下两点：

1. 经费支出是行政单位自身业务活动的支出。

行政单位的业务活动包括自身开展的业务活动和所属单位开展的业务活动。行政单位自身业务活动发生的支出属于经费支出，行政单位拨付给所属单位的非同级财政拨款资金不属于经费支出。

2. 经费支出是行政单位各项资金发生的支出。

行政单位的资金包括财政拨款资金和其他资金。行政单位使用财政拨款资金和其他资金发生的支出均属于经费支出，行政单位的经费支出包括基本支出和项目支出。

二、经费支出的分类

为加强经费支出的管理与核算，根据财政部门的要求，行政单位需要对经费支出进行适当的分类。经费支出的主要分类如下：

1. 按资金的性质，经费支出分为财政拨款支出和其他资金支出。

（1）财政拨款支出

财政拨款支出是行政单位用财政拨款资金安排的经费支出。财政拨款是行政业单位从同级财政部门取得的款项，是财政部门根据预算安排，通过国库拨入行政单位的纳入预算管理的资金。行政单位取得的财政拨款主要是公共财政预算资金，有些行政单位也会取得政府性基金预算资金、国有资本经营预算资金、社会保险基金预算资金等其他类型的财政拨款。所以，财政拨款支出可以进一步分为公共财政预算拨款支出和其他预算拨款支出。

（2）其他资金支出

其他资金支出是行政单位使用除财政拨款收入以外的资金安排的经费支出，主要是行政单位用其他收入安排的经费支出。行政单位的其他资金支出并非同级财政部门的预算资金，但应当纳入单位的预算管理。

2. 按政府收支分类科目的要求，经费支出需要进行功能分类和经济分类。

（1）经费支出的功能分类

按照政府收支分类的要求，经费支出需要按财政预算支出的功能进行分类。支出功能分类主要反映政府的职能，设置类、款、项三级预算科目，经费支出需要按照其中的"项级"科目设置明细科目，进行明细核算。经费支出与财政拨款收入采用相同的功能分类方式，以便相互核对，向同级财政部门报告。

（2）经费支出的经济分类

支出的经济分类主要反映政府支出的经济性质和具体用途。按照《政府收支分类科目》的规定，经费支出不但需要进行功能分类，还需要进行经济分类。支出的经济分类设类、款两级预算科目，经费支出需要按照其中的"款级"科目进行明细核算。

根据《2014 政府收支分类科目》，支出的经济分类科目设置见表 3-1。

3. 按部门预算管理的要求，经费支出分为基本支出和项目支出。

（1）基本支出

基本支出是行政单位为了保障其正常运转、完成日常工作任务而发生的支出，包括人员经费支出和日常公用经费支出。

①人员经费支出是指用于行政单位人员方面的经费支出，主要是《政府收支分类科目》中的"301 工资福利支出"和"303 对个人和家庭的补助"类别的具体款项。

②日常公用经费支出是指用于行政单位日常公务活动的经费支出，主要是《政府收支分类科目》中的"302 商品和服务支出"、"306 基本建设支出"和"310 其他资本性支出"等类别的具体款项。

表 3-1 支出的经济分类科目

编号	类	款
301	工资福利支出	基本工资、津贴补贴、奖金、社会保障缴费、伙食费、伙食补助费、绩效工资、其他工资福利支出
302	商品和服务支出	办公费、印刷费、咨询费、手续费、水费、电费、邮电费、取暖费、物业管理费、差旅费、因公出国（境）费用、维修（护）费、租赁费、会议费、培训费、公务接待费、专用材料费、装备购置费、工程建设费、作战费、军用油料费、军队其他运行维护费、被装购置费、专用燃料费、劳务费、委托业务费、工会经费、福利费、公务用车运行维护费、其他交通费用、其他商品和服务支出
303	对个人和家庭的补助	离休费、退休费、退职（役）费、抚恤金、生活补助、救济费、医疗费、助学金、奖励金、生产补贴、住房公积金、提租补贴、购房补贴、其他对个人和家庭的补助支出
304	对企事业单位的补贴	企业政策性补贴、事业单位补贴、财政贴息、国有资本经营预算费用性支出、其他对企事业单位的补贴支出
305	转移性支出	不同级政府间转移性支出、同级政府间转移性支出
306	赠与	对国内的赠与、对国外的赠与
307	债务利息支出	国内债务付息、向国家银行借款付息、其他国内借款付息、向国外政府借款付息、向国际组织借款付息、其他国外借款付息
308	债务还本支出	国内债务还本、国外债务还本
309	基本建设支出	房屋建筑物购建、办公设备购置、专用设备购置、基础设施建设、大型修缮、信息网络及软件购置更新、物资储备、公务用车购置、其他交通工具购置、其他基本建设支出
310	其他资本性支出	房屋建筑物购建、办公设备购置、专用设备购置、基础设施建设、大型修缮、信息网络及软件购置更新、物资储备、土地补偿、安置补助、地上附着物和青苗补偿、拆迁补偿、公务用车购置、其他交通工具购置、其他资本性支出
311	贷款转贷及产权参股	国内贷款、国外贷款、国内转贷、国外转贷、产权参股、国有资本经营预算资本性支出、其他贷款转贷及产权参股支出
399	其他支出	预备费，预留、补充全国社会保障基金，未划分的项目支出，国有资本经营预算其他支出，其他支出

（2）项目支出

项目支出是行政单位为了完成特定的行政工作任务，在基本支出之外所发生的支出。项目支出因各行政单位情况不同而有所区别，主要包括专项业务费支出、专项会议费支出、专项修缮费支出、专项设备购置费支出等。

小知识

引起社会广泛关注的"三公经费"即是上述日常公用经费支出中的"因公出国（境）费"、"公务接待费"和"公务车购置及运行费"。各单位应当根据中共中央政治局《关于改进工作作风、密切联系群众的八项规定》的要求、《党政机关厉行节约反对浪费条例》的精神的规定，加强"三公经费"的管理。

根据财政部 2013 年 12 月印发的《因公临时出国经费管理办法》（财行〔2013〕516 号）的规定，因公临时出国经费包括国际旅费、国外城市间交通费、住宿费、伙食费、公杂费和其他费用。应当加强因公临时出国经费的预算管理，严格控制因公临时出国经费总额，科学合理地安排因公临时出国经费预算。各单位出国经费的支付，应当严格按照国库集中支付制度和公务卡管理制度的有关规定执行。各单位应当严格执行各项经费开支标准，不得擅自突破，严禁接受或变相接受企事业单位资助。各单位财务部门应当根据本办法制定本单位财务报销审批的具体规定，加强对因公临时出国团组的经费核销管理。

根据中共中央办公厅、国务院办公厅 2013 年 12 月印发的《党政机关国内公务接待管理规定》（中办发〔2013〕22 号）的规定，公务接待费是指出席会议、考察调研、执行任务、学习交流、检查指导、请示汇报工作等公务活动发生的交通费、住宿费、伙食费和其他费用。国内公务接待应当坚持有利公务、务实节俭、严格标准、简化礼仪、高效透明、尊重少数民族风俗习惯的原则。各级党政机关公务接待管理部门应当结合当地实际，完善国内公务接待管理制度，制定国内公务接待标准。接待单位应当严格控制国内公务接待范围，不得用公款报销或者支付应由个人负担的费用。接待费资金支付应当严格按照国库集中支付制度和公务卡管理有关规定执行。具备条件的地方应当采用银行转账或者公务卡方式结算，不得以现金方式支付。接待费报销凭证应当包括财务票据、派出单位公函和接待清单。

根据财政部 2011 年 3 月印发的《党政机关公务用车预算决算管理办法》（财行〔2011〕9 号）的规定，公务用车是指党政机关用于履行公务的机动车辆，分为一般公务用车、领导干部用车、执法执勤用车、特种专业技术用车和其他用车。公务车购置及运行费包括公务用车购置费和公务用车运行费用，公务用车购置费用包括公务用车购置价款、车辆购置税和其他相关支出，公务用车运行费用包括公务用车燃料费、维修费、保险费、过路过桥费、停车费和其他相关支出。党政机关公务用车实行编制管理。车辆编制根据人员编制、领导职数和工作需要等因素确定。财政部门根据年度使用公务车配备更新计划，统筹安排购置经费，并实行严格管理。财政部门会同公务用车主管部门制定公务用车运行费用定额标准，据以核定公务用车运行费用，列入部门预算。公务用车主管部门应当定期向同级党政机关通报或者公示公务用车配备更新和使用情况，接受监督。

三、经费支出的账户设置

行政单位设置"经费支出"科目，核算行政单位在开展业务活动中发生的各项支出。经费支出一般在其实际支付时予以确认，并按照实际支付的金额计量。有些支出事项可以在其发生时予以确认，并按照实际发生的金额进行计量。

经费支出的分类较为复杂，需要设置多层次的明细科目进行核算。《行政单位会计制度》规定，"经费支出"科目应当分别按照"财政拨款支出"和"其他资金支出"、"基本支出"和"项目支出"等分类进行明细核算；并按照《政府收支分类科目》中"支出功能分类科目"的项级科目进行明细核算；"基本支出"和"项目支出"明细科目下应当按照《政府收支分类科目》中"支出经济分类科目"的款级科目进行明细核算。同时，在"项目支出"明细科目下按照具体项目进行明细核算。有公共财政预算拨款、政府性基金预算拨款等两种或两种以上财政拨款的行政单位，还应当按照财政拨款的种类分别进行明细核算。

行政单位可以按以下方法设置经费支出科目的明细科目。

1. 如果行政单位的经费支出全部为公共财政预算拨款，则：

（1）按照资金的性质，设置"财政拨款支出"和"其他资金支出"两个一级明细科目，分别核算行政单位用财政拨款资金安排的经费支出和用除财政拨款以外的资金安排的经费支出。

（2）按照部门预算管理的要求，设置"基本支出"和"项目支出"两个二级明细科目，分别核算行政单位用于保障其正常运转、完成日常工作任务而发生的支出和为了完成特定的行政工作任务所发生的支出。

（3）在"基本支出"明细科目下，按照《政府收支分类科目》中"支出经济分类科目"的"款级"科目设置三级明细科目。如基本工资、办公费、会议费、培训费、公务接待费、房屋建筑物购建、办公设备购置、专用设备购置、公务用车购置等，具体请参见表3-1所列款项。

在"项目支出"明细科目下，应当先按照具体项目设置三级明细科目，再按照"支出经济分类科目"的"款级"科目设置四级明细科目。

（4）按照《政府收支分类科目》中"支出功能分类科目"的"项级"科目进行明细核算。例如行政运行、一般行政事务、机关服务、专项服务、专项业务活动等。具体款项请查阅财政部下发的《政府收支分类科目》。

具体明细科目设置见表3-2。

表3-2　　　　　　　　　　　　　经费支出明细科目设置表

总账科目	一级明细科目	二级明细科目	三级明细科目	四级明细科目	功能分类
经费支出	财政拨款支出	基本支出	经济分类款级科目		项级科目
		项目支出	具体项目	经济分类款级科目	
	其他资金支出	基本支出	经济分类款级科目		
		项目支出	具体项目	经济分类款级科目	

2. 如果行政单位的经费支出存在两种或两种以上的性质，则：

（1）在"财政拨款支出"明细科目下，按照财政拨款的种类，设置"公共财政预算拨款"、"政府性基金预算拨款"、"国有资本经营预算"、"社会保险基金预算"二级明细科目，分别核算行政单位发生的不同性质的财政拨款资金。

（2）在设置上述明细科目的基础上，再按表3-2的要求依次设置财政拨款支出的其他各级明细科目。

四、经费支出的账务处理

1. 人员经费支出

人员经费支出是行政单位用于人员方面的支出，包括在职职工薪酬和外部人员的劳务费用等。

（1）在职职工薪酬，包括行政单位应按照有关规定支付本单位职工的基本工资、奖金、国家统一规定的津贴补贴等，以及为本单位职工支付社会保险费、住房公积金等。在职职工薪酬形成的经费支出，在按规定应支付职工薪酬时予以确认，通过"应付职工薪酬"科目核算。计提单位职工薪酬时，按照计算出的金额，借记"经费支出"科目，贷记"应付职工薪酬"科目。

【例3-1】某行政单位计算本月应付在职人员的职工薪酬。本月应付职工薪酬总额为1 320 000元，其中应支付给职工的基本工资982 400元、津贴补贴179 200元，应为职工支付的住房公积金158 400元。所用资金均为公共财政预算基本经费拨款。

借：经费支出——财政拨款支出——基本支出　　　　　　　1 320 000

　　　　　贷：应付职工薪酬——工资（离退休费）　　　　　　　　982 400

　　　　　　　　　——地方（或部门）津贴补贴　　　　　　　　179 200

　　　　　　　　　——住房公积金　　　　　　　　　　　　　　158 400

　　（2）外部人员的劳务费用，是行政单位按照劳务合同应支付给非本单位职工的劳动报酬，如临时聘用人员劳务费等。行政单位支付外部人员的劳务费用，不通过"应付职工薪酬"科目核算，在实际支付时予以确认。支付外部人员劳务费时，应按照应当支付的金额，借记"经费支出"科目，按照代扣代缴个人所得税的金额，贷记"应缴税费"科目，按照扣税后实际支付的金额，贷记"财政拨款收入"（财政直接支付）、"零余额账户用款额度"（财政授权支付）、"银行存款"（单位银行账户支付）等科目。

　　【例3-2】某行政单位为临时聘用人员支付本月劳务费用。经计算，应付临时聘用人员的劳务费用总额为68 000元，代扣代缴个人所得税的金额为8 160元。行政单位已经通过开户银行将实付款项59 840元转入临时聘用人员的工资卡中，所用资金为非财政拨款资金。

　　　　借：经费支出——其他资金支出——基本支出　　　　　68 000

　　　　　　贷：银行存款　　　　　　　　　　　　　　　　　　59 840

　　　　　　　　应缴税费——个人所得税　　　　　　　　　　　8 160

> **小提示**
>
> 　　新会计制度将行政单位的人员经费支出分为在职职工薪酬和外部人员的劳务费用两部分，规定了不同的会计核算方法。在职职工薪酬在计提时确认经费支出，通过"应付职工薪酬"科目核算。外部人员的劳务费用在实际支付时确认经费支出，不通过"应付职工薪酬"科目核算。支付在职职工薪酬依据的是国家规定的工资标准，支付外部人员劳务费用依据的是劳务合同。劳务合同不同于劳动合同，是行政单位与外部人员就某一项劳务以及劳务成果所达成的协议。

　　2. 日常费用支出

　　日常费用支出是行政单位日常发生的各项费用支出，包括办公费、印刷费、咨询费、手续费、水费、电费、邮电费、取暖费、物业管理费、差旅费、因公出国（境）费用、维修（护）费、租赁费、会议费、培训费、公务接待费、公务用车运行维护费等。日常费用支出不形成资产项目，在发生时照实际支付的金额确认。以财政直接支付方式发生支出时，借记"经费支出"科目，贷记"财政拨款收入"科目；以财政授权支付方式发生支出时，借记"经费支出"科目，贷记"零余额账户用款额度"科目；以银行存款转账支付方式发生支出时，借记"经费支出"科目，贷记"银行存款"科目。

　　【例3-3】某行政单位收到国库支付执行机构委托代理银行转来的"财政直

接支付入账通知书"及原始凭证,行政单位的新招聘人员业务培训费 26 000 元已经由财政直接支付给培训机构,所用资金为公共财政预算基本经费拨款。

借:经费支出——财政拨款支出——基本支出　　　　　26 000

　　贷:财政拨款收入——基本支出拨款　　　　　　　　　　26 000

【例 3-4】某行政单位开出零余额账户支付凭证,支付一笔公务接待费用 2 850 元,所用资金为公共财政预算基本经费拨款。

借:经费支出——财政拨款支出——基本支出　　　　　2 850

　　贷:零余额账户用款额度　　　　　　　　　　　　　　　2 850

【例 3-5】某行政单位开出零余额账户支付凭证,支付专项会议费 9 200 元,所用资金为政府性基金预算项目经费拨款。

借:经费支出——财政拨款支出——政府性基金预算拨款——项目支出

　　　　　　　　　　　　　　　　　　　　　　　　　　　9 200

　　贷:零余额账户用款额度　　　　　　　　　　　　　　　9 200

【例 3-6】某行政单位使用上级主管部门拨入的课题研究专项经费,以银行转账方式支付项目调研费 6 000 元。

借:经费支出——其他资金支出——项目支出　　　　　6 000

　　贷:银行存款　　　　　　　　　　　　　　　　　　　　6 000

小提示

　　人员经费支出和日常费用支出是行政单位经常发生的事项,应当重点掌握。下面将要讲解的购买资产支出、预付款项支出和偿还应付款项支出将涉及一些资产、负债类科目,采用"双分录"核算方法,本章只是简单介绍,在后续的章节中将有详细讲解。

---

3. 购买资产支出

为满足预算管理与财务管理的要求,行政单位购买存货、固定资产、无形资产、政府储备物资及结算工程款项,需要进行"双分录"核算,同时确认发生的经费支出和形成的资产。支付购买存货、固定资产、无形资产、政府储备物资和工程结算的款项时,按照实际支付的金额,借记"经费支出"科目,贷记"财政拨款收入"(财政直接支付)、"零余额账户用款额度"(财政授权支付)、"银行存款"(银行转账支付)等科目;同时,按照采购或工程结算成本,借记"存货"、"固定资产"、"无形资产"、"在建工程"、"政府储备物资"等科目,贷记"资产基金"及其明细科目。

行政单位因退货等原因发生支出收回的,属于当年支出收回的,借记"财政拨款收入"、"零余额账户用款额度"、"银行存款"等科目,贷记"经费支出"科目。属于以前年度支出收回的,需要调整净资产中"财政拨款结转"、"财政拨款结余"、"其他资金结转结余"等科目。

【例3-7】某行政单位以政府集中采购的方式购入专用材料一批，价值总计37 800元。款项已经通过财政直接支付方式支付，所用资金为公共财政预算基本经费拨款。材料已经由供应商交付行政单位，并验收入库。

借：经费支出——财政拨款支出——基本支出　　　　　37 800
　　贷：财政拨款收入——基本支出拨款　　　　　　　　　　　37 800

同时：

借：存货——专用材料　　　　　　　　　　　　　　　37 800
　　贷：资产基金——存货　　　　　　　　　　　　　　　　　37 800

4. 预付款项支出

行政单位按照购货、服务合同规定预付给供应单位（或个人）的款项，应当在已支付款项且尚未收到物资或服务时确认经费支出。按照实际预付的金额，借记"经费支出"科目，贷记"财政拨款收入"（财政直接支付）、"零余额账户用款额度"（财政授权支付）、"银行存款"（银行转账支付）等科目；同时，借记"预付账款"科目，贷记"资产基金——预付款项"科目。

【例3-8】某行政单位预订某会议中心召开工作会议，根据合同规定预先支付款项35 000元。款项已经通过单位的零余额账户支付，所用资金为公共财政预算基本经费拨款。

借：经费支出——财政拨款支出——基本支出　　　　　35 000
　　贷：零余额账户用款额度　　　　　　　　　　　　　　　35 000

同时：

借：预付账款——会议中心　　　　　　　　　　　　　35 000
　　贷：资产基金——预付款项　　　　　　　　　　　　　　　35 000

5. 偿还应付款项支出

行政单位因购买物资或服务、工程建设等而发生的应付账款和长期应付款，应当在偿付款项时确认经费支出。按照实际偿付的金额，借记"经费支出"科目，贷记"财政拨款收入"（财政直接支付）、"零余额账户用款额度"（财政授权支付）、"银行存款"（银行转账支付）等科目；同时，借记"应付账款"、"长期应付款"科目，贷记"待偿债净资产"科目。

【例3-9】某行政单位收到国库支付执行机构委托代理银行转来的"财政直接支付入账通知书"及原始凭证，所欠某供应商专项设备购买款45 000元已经完成支付，所用资金为公共财政预算项目经费拨款。

借：经费支出——财政拨款支出——项目支出　　　　　45 000
　　贷：财政拨款收入——项目支出拨款　　　　　　　　　　　45 000

同时：

借：应付账款——某供应商　　　　　　　　　　　　　45 000
　　贷：待偿债净资产　　　　　　　　　　　　　　　　　　　45 000

年末，应当将"经费支出"科目本年发生额分别转入"财政拨款结转"和"其他资金结转结余"科目。具体核算方法，在后续的章节中讲解。年终结账后，"经费支出"科目应无余额。

小问题

行政单位购买资产、预付款项和偿还应付款项时，为什么要确认经费支出？

为与预算支出保持一致，行政单位购买资产、预付款项和偿还应付款项时支付了货币，按照收付实现制确认基础，应当确认所发生的经费支出。实际上，上述事项采用的是"双分录"核算方法，不但确认了经费支出，同时也确认了相关的资产、负债项目，充分体现了行政单位会计兼顾预算管理与财务管理的双重核算目标。"双分录"核算是对行政单位发生的某项业务或事项进行双重记录，需要增设"资产基金"和"待偿债净资产"两个净资产账户，具体的核算方法将在后续资产、负债的章节中详细讲解。

第三节　拨出经费的核算

除了自身开展业务活动发生的经费支出，行政单位还会向所属单位拨付款项。本节讲解《行政单位会计制度》中关于拨出经费核算的方法，阐述"拨出经费"科目的核算内容、账户设置和主要账务处理。

一、拨出经费的含义

《行政单位会计制度》规定，拨出经费是指行政单位纳入单位预算管理、拨付给所属单位的非同级财政拨款资金。理解拨出经费的含义，应当注意以下几点。

1. 拨出经费是拨付所属单位的款项。

拨出经费并非行政单位自身开展业务活动发生的支出，而是由行政单位拨付给所属独立核算单位的资金。附属单位是指行政单位所属实行独立核算的下级单位，行政单位作为上级单位可以向所属单位拨付资金，布置工作任务，给予其资金支持。

2. 拨出经费是拨付所属单位的非同级财政拨款资金。

拨出经费并非行政单位向所属单位转拨的同级财政拨款资金。实行国库集中收付制度后，财政预算资金一般由国库支付执行机构直接拨付到所属预算单位，上级预算单位不再承担转拨任务。行政单位作为上级单位，可以使用自有资金或集中的资金，对下属单位进行各项补助，支持所属单位的发展。

3. 拨出经费是拨付所属单位的纳入单位预算管理的资金。

拨出经费是纳入单位预算管理的资金，应由行政单位统一管理，进行统筹安排。行政单位从非同级财政部门、上级主管部门等取得指定转给其他单位，且未纳入本单位预算管理的资金，不通过拨出经费科目核算。

二、拨出经费的分类

1. 按经费的来源，拨出经费包括非同级财政部门拨款、上级主管部门拨款和单位自身拨款。

（1）非同级财政部门拨款，是行政单位将从非同级财政部门取得的拨款收入转拨给所属单位使用，但非同级财政部门指定转给所属单位的除外。

（2）上级主管部门拨款，是行政单位将从上级主管部门取得的拨款收入转拨给所属单位使用，但上级主管部门指定转给所属单位的除外。

（3）单位自身拨款，是行政单位将单位自身或集中的收入转拨给所属单位使用。

2. 按资金的限定性，拨出经费包括拨出项目经费和拨出非项目经费。

（1）拨出项目经费是行政单位拨付给所属单位用于完成特定任务的款项。项目经费属于专项经费，所属单位应当专款专用、单独核算，并按照规定报送专项资金使用情况，接受检查、验收，项目结余的资金应当按相关部门的要求处理。

（2）拨出非项目经费是行政单位拨付给所属单位用于维持正常运行和完成日常工作任务的款项。非项目经费属于补助经费，所属单位可以用其弥补日常活动的开支。

三、拨出经费的账户设置

行政单位设置"拨出经费"科目，核算行政单位向所属单位拨出的纳入单位预算管理的非同级财政拨款资金。行政单位向所属单位拨付的未纳入单位预算管理的资金，不通过本科目核算。例如，行政单位从非同级财政部门、上级主管部门等取得指定转给所属单位的未纳入本单位预算管理的资金，应当通过"其他应付款"科目核算。拨出经费在实际拨付时确认，按实际拨付的数额计量。

《行政单位会计制度》规定："拨出经费"科目应当分别按照"基本支出"和"项目支出"进行明细核算，并且还应当按照接受拨出经费的具体单位和款项类别等分别进行明细核算。明细科目设置的要求如下：

（1）按照资金的限定性，设置"基本支出"和"项目支出"两个一级明细科目，分别核算拨付所属单位的非项目经费和项目经费。

（2）按照接受拨出经费的具体单位设置二级明细科目。

（3）按照拨出款项的具体类别设置三级明细科目。

四、拨出经费的账务处理

1. 向所属单位拨款

行政单位向所属单位拨付非同级财政拨款资金等款项时，按实际拨付的数额借记"拨出经费"科目，贷记"银行存款"等科目。

【例3-10】 某行政单位开出银行转账凭证，向所属 A 单位拨付非同级财政拨款资金100 000 元，对其业务活动进行补助。

借：拨出经费——基本支出——A 单位   100 000

    贷：银行存款   100 000

【例3-11】 某行政单位开出银行转账凭证，向所属 B 单位拨付非同级财政拨款资金150 000 元，此款项为专项经费，用于其购置专项设备。

借：拨出经费——项目支出——B 单位——专项设备购置   150 000

    贷：银行存款   150 000

2. 收回拨付的款项

行政单位收回本年度向所属单位拨付的经费时，按照实际收回的金额借记"银行存款"等科目，贷记"拨出经费"科目。

【例3-12】 所属 B 单位完成了专项设备购置工作，实际支出资金138 000 元，余款12 000 元由行政单位收回，存入单位的银行账户。

借：银行存款   12 000

    贷：拨出经费——项目支出——B 单位——专项设备购置   12 000

年末，应将"拨出经费"科目本年发生额转入"其他资金结转结余"科目。具体核算方法，在后续的章节中介绍。年终结账后，"拨出经费"科目应无余额。

小比较

同原会计制度相比，拨出经费的核算内容发生了较大的变化。原会计制度下，拨出经费核算行政单位按核定的预算拨付所属单位的同级财政拨款资金。在国库集中收付制度下，同级财政拨款由财政部门通过直接支付和授权支付的方式进行拨付，不再由主管预算单位转拨。新会计制度调整了"拨出经费"科目的核算内容，该科目仅核算行政单位向所属单位拨付的纳入单位预算管理的非同级财政拨款资金。

第四章

行政单位资产的核算

第一节　行政单位资产概述

本节讲解《行政单位会计制度》中资产的核算与管理的一般要求。介绍行政单位资产的含义与内容，阐述行政单位资产的确认与计量方法，以及财务管理与内部控制的相关规定。

一、资产的含义与内容

（一）资产的含义

《行政单位会计制度》规定，资产是指行政单位占有或者使用的，能以货币计量的经济资源。行政单位的资产具有以下特征：

1. 资产是行政单位的一项经济资源。

资产是行政单位开展业务活动的物质基础，可以为行政单位正常运行和完成日常工作任务、特定任务提供或创造条件，预期能够为行政单位带来经济潜能或者服务潜力。如果一项经济资源并不能为行政单位带来利益，则不能确认其为资产。

2. 资产能够用货币来计量。

货币是衡量商品价值的尺度，货币计量是会计核算的一个基本前提。只有能够用货币来计量的各种经济资源，才能被确认为资产。如果一项经济资源不能用货币来计量，行政单位就难以确定其价值，则不能确认其为资产。

3. 资产为行政单位占有或使用。

行政单位必须拥有经济资源法律上的占用权或者使用权，才能被确认为资产。行政单位并不拥有资产的所有权，其所有权归国家。行政单位在工作中占有或使用的物资、用品、房屋建筑物、设备等属于行政单位核算的资产。由行政单位直接支配，供社会公众使用的政府储备物资、公共基础设施等，也属于行政单位核算的资产。如果一项经济资源并非由行政单位占有或使用，则不能确认其为资产。

（二）资产的内容

行政单位的资产包括流动资产、非流动资产和公共服务与受托资产①。

1. 流动资产是指可以在1年以内（含1年）变现或者耗用的资产。行政单位的流动资产包括库存现金、银行存款、零余额账户用款额度、财政应返还额度、应收及预付款项、存货等。

2. 非流动资产是指流动资产以外的资产。行政单位的非流动资产包括固定资产、在建工程、无形资产等。

3. 公共服务与受托资产是指行政单位直接负责管理的为社会提供公共服务的资产和接受委托方委托代为管理的资产，包括政府储备物资、公共基础设施和受托代理资产。

流动资产、非流动资产是行政单位的自用资产，公共服务与受托资产是行政单位的非自用资产。

行政单位会计设置的资产类会计科目及分类见表4-1。

表4-1　　　　　　　　　行政单位资产类会计科目表

序号	会计科目	序号	会计科目
	一、流动资产		二、非流动资产
1	1001　库存现金	9	1501　固定资产
2	1002　银行存款	10	1502　累计折旧
3	1011　零余额账户用款额度	11	1511　在建工程
4	1021　财政应返还额度	12	1601　无形资产
5	1212　应收账款	13	1602　累计摊销
6	1213　预付账款	14	1701　待处理财产损溢
7	1215　其他应收款		三、公共服务与受托资产
8	1301　存货	15	1801　政府储备物资
		16	1802　公共基础设施
		17	1901　受托代理资产

---

① 为与行政单位自用资产相区分，本书将公共服务与受托资产单独分为一类。

> **小比较**
>
> 　　新会计制度的一个显著特点是丰富了资产的内容，有利于行政单位加强资产的财务管理。新制度新增了"无形资产"、"在建工程"等会计科目，并且对固定资产折旧、无形资产摊销进行了规范。新制度新增了"政府储备物资"、"公共基础设施"、"受托代理资产"等会计科目，与自用资产相区分，反映行政单位为社会提供公共服务与受托管理的资产情况。

二、资产的确认与计量

（一）资产的确认

行政单位将一项经济资源确认为资产，应当符合资产的定义，并在取得对其相关的权利并且能够可靠地进行货币计量时确认。符合资产定义并确认的资产项目，应当列入资产负债表。

行政单位的资产项目，应当符合资产的特征。资产是指行政单位占有或者使用的能以货币计量的经济资源，强调资产预期能够为行政单位带来经济潜能或者服务潜力，能够用货币来计量其价值，并且为行政单位占有或使用。

行政单位的资产项目，应当在取得对其相关的权利并且能够可靠计量时确认。在符合资产定义的前提下，资产的确认应当同时满足以下两个条件：第一，资产应当在在取得对其相关的权利时确认，相关权利包括占用权、使用权等，此时与该经济资源有关的经济利益或服务潜力很可能流入行政单位；第二，资产应当在能够可靠计量时确认，可计量性是会计要素确认的重要前提，相关经济资源的成本或价值能够可靠计量时方能确认为资产。

（二）资产的计量

行政单位资产的计量以历史成本为主，适当引入了历史成本以外的计量属性，强调资产计量的可靠性，兼顾了预算管理和财务管理的要求。资产的计量包括初始计量和后续计量两个环节。

1. 资产的初始计量

初始计量是资产取得时入账的计量方式。《行政单位会计制度》规定，资产应当按照取得时实际成本进行计量。除国家另有规定外，行政单位不得自行调整其账面价值。取得资产的实际成本，应当区分支付对价和不支付对价两种方式：

（1）支付对价方式取得资产，是指行政单位在取得一项资产时，支付了相应的现金或者现金等价物，如以银行存款支付，或者付出了存货、固定资产等非货币性资产。以支付对价方式取得的资产的价值，应当以所支付对价的金额计量。如果取得资产时支付的是现金或者现金等价物，应当按照支付的现金或者现金等价物的金额计量；如果取得资产时付出的是非货币性资产，应当按照所付出的非货币性资产的评估价值等金额计量。

（2）不支付对价方式取得资产，是指行政单位在取得一项资产时，没有支付现金或者现金等价物，或者付出非货币性资产，但可能需要支付相关税费、运输费等。例如，行政单位接受捐赠的资产、行政划拨的资产等。以不支付对价方式取得资产，应当以取得资产的价值加上相关税费、运输费等计量。根据所取得资产价值的确定方法的不同，不支付对价方式取得资产的计量分为四种情况：第一，取得了证明资产价值的相关凭据（如货物发票、报关单等），其计量金额应当按照有关凭据注明的金额加上相关税费、运输费等确定；第二，没有取得证明资产价值的相关凭据，但依法经过资产评估的，其计量金额应当按照评估价值加上相关税费、运输费等确定；第三，没有取得证明资产价值的相关凭据，也没有进行资产评估的，其计量金额比照同类或类似资产的市场价格加上相关税费、运输费等确定；第四，没有取得证明资产价值的相关凭据，也没有进行资产评估，其同类或类似资产的市场价格无法可靠取得的，所取得的资产应当按照名义金额入账，名义金额一般为人民币1元。行政单位应当在会计报表附注中披露以名义金额计量的资产情况。

2. 资产的后续计量

后续计量是在会计期末对资产价值的重新计量，反映资产价值的后续变化情况。《行政单位会计制度》规定，资产的后续计量包括无形资产的摊销、固定资产与公共基础设施的折旧和应收及预付款项的核销。

（1）无形资产的摊销。摊销是指在无形资产使用寿命内，按照确定的方法对应摊销金额进行系统分摊。行政单位应当按规定对无形资产进行摊销。对无形资产计提摊销的金额，应当根据无形资产原价和摊销年限确定。

（2）固定资产的折旧。折旧是指在固定资产、公共基础设施的使用寿命内，按照确定的方法对应折旧金额进行系统分摊。行政单位对固定资产、公共基础设施是否计提折旧由财政部另行规定。[①] 如果行政单位按照规定对固定资产、公共基础设施计提折旧的，折旧金额应当根据固定资产、公共基础设施原价和折旧年限确定。

（3）应收及预付款项的核销。逾期3年或以上、有确凿证据表明确实无法收回的应收账款、其他应收款和预付账款，按规定报经批准后予以核销。核销的应收账款、其他应收款和预付账款应在备查簿中保留登记。

三、资产的财务管理

资产是行政单位开展公务活动和完成行政工作任务的物质基础，资产管理是行政单位财务管理的重要组成部分。行政单位占有或使用的资产属于国有资产，根据《行政单位财务规则》的要求，行政单位资产财务管理的内容主要包括：

（1）健全单位资产管理制度。《行政单位财务规则》规定："行政单位应当建立健全单位资产管理制度，加强和规范资产配置、使用和处置管理，维护资产安全

---

① 《行政单位会计制度》只是对固定资产、公共基础设施折旧的核算方法进行了规范，行政单位是否需要对固定资产、公共基础设施计提折旧，应当依据财政部的其他规定。

完整。"行政单位应当根据国有资产管理办法，结合本单位的特点，建立完善的资产管理制度，包括资产购置制度、资产验收制度、资产保管制度、资产使用制度、资产处置审批制度等。完善的资产管理制度是资产管理工作的基础，可以保证资产管理工作的规范化、系统化，确保资产的安全和完整，防止国有资产流失。

（2）加强资产配置管理。《行政单位财务规则》规定："行政单位应当按照科学规范、从严控制、保障工作需要的原则合理配置资产。"行政单位国有资产配置应当严格执行法律、法规和有关规章制度，与行政单位履行职能需要相适应，科学合理，优化资产结构，勤俭节约，从严控制。对有规定配备标准的资产，应当按照标准进行配备，并按规定的程序报批；对没有规定配备标准的资产，应当从实际需要出发，以满足本单位履行职能的需要为原则，与行政单位的机构编制、职能设置、业务发展规划等要求相适应。

（3）加强资产的使用管理。《行政单位财务规则》对资产的使用管理作出了相关的规定：要求行政单位加强资产日常管理工作，做好资产建账、核算和登记工作，定期或者不定期进行清查盘点，保证账账相符，账实相符；加强银行账户的管理，开设银行存款账户应当报同级财政部门审批，并由财务部门统一管理；加强应收及暂付款项的管理，严格控制应收及暂付款项的规模，并及时进行清理，不得长期挂账；加强资产账务处理，行政单位的资产增加时应当及时登记入账，减少时应当按照资产处置规定办理报批手续进行账务处理；严格限制对外投资、举借债务等行为，不得以任何形式用占有、使用的国有资产对外投资或者举办经济实体，除法律、行政法规另有规定外，行政单位不得举借债务，不得对外提供担保；规范资产出租、出借行为，未经同级财政部门批准，行政单位不得将占有、使用的国有资产对外出租、出借。行政单位应当按照国家有关规定实行资源共享、装备共建，提高资产使用效率。

（4）加强资产处置管理。《行政单位财务规则》规定："行政单位资产处置应当遵循公开、公平、公正的原则，依法进行评估，严格履行相关审批程序。"资产处置是指行政单位资产产权的转移及核销，包括资产的无偿调出、出售、捐赠、置换、盘亏、毁损、报废等。资产处置应当按照国家有关规定，经主管部门审核同意后报同级财政部门审批，不经批准不得处置。资产处置应当面向市场，遵循公开、公平、公正的原则，资产的出售应当采取拍卖、招投标等方式。

小知识

　　行政单位资产的管理应当遵循《行政单位国有资产管理暂行办法》（财政部令第 35 号）的规定。行政单位国有资产管理的内容包括：资产配置、资产使用、资产处置、资产评估、产权界定、产权纠纷调处、产权登记、资产清查、资产统计报告和监督检查等。行政单位国有资产管理活动应当与预算管理、财务管理相结合。

四、资产的内部控制

根据《行政事业单位内部控制规范（试行）》的规定，行政单位应当对资产实行分类管理，建立健全资产内部管理制度。在业务层面上，行政单位资产内部控制的主要内容包括：

（1）加强货币资金的控制。行政单位应当建立健全货币资金管理岗位责任制，合理设置岗位，不得由一人办理货币资金业务的全过程，确保不相容岗位相互分离。出纳不得兼管稽核、会计档案保管和收入、支出、债权、债务账目的登记工作。严禁一人保管收付款项所需的全部印章。财务专用章应当由专人保管，个人名章应当由本人或其授权人员保管。负责保管印章的人员要配置单独的保管设备，并做到人走柜锁。按照规定应当由有关负责人签字或盖章的，应当严格履行签字或盖章手续。

（2）加强银行账户的控制。行政单位应当加强对银行账户的管理，严格按照规定的审批权限和程序开立、变更和撤销银行账户。单位应当加强货币资金的核查控制。指定不办理货币资金业务的会计人员定期和不定期抽查盘点库存现金，核对银行存款余额，抽查银行对账单、银行日记账及银行存款余额调节表，核对是否账实相符、账账相符。对调节不符、可能存在重大问题的未达账项应当及时查明原因，并按照相关规定处理。

（3）加强资产的日常控制。单位应当加强对实物资产和无形资产的管理，明确相关部门和岗位的职责权限，强化对配置、使用和处置等关键环节的管控。对资产实施归口管理。明确资产使用和保管责任人，落实资产使用人在资产管理中的责任。按照国有资产管理相关规定，明确资产的调剂、租借、对外投资、处置的程序、审批权限和责任。建立资产台账，加强资产的实物管理。建立资产信息管理系统，做好资产的统计、报告、分析工作，实现对资产的动态管理。

（4）加强建设项目的控制。行政单位应当建立健全建设项目内部管理制度，明确内部相关部门和岗位的职责权限，建立与建设项目相关的议事决策机制、审核机制。行政单位应当依据国家有关规定组织建设项目招标工作，并接受有关部门的监督。行政单位应当按照审批单位下达的投资计划和预算对建设项目资金实行专款专用，严禁截留、挪用和超批复内容使用资金。建设项目竣工后，单位应当按照规定的时限及时办理竣工决算，组织竣工决算审计，并根据批复的竣工决算和有关规定办理建设项目档案和资产移交等工作。

小知识

为了规范和加强行政事业单位国有资产管理信息系统管理，提升国有资产管理信息化水平，财政部于 2013 年 12 月印发了《行政事业单位国有资产管理信息系统管理规程》（财办〔2013〕52 号），自 2014 年 1 月 31 日起施行。

资产管理信息系统是国有资产管理的信息化管理平台，包括资产卡片管理、资产配置管理、资产使用管理、资产处置管理、产权登记管理、资产评估管理、资产收益管理、资产报表管理和查询分析等功能。资产管理信息系统管理，是指各级财政部门、主管部门和行政事业单位，按照职责规定，根据资产管理流程，制定资产管理信息系统相关制度、推进系统建设、强化系统使用、管控系统风险，与财务、预算、决算、政府采购、非税收入管理等系统对接，对国有资产实现动态管理。

第二节　流动资产的核算

行政单位的流动资产包括库存现金、银行存款、零余额账户用款额度、财政应返还额度、应收及预付款项、存货等。本节讲解《行政单位会计制度》中关于流动资产核算的方法，阐述各项流动资产的核算内容、账户设置和主要账务处理。

一、货币资金

（一）库存现金的核算

库存现金是指行政单位留存在单位的现金。行政单位设置"库存现金"科目，核算库存现金的收付及结存情况。"库存现金"科目期末借方余额，反映行政单位实际持有的库存现金。

行政单位应当严格按照国家有关现金管理的规定收支现金，并按照会计制度规定核算现金的各项收支业务。现金收入业务较多、单独设有收款部门的行政单位，收款部门的收款员应当将每天所收现金连同收款凭据等一并交财务部门核收记账；或者将每天所收现金直接送存开户银行后，将收款凭据及向银行送存现金的凭证等一并交财务部门核收记账。行政单位应当设置"现金日记账"，由出纳人员根据收付款凭证，按照业务发生顺序逐笔登记。每日终了，应当计算当日的现金收入合计数、现金支出合计数和结余数，并将结余数与实际库存数核对，做到账款相符。行政单位有外币现金的，应当分别按照人民币、外币种类设置"现金日记账"进行明细核算。

库存现金的主要账务处理如下：

1. 提取现金

从银行等金融机构提取现金，按照实际提取的金额，借记"库存现金"科目，贷记"银行存款"、"零余额账户用款额度"等科目；将现金存入银行等金融机构，借记"银行存款"，贷记"库存现金"科目；将现金退回单位零余额账户，借记"零余额账户用款额度"科目，贷记"库存现金"科目。

2. 借出现金

因支付内部职工出差等原因所借的现金，按照实际借出的金额，借记"其他应收款"科目，贷记"库存现金"科目；出差人员报销差旅费时，按照应报销的金额，借记有关科目，按照实际借出的现金金额，贷记"其他应收款"科目，按照其差额，借记或贷记"库存现金"科目。

3. 现金收支业务

因开展业务或其他事项收到现金，按照实际收到的金额，借记"库存现金"科目，贷记有关科目；因购买服务、商品或者其他事项支出现金，按照实际支出的金额，借记有关科目，贷记"库存现金"科目。

4. 受托代理业务

收到委托方委托管理的现金时，借记"库存现金"科目，贷记"受托代理负债"科目；支付受托代理的现金时，借记"受托代理负债"科目，贷记"库存现金"科目。

5. 现金盘查

每日终了账款核对中发现有待查明原因的现金溢余或短缺的，应通过"待处理财产损溢"科目核算。属于现金短缺，应当按照实际短缺的金额，借记"待处理财产损溢"科目，贷记"库存现金"科目；属于现金溢余，应当按照实际溢余的金额，借记"库存现金"科目，贷记"待处理财产损溢"科目。待查明原因后作如下处理：

（1）查明原因，如为现金短缺，属于应由责任人赔偿或向有关人员追回的部分，借记"其他应收款"科目，贷记"待处理财产损溢"科目；如为现金溢余，属于应支付给有关人员或单位的，借记"待处理财产损溢"科目，贷记"其他应付款"科目。

（2）无法查明原因，如为现金短缺，报经批准核销的，借记"经费支出"科目，贷记"待处理财产损溢"科目；如为现金溢余，报经批准后，借记"待处理财产损溢"科目，贷记"其他收入"科目。

小提示

为与备用金等其他形式的货币资金相区分，新会计制度将原会计制度的"现金"科目的名称变更为"库存现金"。在日常会计核算中，我们仍然习惯地称之为现金，所登记的日记账依然称为现金日记账。同时，新会计制度增加了有关受托代理现金业务的会计处理，以及现金溢余或短缺情况的会计处理。

【例4-1】某行政单位从单位的零余额账户提取现金5 000元备用。

借：库存现金　　　　　　　　　　　　　　　　　　5 000

　贷：零余额账户用款额度　　　　　　　　　　　　　　5 000

【例4-2】某行政单位工作人员张某公务外出，预借差旅费3 000元，以现金支付。

借：其他应收款——张某　　　　　　　　　　　　　　　3 000

　　贷：库存现金　　　　　　　　　　　　　　　　　　　3 000

【例4-3】某行政单位向社会提供复印服务，本日复印服务收到现金360元。

借：库存现金　　　　　　　　　　　　　　　　　　　　360

　　贷：其他收入——复印服务收入　　　　　　　　　　　360

【例4-4】某行政单位进行当日现金盘查。库存现金账面余额7 200元，现金盘点7 150元，当日现金短缺50元，原因待查。

借：待处理财产损溢——现金短缺　　　　　　　　　　　50

　　贷：库存现金　　　　　　　　　　　　　　　　　　　50

小提示

　　新会计制度规定，现金盘查时发生的溢余或短缺，不能直接进行处理，应当先转入"待处理财产损溢"科目，调查发生溢余或短缺的原因。查明原因，或者确信无法查明原因时，再进行相应的会计处理。

（二）银行存款的核算

银行存款是指行政单位存入银行和其他金融机构的各种存款。行政单位设置"银行存款"科目，核算银行存款的收付及结存情况。"银行存款"科目期末借方余额，反映行政单位实际存放在银行或其他金融机构的款项。

行政单位应当严格按照国家有关支付结算办法的规定办理银行存款收支业务，并按照会计制度规定核算银行存款的各项收支业务。行政单位应当按开户银行或其他金融机构、存款种类及币种等，分别设置"银行存款日记账"，由出纳人员根据收付款凭证，按照业务的发生顺序逐笔登记，每日终了应结出余额。"银行存款日记账"应定期与"银行对账单"核对，至少每月核对一次。月度终了，行政单位账面余额与银行对账单余额之间如有差额，必须逐笔查明原因并进行处理，按月编制"银行存款余额调节表"，调节相符。

银行存款的主要账务处理如下：

1. 款项的存入与提取

将款项存入银行或者其他金融机构，借记"银行存款"科目，贷记"库存现金"、"其他收入"等有关科目。提取和支出存款时，借记有关科目，贷记"银行存款"科目。

2. 存款利息与手续费

收到银行存款利息，借记"银行存款"科目，贷记"其他收入"等科目；支付银行手续费或银行扣收罚金等时，借记"经费支出"科目，贷记"银行存款"科目。

3. 受托代理业务

收到受托代理的银行存款时，借记"银行存款"科目，贷记"受托代理负债"科目；支付受托代理的存款时，借记"受托代理负债"科目，贷记"银行存款"科目。

4. 外币业务

行政单位发生外币业务的，应当按照业务发生当日或当期期初的即期汇率，将外币金额折算为人民币金额记账，并登记外币金额和汇率。期末，各种外币账户的期末余额，应当按照期末的即期汇率折算为人民币，作为外币账户期末人民币余额。调整后的各种外币账户人民币余额与原账面余额的差额，作为汇兑损益计入当期支出。

（1）以外币购买物资、劳务等，按照购入当日或当期期初的即期汇率将支付的外币或应支付的外币折算为人民币金额，借记有关科目，贷记"银行存款"科目、"应付账款"等科目的外币账户。

（2）以外币收取相关款项等，按照收入确认当日或当期期初的即期汇率将收取的外币或应收取的外币折算为人民币金额，借记"银行存款"科目、"应收账款"等科目的外币账户，贷记有关科目。

（3）期末，根据各外币账户按期末汇率调整后的人民币余额与原账面人民币余额的差额，作为汇兑损益，借记或贷记"银行存款"科目、"应收账款"、"应付账款"等科目，贷记或借记"经费支出"等科目。

【例4-5】某行政单位通过开户银行转账支付本月单位办公楼电费3 000元，所用资金为公共财政预算基本经费拨款。

借：经费支出——财政拨款支出——基本支出　　　　　　　　3 000
　　贷：银行存款　　　　　　　　　　　　　　　　　　　　　　　　3 000

【例4-6】某行政单位收到开户银行转来的入账通知单，本月银行存款利息为720元。

借：银行存款　　　　　　　　　　　　　　　　　　　　　　720
　　贷：其他收入——存款利息　　　　　　　　　　　　　　　　　720

【例4-7】某行政单位有欧元存款，月初欧元存款账面外币余额为10 000欧元，人民币余额为83 156元，资金为非财政拨款资金（项目经费）。

（1）报销单位职工因公出国（境）费用7 200欧元，当日欧元兑换人民币的汇率为：1欧元=8.2564元。

借：经费支出——其他资金支出——项目支出　　　　　　　　59 446
　　贷：银行存款——欧元户　　　　　　　　　　　　59 446（7 200欧元）

（2）月末，"银行存款——欧元户"账户外币余额为2 800欧元，人民币余额为23 710元。月末欧元兑换人民币的汇率为：1欧元=8.2646元。

汇兑损益=2 800×8.2646-23 710=-569（元）

借：经费支出——其他资金支出——项目支出　　　　　　569

　　贷：银行存款——欧元户　　　　　　　　　　　　　　　569

小提示

　　大多数行政单位没有外币业务。有些行政单位存在外币业务，但没有外币存款，由因公出国（境）人员自行兑换外币，持相关票据以人民币到财务部门报销。这种情况下，行政单位不需要进行外币业务核算。

（三）零余额账户用款额度的核算

零余额账户用款额度是在国库集中收付制度下，财政部门授权行政单位使用的资金额度。国库集中收付制度下，行政单位经财政部门审批，在国库集中支付代理银行开设单位零余额账户，用于财政授权支付的结算。财政部门根据预算安排和资金使用计划，定期向行政单位下达财政授权支付额度。行政单位可以在下达的额度内，自行签发授权支付指令，通知代理银行办理资金支付业务。

行政单位设置"零余额账户用款额度"科目，核算实行国库集中支付的行政单位根据财政部门批复的用款计划收到和支用的零余额账户用款额度。"零余额账户用款额度"科目期末借方余额，反映行政单位尚未支用的零余额账户用款额度。年度终了注销单位零余额账户用款额度后，本科目应无余额。

零余额账户用款额度的主要账务处理如下：

1. 下达授权支付额度

在财政授权支付方式下，收到代理银行盖章的"授权支付到账通知书"时，根据通知书所列数额，借记"零余额账户用款额度"科目，贷记"财政拨款收入"科目。

2. 使用和支出授权支付额度

按规定支用额度时，借记"经费支出"等科目，贷记"零余额账户用款额度"科目。从零余额账户提取现金时，借记"库存现金"科目，贷记"零余额账户用款额度"科目。

3. 年终注销与年初恢复

年度终了，应当将本年未下达和已经下达但未使用的授权支付额度予以注销；下年初，应当确认恢复到账的授权支付额度。具体核算方法将在"财政应返还额度"科目中详细讲解。

【例4-8】某行政单位收到代理银行转来的"授权支付到账通知书"，本月用于基本支出的财政授权支付用款额度120 000元已经到账，下达到行政单位在代理银行开设的零余额账户。

借：零余额账户用款额度　　　　　　　　　　　　120 000

　　贷：财政拨款收入——基本支出拨款　　　　　　　　120 000

【例4-9】某行政单位开出授权支付凭证，通知代理银行向单位的车辆定点保养单位支付公务用车运行维护费 5 200 元。所用资金为公共财政预算基本经费拨款。

借：经费支出——财政拨款支出——基本支出　　　　　　　　5 200
　　贷：零余额账户用款额度　　　　　　　　　　　　　　　　5 200

为规范行政、行政单位的经费支出，财政部门要求预算单位的公务支出采用"公务卡"结算。此制度实行后，行政单位工作人员外出公务消费可以不再预借现金，而是持公务卡先行刷卡支付，并取得发票及刷卡凭证，出差回来后向单位财务申请报销，单位财务审核无误后将报销款项直接划入该工作人员公务卡账户中。根据财政部门的要求，预算单位工作人员在支付办公费、印刷费、差旅费、维修（护）费、租赁费、会议费、培训费、公务接待费、公务用车运行维护费等费用时，要求采用公务卡支付结算。

【例 4-10】某行政单位实行了公务卡结算制度。某工作人员以公务卡方式支付公务接待费 860 元，现办理报销手续。财务部门根据报销凭证，通过单位的零余额账户将报销款项划入该工作人员的公务卡账户。

借：经费支出——财政拨款支出——基本支出　　　　　　　　860
　　贷：零余额账户用款额度　　　　　　　　　　　　　　　　860

> **小知识**
>
> 　　公务卡是指财政预算单位工作人员持有的、主要用于日常公务支出和财务报销业务的信用卡。预算单位应当选择办理国库集中支付业务的代理银行，为本单位职工申办公务卡。差旅、会议、购买等公务支出使用公务卡结算的，应在公务卡信用额度内，先通过公务卡结算，并须取得发票等财务报销凭证和有关银行卡消费凭证。持卡人使用公务卡消费结算的各项公务支出，必须在发卡行规定的免息还款期内，到所在单位财务部门报销。单位财务人员经过审核确认后予以报销，签发财政授权支付指令，通知发卡行向指定的公务卡还款。代理银行根据预算单位签发的支付指令和"还款汇总表"信息，于收到支付指令的当日，将资金支付到公务卡账户。

二、财政应返还额度

（一）财政应返还额度的内容

财政应返还额度是指行政单位年终注销的、需要在次年恢复的年度未实现的用款额度。实行国库集中收付制度后，行政单位的经费由财政部门通过国库单一账户统一拨付。行政单位的年度预算指标包括财政直接支付额度和财政授权支付额度。财政直接支付额度由财政部门完成支付；财政授权支付额度下达到代理银行，由行政单位完成支付。年度终了，行政单位需要对年度未实现的用款额度进行注销，形成财政应返还额度，以待在次年予以恢复。

行政单位的财政应返还额度包括财政应返还直接额度和财政应返还授权

额度。

1. 财政应返还直接额度，是财政直接支付额度本年预算指标与当年财政实际支付数的差额。

2. 财政应返还授权额度，是财政授权支付额度本年预算指标与当年行政单位实际支付数的差额，包括以下两个部分：

（1）未下达的授权额度，是指当年预算已经安排，但财政部门当年没有下达到行政单位代理银行的授权额度，即授权额度的本年预算指标与当年下达数之间的差额。

（2）未使用的授权额度，是指财政部门已经将授权额度下达到代理银行，但行政单位当年尚未完成实际支付的数额，即授权额度的本年下达数与当年实际使用数之间的差额。

（二）财政应返还额度的核算

行政单位设置"财政应返还额度"科目，核算实行国库集中支付的行政单位应收财政返还的资金额度。本科目应当设置"财政直接支付"、"财政授权支付"两个明细科目，进行明细核算。本科目期末借方余额，反映行政单位应收财政返还的资金额度。

财政应返还额度的主要账务处理如下：

1. 年终注销

（1）注销的财政直接支付额度。年度终了，行政单位根据本年度财政直接支付预算指标数与当年财政直接支付实际支出数的差额，借记"财政应返还额度——财政直接支付"科目，贷记"财政拨款收入"科目。

（2）注销的财政授权支付额度。年度终了，对未使用的授权额度，行政单位依据代理银行提供的对账单作注销额度的相关账务处理，借记"财政应返还额度——财政授权支付"科目，贷记"零余额账户用款额度"科目；对于未下达的授权额度，行政单位本年度财政授权支付预算指标数大于零余额账户用款额度下达数的，根据未下达的用款额度的数额，借记"财政应返还额度——财政授权支付"科目，贷记"财政拨款收入"科目。

【例4-11】某行政单位本年度公共财政预算基本经费拨款的财政直接支付额度预算指标为3 800 000元，当年财政已经实际完成支付3 720 000元，需要注销未实现的财政直接支付额度为80 000元。

借：财政应返还额度——财政直接支付 80 000

　　贷：财政拨款收入——基本支出拨款 80 000

【例4-12】某行政单位本年度公共财政预算基本经费拨款的财政授权支付额度预算指标为1 250 000元。根据代理银行提供的对账单，本年已经下达的财政授权支付额度为1 230 000元，行政单位已经实际使用了授权额度1 200 000元，需要注销未实现的授权额度50 000元。其中，未下达的授权额度为20 000元，未使用的授权额度为 30 000 元。

借：财政应返还额度——财政授权支付　　　　　　　　　　50 000

　　贷：财政拨款收入——基本支出拨款　　　　　　　　　　20 000

　　　　零余额账户用款额度　　　　　　　　　　　　　　　30 000

经过年终注销后，该行政单位的"财政应返还额度"科目借方余额为130 000元，其中，财政应返还直接额度80 000元，财政应返还授权额度50 000元。具体计算方法见表4-2。

表4-2　　　　　　　　　　　　**财政应返还额度计算表**　　　　　　　　单位：元

项目	直接支付	授权支付
预算数	3 800 000	1 250 000
下达数	—	1 230 000
使用数	3 720 000	1 200 000
应注销	80 000	50 000
其中：未下达	—	20 000
未使用	—	30 000

2. 年初恢复

（1）对于恢复财政直接支付额度，收到恢复预算额度通知时不冲销"财政应返还额度——财政直接支付"科目，只进行预算记录。待年度预算执行过程中，财政部门使用以前年度的财政直接支付额度发生支出时，另行确认。

（2）对于恢复财政授权支付额度，应当确认已经下达的授权额度数额。下年度年初，行政单位根据代理银行提供的额度恢复到账通知书作恢复额度的相关账务处理，借记"零余额账户用款额度"科目，贷记"财政应返还额度——财政授权支付"科目。

【例4-13】下年度年初，某行政单位收到"财政直接支付额度恢复通知书"，恢复上年底注销的财政直接支付额度80 000元。

恢复的财政直接支付额度80 000元并没有实际支付，因此不进行会计确认，只进行预算记录。

【例4-14】下年度年初，某行政单位收到"财政授权支付额度恢复到账通知书"，上年注销的授权额度50 000元已经全额恢复，并且已经下达到代理银行。

借：零余额账户用款额度　　　　　　　　　　　　　　　　50 000

　　贷：财政应返还额度——财政授权支付　　　　　　　　　50 000

经过年初恢复后，"财政应返还额度"科目借方余额为80 000元，全部为财政应返还直接额度。

> **小问题**
>
> 　　上年注销的额度在下年度没有得到全额恢复怎么办？
>
> 　　如果经批复后恢复的用款额度小于对应的财政应返还额度数，即上年注销的用款额度没有得到完全恢复，其差额部分应当作调减年初结转（余）资金处理。其处理方法，将在净资产一章中讲解。

　　3. 使用上年用款额度

　　（1）本年使用以前年度的财政直接支付额度发生支出时，借记"经费支出"等科目，贷记"财政应返还额度——财政直接支付"科目。

　　（2）本年使用以前年度财政授权支付额度发生支出时，借记"经费支出"等科目，贷记"零余额账户用款额度"科目。

　　【例4-15】根据国库支付执行机构委托代理银行转来的"财政直接支付入账通知书"及原始凭证，财政部门使用恢复的上年度的用款额度（基本支出拨款），采用财政直接支付方式，为行政单位支付了一笔因公出国（境）费用80 000元。

　　借：经费支出——财政拨款支出——基本支出　　　　　　80 000
　　　　贷：财政应返还额度——财政直接支付　　　　　　　　　　　80 000

　　【例4-16】某行政单位使用上年度的财政授权支付额度（基本支出拨款），通过授权支付方式支付一笔培训费用50 000元，款项已经通过单位零余额账户支付。

　　借：经费支出——财政拨款支出——基本支出　　　　　　50 000
　　　　贷：零余额账户用款额度　　　　　　　　　　　　　　　　　50 000

三、应收及预付款项

　　（一）应收账款的核算

　　行政单位设置"应收账款"科目，核算行政单位出租资产、出售物资等应当收取的款项。行政单位收到的商业汇票，也通过本科目核算。本科目应当按照购货、接受服务单位（或个人）或开出、承兑商业汇票的单位等进行明细核算。本科目期末借方余额，反映行政单位尚未收回的应收账款。

　　应收账款应当在资产已出租或物资已出售、且尚未收到款项时确认，其主要账务处理如下：

　　1. 出租资产发生的应收账款

　　对尚未收到款项的资产出租收入，在确认应收账款的同时，应先通过"其他应付款"科目核算，待收回账款时再将其净额转入"应缴财政款"科目。

　　（1）行政单位出租资产尚未收到款项时，按照应收未收金额，借记"应收账款"科目，贷记"其他应付款"科目。

（2）收回应收账款时，借记"银行存款"等科目，贷记"应收账款"科目；同时，借记"其他应付款"科目，按照应缴的税费，贷记"应缴税费"科目，按照扣除应缴税费后的净额，贷记"应缴财政款"科目。

【例4-17】某行政单位经批准将一闲置的房屋对外出租，由A先生承租，根据租赁合同租金为每年120 000元，按季度支付。

（1）房屋已经交付承租人使用，本季度租金30 000元尚未收到。

借：应收账款——A先生　　　　　　　　　　　　　　　30 000
　　贷：其他应付款——应缴出租收入　　　　　　　　　　　　30 000

（2）收到承租人交来的本季度租金30 000元，存入单位的银行账户。经计算应缴税费为3 600元。

借：银行存款　　　　　　　　　　　　　　　　　　　　30 000
　　贷：应收账款——A先生　　　　　　　　　　　　　　　　30 000
同时：
借：其他应付款——应缴出租收入　　　　　　　　　　　30 000
　　贷：应缴税费　　　　　　　　　　　　　　　　　　　　3 600
　　　　应缴财政款——资产出租收入　　　　　　　　　　　26 400

小问题

行政单位尚未收到款项的资产出租收入，为什么要先通过"其他应付款"科目核算？

根据《行政单位国有资产管理暂行办法》的规定，行政单位出租资产所取得的收入属于国有资产收益，扣除应缴税费后的净额应当上缴同级财政部门。对尚未收到款项的资产出租收入，如果直接记入"应缴财政款"科目，因行政单位没有收到款项无法及时上缴，导致期末"应缴财政款"科目存在余额，不符合预算管理的要求。

---

2. 出售物资发生的应收账款

行政单位经批准出售物资时，发生的应收款项应当通过"待处理财产损溢"科目核算。

（1）物资已发出并到达约定状态且尚未收到款项时，按照应收未收金额，借记"应收账款"科目，贷记"待处理财产损溢"科目。

（2）收回应收账款时，借记"银行存款"等科目，贷记"应收账款"科目。

【例4-18】某行政单位经批准将一批不需用的物资对外出售给B公司，该物资的账面余额为21 000元，出售价格为25 000元。行政单位已经进行了相应的会计处理，将待出售物资的成本及对应的资产基金转入了"待处理财产损溢"科目。

（1）出售物资已经发出，确认尚未收到款项时：

借：应收账款——B 公司　　　　　　　　　　　　　25 000

　　贷：待处理财产损溢——处理净收入　　　　　　　　　　　　25 000

（2）收到出售物资的账款时：

借：银行存款　　　　　　　　　　　　　　　　　25 000

　　贷：应收账款——B 公司　　　　　　　　　　　　　　　　25 000

3. 收到商业汇票

行政单位没有设置应收票据科目，收到商业汇票也通过"应收账款"科目核算，包括出租资产和出售物资两个主要事项。

（1）出租资产收到商业汇票，按照商业汇票的票面金额，借记"应收账款"科目，贷记"其他应付款"科目。出租资产收到的商业汇票到期收回款项时，借记"银行存款"等科目，贷记"应收账款"科目；同时借记"其他应付款"科目，按照应缴的税费，贷记"应缴税费"科目，按照扣除应缴税费后的净额，贷记"应缴财政款"科目。

（2）出售物资收到商业汇票，按照商业汇票的票面金额，借记"应收账款"科目，贷记"待处理财产损溢"科目。出售物资收到的商业汇票到期收回款项时，借记"银行存款"等科目，贷记"应收账款"科目。

【例 4-19】若【例 4-18】中的出售物资事项，B 公司与该行政单位采用商业汇票方式结算出售物资款项。

（1）行政单位收到 B 公司交来的不带息商业汇票一张，期限 3 个月，票面金额为 25 000 元。

借：应收账款——B 公司　　　　　　　　　　　　　25 000

　　贷：待处理财产损溢——处理净收入　　　　　　　　　　　　25 000

（2）行政单位到期兑付票据，收到款项 25 000 元。

借：银行存款　　　　　　　　　　　　　　　　　25 000

　　贷：应收账款——B 公司　　　　　　　　　　　　　　　　25 000

行政单位应当设置"商业汇票备查簿"，逐笔登记每一笔应收商业汇票的种类、号数、出票日期、到期日、票面金额、交易合同号等相关信息资料。商业汇票到期结清票款或退票后，应当在备查簿内逐笔注销。

4. 坏账的核销

逾期 3 年或以上、有确凿证据表明确实无法收回的应收账款，按规定报经批准后予以核销。核销的应收账款应在备查簿中保留登记。

（1）转入"待处理财产损溢"时，按照待核销的应收账款金额，借记"待处理财产损溢"科目，贷记"应收账款"科目。报经批准对无法收回的应收账款予以核销时，借记"其他应付款"等科目，贷记"待处理财产损溢"科目。

（2）已核销的应收账款在以后期间收回的，借记"银行存款"科目，贷记

"应缴财政款"等科目。

【例 4-20】某行政单位对应收账款的账龄进行分析，发现逾期 3 年没有收回的应收账款余额为 27 300 元。经调查，C 公司因破产所欠房租款 15 600 元已经无法收回。

（1）将无法收回的应收账款余额转入待核销资产，同时上报财政部门审批。

借：待处理财产损溢——处理应收账款　　　　　　　　　15 600

　　贷：应收账款——C 公司　　　　　　　　　　　　　　　　 15 600

（2）上述待核销应收账款报经批准后予以核销。

借：其他应付款——应缴出租收入　　　　　　　　　　　15 600

　　贷：待处理财产损溢——处理应收账款　　　　　　　　　 15 600

小提示

　　由于行政单位收取的资产出租收入需要上缴财政部门，应上缴的出租收入通过"其他应付款"科目核算，所以经批准核销无法收回的应收账款应当冲销已经确认的其他应付款。

（二）预付账款的核算

行政单位设置"预付账款"科目，核算行政单位按照购货、服务合同规定预付给供应单位（或个人）的款项。行政单位依据合同规定支付的定金，也通过本科目核算。行政单位支付可以收回的订金，不通过本科目核算，应当通过"其他应收款"科目核算。本科目应当按照供应单位（或个人）进行明细核算。本科目期末借方余额，反映行政单位实际预付但尚未结算的款项。

预付账款属于非货币性资产，行政单位购买货物、服务的预付款项，应当采用"双分录"的核算方法，在支付款项时不但要确认所形成的预付账款，还要确认发生的经费支出，以满足预算管理的要求。预付账款应当在已支付款项且尚未收到物资或服务时确认，其主要账务处理如下：

1. 预付款项

发生预付账款时，借记"预付账款"科目，贷记"资产基金——预付款项"科目；同时，借记"经费支出"科目，贷记"财政拨款收入"（财政直接支付）、"零余额账户用款额度"（财政授权支付）、"银行存款"（单位银行账户支付）等科目。

【例 4-21】某行政单位与某国际会议中心签订合同，为拟举办的大型会议预订场地。根据合同规定，场地租金共计 60 000 元，预订时交纳定金 20 000 元，其余部分在会议结束后支付。行政单位通过零余额账户予以支付定金，款项为公共财政预算基本经费拨款。

借：预付账款——国际会议中心　　　　　　　　　　　20 000

　　贷：资产基金——预付款项　　　　　　　　　　　　　　 20 000

同时：

借：经费支出——财政拨款支出——基本支出　　　　　　　20 000

　　贷：零余额账户用款额度　　　　　　　　　　　　　　　　　　20 000

小问题

什么是资产基金？

资产基金是针对非货币性资产"双分录"核算方法所设置的一个会计科目，核算行政单位的预付账款、存货、固定资产、在建工程、无形资产、政府储备物资、公共基础设施等非货币性资产在净资产中占用的金额。在上述业务中，由于场地租金的定金已经支付，所以应当确认经费支出；但行政单位在支付定金时并未使用会议场地，需要先记入"资产基金"科目中，待会议结束后再予以冲减。

---

2. 收到物资或劳务

由于在预付款项时已经确认了经费支出，在收到所购物资或服务时应当冲减所对应的资产基金。收到所购物资或服务时，按照相应预付账款金额，借记"资产基金——预付款项"科目，贷记"预付账款"科目；发生补付款项的，按照实际补付的款项，借记"经费支出"科目，贷记"财政拨款收入"、"零余额账户用款额度"、"银行存款"等科目。收到物资的，同时按照收到所购物资的成本，借记有关资产科目，贷记"资产基金"及相关明细科目。

【例4-22】上述会议结束，行政单位通过零余额账户予以支付差额款40 000元。

借：资产基金——预付款项　　　　　　　　　　　　　　　20 000

　　贷：预付账款——国际会议中心　　　　　　　　　　　　　　20 000

同时：

借：经费支出——财政拨款支出——基本支出　　　　　　　40 000

　　贷：零余额账户用款额度　　　　　　　　　　　　　　　　　　40 000

3. 预付账款退回

发生当年预付账款退回的，借记"资产基金——预付款项"科目，贷记"预付账款"科目；同时，借记"财政拨款收入"、"零余额账户用款额度"、"银行存款"等科目，贷记"经费支出"科目。

发生以前年度预付账款退回的，借记"资产基金——预付款项"科目，贷记"预付账款"科目；同时，借记"财政应返还额度"、"零余额账户用款额度"、"银行存款"等科目，贷记"财政拨款结转"、"财政拨款结余"、"其他资金结转结余"等科目。

4. 坏账核销

逾期3年或以上、有确凿证据表明确实无法收到所购物资和服务，且无法收回的预付账款，按照规定报经批准后予以核销。核销的预付账款应在备查簿中保留登记。

（1）转入"待处理财产损溢"时，按照待核销的预付账款金额，借记"待处理财产损溢"科目，贷记"预付账款"科目。报经批准予以核销时，借记"资产基金——预付款项"科目，贷记"待处理财产损溢"科目。

（2）已核销的预付账款在以后期间又收回的，借记"零余额账户用款额度"、"银行存款"等科目，贷记"财政拨款结转"、"财政拨款结余"、"其他资金结转结余"等科目。

小提示

　　与应收账款不同，预付账款采用"双分录"的核算方法，报经批准核销时只需要冲销其所对应的资产基金，不需要进行其他的会计处理。

（三）其他应收款的核算

行政单位设置"其他应收款"科目，核算行政单位除应收账款、预付账款以外的其他各项应收及暂付款项，如职工预借的差旅费、拨付给内部有关部门的备用金、应向职工收取的各种垫付款项等。本科目应当按照其他应收款的类别以及债务单位（或个人）进行明细核算。本科目期末借方余额，反映行政单位尚未收回的其他应收款。

其他应收款的主要账务处理如下：

1. 款项的发生

因预借职工差旅费、垫付各种暂付款而发生其他应收及暂付款项时，借记"其他应收款"科目，贷记"零余额账户用款额度"、"银行存款"等科目。

【例4-23】某行政单位工作人员张某公务外出预借差旅费了3 000元，通过零余额账户予以支付。

借：其他应收款——张某　　　　　　　　　　　　　　　　3 000
　　贷：零余额账户用款额度　　　　　　　　　　　　　　　　3 000

2. 款项的收回与转销

收回预借款项或转销暂付款项时，借记"银行存款"、"零余额账户用款额度"或有关支出等科目，贷记"其他应收款"科目。

【例4-24】张某出差归来报销差旅费，根据审核后的差旅费票据，报销金额为3 500元，报销差额500元以现金补付。

借：经费支出——财政拨款支出——基本支出　　　　　　　3 500
　　贷：其他应收款——张某　　　　　　　　　　　　　　　　3 000
　　　　库存现金　　　　　　　　　　　　　　　　　　　　　500

3. 备用金的发放

行政单位内部实行备用金制度的，有关部门使用备用金以后应当及时到财务部门报销并补足备用金。

（1）财务部门核定并发放备用金时，借记"其他应收款"科目，贷记"库存现金"等科目。

（2）根据报销数用现金补足备用金定额时，借记"经费支出"科目，贷记"库存现金"等科目，报销数和拨补数都不再通过"其他应收款"科目核算。

【例4-25】某行政单位内部实行备用金制度，向某业务部门核定并发放备用金5 000元。

借：其他应收款——备用金——某业务部门　　　　　　5 000
　　贷：库存现金　　　　　　　　　　　　　　　　　　　　　5 000

4. 坏账的核销

逾期3年或以上、有确凿证据表明确实无法收回的其他应收款，按规定报经批准后予以核销。核销的其他应收款应在备查簿中保留登记。

（1）转入"待处理财产损溢"时，按照待核销的其他应收款金额，借记"待处理财产损溢"科目，贷记"其他应收款"科目。报经批准对无法收回的其他应收款予以核销时，借记"经费支出"科目，贷记"待处理财产损溢"科目。

（2）已核销的其他应收款在以后期间又收回的，如属于在核销年度内收回的，借记"银行存款"等科目，贷记"经费支出"科目；如属于在核销年度以后收回的，借记"银行存款"等科目，贷记"财政拨款结转"、"财政拨款结余"、"其他资金结转结余"等科目。

小提示

应收及预付款项包括"应收账款"、"预付账款"和"其他应收款"三个会计科目，只有"预付账款"科目采用"双分录"的核算方法，"应收账款"和"其他应收款"科目并没有采用"双分录"的核算方法。设计"双分录"核算方法，是为了兼顾预算管理与财务管理的需要。应收账款和其他应收款属于货币性资产，不影响单位的预算支出。预付账款属于非货币性资产，如果在发生时只确认预付账款而不确认支出，会造成单位资金已经支付，但仍反映在账面的结余中，不能满足预算管理的要求。

四、存货

（一）存货的内容

存货是指行政单位在工作中为耗用而储存的资产，包括材料、燃料、包装物和低值易耗品等。行政单位为开展业务活动会耗用一定的材料用品，这些材料用品数量较大，需要进入仓库进行管理，在领用时形成支出。

（二）存货的核算

行政单位设置"存货"科目，核算行政单位在开展业务活动及其他活动中为耗用而储存的各种物资，包括材料、燃料、包装物和低值易耗品及未达到固定资产标准的家具、用具、装具等的实际成本。行政单位接受委托人指定受赠人的转赠物资，应当通过"受托代理资产"科目核算，不通过本科目核算。行政单位随买随用的零星办公用品等，可以在购进时直接列作支出，不通过本科目核算。本科目应当按照存货的种类、规格和保管地点等进行明细核算。行政单位有委托加工存货业务的，应当在本科目下设置"委托加工存货成本"科目。出租、出借的存货，应当设置备查簿进行登记。本科目期末借方余额，反映行政单位存货的实际成本。

存货属于非货币性资产，行政单位的存货应当采用"双分录"的核算方法，同时确认所取得的存货成本和形成经费支出。存货应当在其到达存放地点并验收时确认，按照实际发生成本进行初始计量。

存货的主要账务处理如下：

1. 存货的取得

行政单位存货的取得方式包括购入、置换换入、接受捐赠、无偿调入、委托加工等。

（1）购入的存货

购入的存货，其成本包括购买价款、相关税费、运输费、装卸费、保险费以及其他使得存货达到目前场所和状态所发生的支出。

购入的存货验收入库，按照确定的成本，借记"存货"科目，贷记"资产基金——存货"科目；同时，按照实际支付的金额，借记"经费支出"科目，贷记"财政拨款收入"（财政直接支付）、"零余额账户用款额度"（财政授权支付）、"银行存款"（单位银行账户支付）等科目；对尚未付款的，应当按照应付未付的金额，借记"待偿债净资产"科目，贷记"应付账款"科目。

【例4-26】某行政单位购入 A 材料一批，以银行存款支付价款 4 000 元（含税价），运费 60 元，材料已经验收入库。采购所用资金为非财政性资金。

　　借：存货——A 材料　　　　　　　　　　　　　　　　4 060
　　　　贷：资产基金——存货　　　　　　　　　　　　　　　　4 060
　　同时：
　　借：经费支出——其他资金支出——基本支出　　　　　　4 060
　　　　贷：银行存款　　　　　　　　　　　　　　　　　　　　4 060

【例4-27】某行政单位以政府集中采购的方式购入 B 材料一批，价值总计 27 850 元。款项已经通过财政直接支付方式支付，材料由供应商交付行政单位，并已经验收入库。

　　借：存货——B 材料　　　　　　　　　　　　　　　　27 850
　　　　贷：资产基金——存货　　　　　　　　　　　　　　　　27 850
　　同时：
　　借：经费支出——财政拨款支出——基本支出　　　　　　27 850

　　　　贷：财政拨款收入——基本支出拨款　　　　　　　　　　　27 850

> **小提示**
>
> 　　购入是存货取得的主要方式，是行政单位经常发生的业务事项，会计人员应当熟悉存货购入的会计核算方法。下面将要讲解的存货的置换、捐赠、调入、委托加工等事项并非常规业务，如果你所在行政单位无此类业务发生，不需要关注此类业务的核算方法。

　　（2）存货的置换

　　置换换入的存货，其成本按照换出资产的评估价值，加上支付的补价或减去收到的补价，加上为换入存货支付的其他费用（运输费等）确定。

　　换入的存货验收入库，按照确定的成本，借记"存货"科目，贷记"资产基金——存货"科目；同时，按实际支付的补价、运输费等金额，借记"经费支出"科目，贷记"财政拨款收入"、"零余额账户用款额度"、"银行存款"等科目。

　　【例4-28】某行政单位与某单位进行材料置换，以本单位的 C 材料置换另一单位的 D 材料。换出 C 材料的账面价值 6 000 元，评估价值 6 500 元。根据置换协议，行政单位需要支付补价 700 元，通过单位的零余额账户支付。无运费等其他费用发生。

　　借：存货——D 材料　　　　　　　　　　　　　7 200
　　　　贷：资产基金——存货　　　　　　　　　　　　　　7 200
　　同时：
　　借：经费支出——财政拨款支出——基本支出　　　700
　　　　贷：零余额账户用款额度　　　　　　　　　　　　　700

> **小问题**
>
> 　　上面只进行了换入的 D 材料的确认，换出的 C 材料需要进行处理吗？
>
> 　　当然，此事项还需要对换出的 C 材料进行相应的处理，将换出 C 材料的账面余额转入"待处理财产损溢"，核算材料处理的损溢。具体核算方法，将在本节后续的"对外出售、置换换出的存货"中讲解。

　　（3）存货的捐赠与调入

　　接受捐赠、无偿调入的存货，其成本按照有关凭据注明的金额加上相关税费、运输费等确定；没有相关凭据可供取得，但依法经过资产评估的，其成本应当按照评估价值加上相关税费、运输费等确定；没有相关凭据可供取得、也未经评估的，其成本比照同类或类似存货的市场价格加上相关税费、运输费等确定；没有相关凭据也未经评估，其同类或类似存货的市场价格无法可靠取得，该存货按照名义金额（人民币 1 元）入账。

接受捐赠、无偿调入的存货验收入库，按照确定的成本，借记"存货"科目，贷记"资产基金——存货"科目；同时，按实际支付的相关税费、运输费等金额，借记"经费支出"科目，贷记"财政拨款收入"、"零余额账户用款额度"、"银行存款"等科目。

【例 4-29】某行政单位接受社会某企业捐赠一批 E 材料，所附发票表明其价值为 84 000 元。材料由捐赠企业送达行政单位仓库，行政单位无需支付相关税费、运输费。

借：存货——E 材料　　　　　　　　　　　　　　　　　　84 000
　　贷：资产基金——存货　　　　　　　　　　　　　　　　　　84 000

【例 4-30】某行政单位从其他单位无偿调入一台专用工具。该工具并无证明其价值的凭据，但行政单位有一台与其类似的设备，目前的市场价格为 480 元。设备调入时发生运费 20 元，以现金支付。

借：存货——专用工具　　　　　　　　　　　　　　　　　　500
　　贷：资产基金——存货　　　　　　　　　　　　　　　　　　500
同时：
借：经费支出——财政拨款支出——基本支出　　　　　　　　20
　　贷：库存现金　　　　　　　　　　　　　　　　　　　　　20

（4）存货的委托加工

委托加工的存货，其成本按照未加工存货的成本加上加工费用和往返运输费等确定。

委托加工的存货出库，借记"存货——委托加工存货成本"科目，贷记"存货"科目下委托加工的存货品种的明细科目。支付加工费用和相关运输费等时，借记"经费支出"科目，贷记"财政拨款收入"、"零余额账户用款额度"、"银行存款"等科目；同时，按照相同的金额，借记"存货——委托加工存货成本"科目，贷记"资产基金——存货"科目。委托加工完成的存货验收入库时，按照委托加工存货的成本，借记"存货"科目下加工完成后存货品种的明细科目，贷记"存货——委托加工存货成本"科目。

【例 4-31】某行政单位 F 材料委托某企业进行加工，F 材料的账面余额为 5 000 元。

（1）将 F 材料的账面余额转入委托加工存货。

借：存货——委托加工存货成本　　　　　　　　　　　　　5 000
　　贷：存货——F 材料　　　　　　　　　　　　　　　　　　5 000

（2）通过零余额账户向加工企业支付加工费 2 000 元。

借：经费支出——财政拨款支出——基本支出　　　　　　　　2 000
　　贷：零余额账户用款额度　　　　　　　　　　　　　　　2 000

同时：

借：存货——委托加工存货成本　　　　　　　　　　　　　　2 000

　　贷：资产基金——存货　　　　　　　　　　　　　　　　　　2 000

（3）委托加工完成，加工后的 G 材料已经交付行政单位，并验收入库。

借：存货——G 材料　　　　　　　　　　　　　　　　　　　7 000

　　贷：存货——委托加工存货成本　　　　　　　　　　　　　7 000

2. 存货的发出

行政单位存货发出，包括业务活动领用存货、对外捐赠存货、无偿调出存货等事项。存货发出时，应当根据实际情况采用先进先出法、加权平均法或者个别计价法确定发出存货的实际成本。计价方法一经确定，不得随意变更。

（1）业务活动领用存货

由于行政单位在存货取得时已经确认了经费支出，所以业务活动领用存货直接冲减其所对应的资产基金，不再确认经费支出。开展业务活动等领用、发出存货，按照领用、发出存货的实际成本，借记"资产基金——存货"科目，贷记"存货"科目。

【例4-32】某行政单位开出"材料出库单"，业务活动领用 H 材料一批，采用加权平均法计算出其价值为 4 000 元。

借：资产基金——存货　　　　　　　　　　　　　　　　　4 000

　　贷：存货——H 材料　　　　　　　　　　　　　　　　　　4 000

小提示

业务活动领用是行政单位发出存货的重要业务事项。需要注意的是，由于存货的取得采用"双分录"的核算方法，发出存货冲减其对应的资产基金即可。下面将要讲解的存货的对外捐赠、无偿调出、对外出售、置换等事项不经常发生，但其会计核算过程较为复杂。

（2）对外捐赠、无偿调出存货

经批准对外捐赠、无偿调出存货时，按照对外捐赠、无偿调出存货的实际成本，借记"资产基金——存货"科目，贷记"存货"科目。对外捐赠、无偿调出存货发生由行政单位承担的运输费等支出，借记"经费支出"科目，贷记"财政拨款收入"、"零余额账户用款额度"、"银行存款"等科目。

（3）对外出售、置换换出的存货

①经批准对外出售、置换换出的存货，应当转入"待处理财产损溢"，按照相关存货的实际成本，借记"待处理财产损溢——待处理财产价值"科目，贷记"存货"科目。

②实现出售、置换换出时，借记"资产基金——存货"科目，贷记"待处理财产损溢——待处理财产价值"科目。

③出售、置换换出存货过程中收到价款、补价等收入，借记"库存现金"、"银行存款"、"应收账款"等科目，贷记"待处理财产损溢——处理净收入"科目。

④出售、置换换出存货过程中发生相关费用，借记"待处理财产损溢——处理净收入"科目，贷记"库存现金"、"银行存款"、"应缴税费"等科目。

⑤出售、置换换出完毕并收回相关的应收账款后，按照处置收入扣除相关税费后的净收入，借记"待处理财产损溢——处理净收入"科目，贷记"应缴财政款"。如果处置收入小于相关税费的，按照相关税费减去处置收入后的净支出，借记"经费支出"科目，贷记"待处理财产损溢——处理净收入"科目。

【例4-33】某行政单位经批准将不再需要的 K 材料对外出售，其账面余额为 3 500 元，按评估价值确定的销售价格为 2 000 元。

（1）批准销售后，将 K 材料的账面余额转入"待处理财产损溢"科目。

借：待处理财产损溢——待处理财产价值　　　　　　　　3 500
　　贷：存货——K 材料　　　　　　　　　　　　　　　　　　3 500

（2）行政单位将 K 材料交付购买单位，实现销售。

借：资产基金——存货　　　　　　　　　　　　　　　　3 500
　　贷：待处理财产损溢——待处理财产价值　　　　　　　　　3 500

（3）行政单位收到 K 材料销售价款 2 000 元，存入单位的银行账户。

借：银行存款　　　　　　　　　　　　　　　　　　　　2 000
　　贷：待处理财产损溢——处理净收入　　　　　　　　　　　2 000

（4）销售 K 材料发生费用 80 元，通过零余额账户予以支付。

借：待处理财产损溢——处理净收入　　　　　　　　　　　　80
　　贷：零余额账户用款额度　　　　　　　　　　　　　　　　　80

（5）存货出售结束后，将处理净收入转入应缴财政款。

借：待处理财产损溢——处理净收入　　　　　　　　　　1 920
　　贷：应缴财政款　　　　　　　　　　　　　　　　　　　1 920

3. 存货的报废、毁损

（1）转入待处理财产损溢

报废、毁损的存货，应当转入"待处理财产损溢"，按照相关存货的账面余额，借记"待处理财产损溢——待处理财产价值"科目，贷记"存货"科目。

（2）批准核销

报经批准予以核销时，借记"资产基金——存货"科目，贷记"待处理财产损溢——待处理财产价值"科目。

（3）变价收入与清理费用

毁损、报废存货的处置过程中取得的残值变价收入、发生相关费用，通过

"待处理财产损溢——处理净收入"科目核算。

（4）清理损溢

处置完成后，若"待处理财产损溢"科目余额在贷方，则借记"待处理财产损溢——处理净收入"科目，贷记"应缴财政款"科目；若其科目余额在借方，则借记"经费支出"科目，贷记"待处理财产损溢——处理净收入"科目。

【例4-34】某行政单位的M材料经批准予以报废，其账面余额9 200元。处理过程中，发生清理费用600元，取得变价收入250元。

（1）将报废材料的账面余额转入"待处理财产损溢"科目。

借：待处理财产损溢——待处理财产价值　　　　　　　　　9 200

　　贷：存货——M材料　　　　　　　　　　　　　　　　　9 200

（2）报经批准予以核销时：

借：资产基金　　　　　　　　　　　　　　　　　　　　　9 200

　　贷：待处理财产损溢——待处理财产价值　　　　　　　　9 200

（3）支付清理费用，取得变价收入。

借：待处理财产损溢——处理净收入　　　　　　　　　　　600

　　贷：银行存款　　　　　　　　　　　　　　　　　　　　600

同时：

借：银行存款　　　　　　　　　　　　　　　　　　　　　250

　　贷：待处理财产损溢——处理净收入　　　　　　　　　　250

（4）清理损溢转出：

借：经费支出——财政拨款支出——基本支出　　　　　　　350

　　贷：待处理财产损溢——处理净收入　　　　　　　　　　350

4. 存货的清查盘点

行政单位的存货应当定期进行清查盘点，每年至少盘点一次。对发生的存货盘盈、盘亏，应当及时查明原因，按规定报经批准后进行账务处理。

（1）存货盘盈

盘盈的存货，按照取得同类或类似存货的实际成本确定入账价值；没有同类或类似存货的实际成本，按照同类或类似存货的市场价格确定入账价值；同类或类似存货的实际成本或市场价格无法可靠取得，按照名义金额入账。盘盈的存货，按照确定的入账价值，借记"存货"科目，贷记"待处理财产损溢——待处理财产价值"科目。报经批准予以处理时，借记"待处理财产损溢——待处理财产价值"科目，贷记"资产基金——存货"科目。

（2）存货盘亏

盘亏的存货，转入"待处理财产损溢"时，按照其账面余额，借记"待处理财产损溢——待处理财产价值"科目，贷记"存货"科目。报经批准予以核销时，借记"资产基金——存货"科目，贷记"待处理财产损溢——待处理财产价值"科目。

【例4-35】年终，某行政单位进行存货的清查盘点，发现N材料盘盈5件，按同类材料的成本计算其价值为852元。

（1）将盘盈材料的价值记入"待处理财产损溢"科目，上报同级财政部门。

借：存货——N材料　　　　　　　　　　　　　　　852

　　贷：待处理财产损溢——待处理财产价值　　　　　　　852

（2）报经批准后予以入账。

借：待处理财产损溢——待处理财产价值　　　　　　852

　　贷：资产基金——存货　　　　　　　　　　　　　　852

【例4-36】年终，某行政单位进行存货的清查盘点，发现L材料盘亏15千克，账面余额为2 810元。

（1）将盘亏材料账面余额转入"待处理财产损溢"科目，上报同级财政部门。

借：待处理财产损溢——待处理财产价值　　　　　　2 810

　　贷：存货——L材料　　　　　　　　　　　　　　　2 810

（2）报经批准予以核销。

借：资产基金——存货　　　　　　　　　　　　　　2 810

　　贷：待处理财产损溢——待处理财产价值　　　　　　2 810

小提示

"待处理财产损溢"是新修订的《行政单位会计制度》增加的会计科目，在后续的账务处理中还会用到。该科目核算行政单位待处理财产的价值及财产处理损溢。行政单位财产的处理包括资产的出售、报废、毁损、盘盈、盘亏，以及货币性资产损失核销等。为加强国有资产管理，行政单位处置资产一般应当先记入"待处理财产损溢"科目，按照规定报经批准后再进行相应的账务处理。本科目期末如为借方余额，反映尚未处理完毕的各种财产的价值及净损失；期末如为贷方余额，反映尚未处理完毕的各种财产净溢余。年度终了，报经批准处理后，本科目一般应无余额。

第三节　非流动资产的核算

行政单位的非流动资产包括固定资产、在建工程和无形资产等。本节讲解《行政单位会计制度》中关于非流动资产核算的方法，阐述各项非流动资产的核算内容、账户设置和主要账务处理。为与行政单位自用资产相区分，本书将公共服务与受托资产单独分为一类，本节的内容不包括由行政单位占有并直接负责维护管理的公共基础设施。

一、固定资产

（一）固定资产的内容

固定资产是指使用期限超过 1 年（不含 1 年）、单位价值在规定标准以上，并在使用过程中基本保持原有物质形态的资产。行政单位的固定资产必须同时具备以下两个条件：

（1）使用时间在 1 年以上（不含 1 年）；

（2）单位价值在规定限额以上。

《行政单位财务规则》对固定资产的价值限额标准进行了规范，一般设备要求价值在 1 000 元以上，专用设备要求价值在 1 500 元以上。单位价值虽未达到规定标准，但是耐用时间超过 1 年（不含 1 年）的大批同类物资，应当作为固定资产核算。

行政单位的固定资产一般分为六类：房屋及构筑物；通用设备；专用设备；文物和陈列品；图书、档案；家具、用具、装具及动植物。

（二）固定资产的账户设置

行政单位设置"固定资产"科目，核算行政单位固定资产的原价。行政单位应当根据固定资产定义、有关主管部门对固定资产的统一分类，结合本单位的具体情况，制定适合本单位的固定资产目录、具体分类方法，作为进行固定资产核算的依据。行政单位应当设置"固定资产登记簿"和"固定资产卡片"，按照固定资产类别、项目和使用部门等进行明细核算。出租、出借的固定资产，应当设置备查簿进行登记。"固定资产"科目期末借方余额，反映行政单位固定资产的原价。

固定资产的核算应当注意以下几点：

1. 固定资产的划分，应当考虑固定资产折旧的需要。固定资产的各组成部分具有不同的使用寿命、适用不同折旧率的，应当分别将各组成部分确认为单项固定资产。

2. 固定资产的核算内容，是处于使用状态的固定资产。购入需要安装的固定资产，应当先通过"在建工程"科目核算，安装完毕交付使用时再转入"固定资产"科目核算。

3. 设备类固定资产中包含的软件，应当按照其是否不可或缺进行区分。行政单位的软件，如果其构成相关硬件不可缺少的组成部分，应当将该软件的价值包括在所属的硬件价值中，一并作为固定资产，通过"固定资产"科目进行核算；如果其不构成相关硬件不可缺少的组成部分，应当将该软件作为无形资产，通过"无形资产"科目核算。

4. 房屋及构筑物中所包含的土地使用权，应当按照支付的价款能否分清进行区分。行政单位购建房屋及构筑物不能够分清支付价款中的房屋及构筑物与土地使用权部分的，应当全部作为固定资产，通过"固定资产"科目核算；能够分清支付价款中的房屋及构筑物与土地使用权部分的，应当将其中的房屋及构筑物部分作为固定资产，通过"固定资产"科目核算，将其中的土地使用权部分作为无形资产，通过"无形资产"科目核算；境外行政单位购买具有所有权的土地，作为固定资产，通过"固定资产"科目核算。

5. 行政单位借入、以经营租赁方式租入的固定资产，不通过"固定资产"科目核算，应当设置备查簿进行登记。

（三）固定资产的初始确认

行政单位的固定资产在取得时进行初始确认。固定资产的取得方式包括购入、换入、无偿调入、接受捐赠，以及自行建造、改建、扩建等。购入、换入、无偿调入、接受捐赠不需安装的固定资产，在固定资产验收合格时确认；购入、换入、无偿调入、接受捐赠需要安装的固定资产，在固定资产安装完成交付使用时确认；自行建造、改建、扩建的固定资产，在建造完成交付使用时确认。取得固定资产时，应当按照其成本入账。

固定资产属于非货币性资产，行政单位的固定资产应当采用"双分录"的核算方法，同时确认取得的固定资产原值和发生的经费支出。

1. 固定资产的购入

购入的固定资产，其成本包括实际支付的购买价款、相关税费、使固定资产交付使用前所发生的可归属于该项资产的运输费、装卸费、安装费和专业人员服务费等。以一笔款项购入多项没有单独标价的固定资产，按照各项固定资产同类或类似固定资产市场价格的比例对总成本进行分配，分别确定各项固定资产的入账价值。购入固定资产的核算分为以下三种情况：

（1）购入不需安装的固定资产，按照确定的固定资产成本，借记"固定资产"科目，贷记"资产基金——固定资产"科目；同时，按照实际支付的金额，借记"经费支出"科目，贷记"财政拨款收入"（财政直接支付）、"零余额账户用款额度"（财政授权支付）、"银行存款"（单位存款账户支付）等科目。

（2）购入需要安装的固定资产，先通过"在建工程"科目核算。安装完工交付使用时，借记"固定资产"科目，贷记"资产基金——固定资产"科目；同时，借记"资产基金——在建工程"科目，贷记"在建工程"科目。

（3）购入固定资产分期付款或扣留质量保证金的，在取得固定资产时，按照确定的固定资产成本，借记"固定资产"科目（不需安装）或"在建工程"科目（需要安装），贷记"资产基金——固定资产、在建工程"科目；同时，按照已实际支付的价款，借记"经费支出"科目，贷记"财政拨款收入"、"零余额账户用款额度"、"银行存款"等科目；按照应付未付的款项或扣留的质量保证金等金额，借记"待偿债净资产"科目，贷记"应付账款"（偿还期限不超过1年）或"长期应付款"（偿还期限超过1年）科目。

【例4-37】某行政单位以政府集中采购方式购入一批网络设备，价值320 000元，款项由财政部门以直接支付的方式支付。该设备不需要安装，已经通过验收。

借：固定资产——网络设备　　　　　　　　　　　　320 000
　　贷：资产基金——固定资产　　　　　　　　　　　　　　　320 000

同时：

借：经费支出——财政拨款支出——基本支出　　　　320 000
　　贷：财政拨款收入——基本支出拨款　　　　　　　　　　　320 000

【例4-38】某行政单位购入的一台需要安装的专业检测设备已经完工并交付使用，设备价款51 000元，安装费用6 200元。

借：固定资产——检测设备　　　　　　　　　　　　57 200
　　贷：资产基金——固定资产　　　　　　　　　　　　　　　57 200

同时：

借：资产基金——在建工程　　　　　　　　　　　　57 200
　　贷：在建工程——检测设备安装工程　　　　　　　　　　　57 200

【例4-39】某行政单位以定点分散采购的方式购入路由器、集线器各一台，设备价款共计10 000元，运输等费用共计500元。款项通过单位的零余额账户支付，设备已经通过验收。两台设备没有单独标价，按同类设备的市场价格比例分配，路由器价值为8 000元，集线器价值为2 000元。

运费分摊率＝500÷（2 000+8 000）×100%＝5%
路由器入账成本＝8 000×（1+5%）＝8 400（元）
集线器入账成本＝2 000×（1+5%）＝2 100（元）

借：固定资产——路由器　　　　　　　　　　　　　8 400
　　　　　　——集线器　　　　　　　　　　　　　2 100
　　贷：资产基金——固定资产　　　　　　　　　　　　　　　10 500

同时：

借：经费支出——财政拨款支出——基本支出　　　　10 500
　　贷：零余额账户用款额度　　　　　　　　　　　　　　　　10 500

【例4-40】某行政单位购入一批计算机设备，价值20 000元，设备不需要安装，已经通过验收。根据购买合同，取得该设备时通过单位的零余额账户支付总价款的70%，计14 000元。其余款项为扣留的质量保证金，如设备无质量问题在3个月后支付。

借：固定资产——计算机　　　　　　　　　　　　　20 000
　　贷：资产基金——固定资产　　　　　　　　　　　　　　　20 000

同时：

借：经费支出——财政拨款支出——基本支出　　　　14 000

　　贷：零余额账户用款额度　　　　　　　　　　　　　　14 000

　同时：

　　借：待偿债净资产　　　　　　　　　　　　　　　　　7 000

　　　贷：应付账款——设备供应商　　　　　　　　　　　　　7 000

小知识

　　行政单位使用财政拨款资金采购固定资产，需要纳入政府采购的规范。根据《中华人民共和国政府采购法》的规定，政府采购分为招标采购和非招标采购两种方式。招标采购包括公开招标和邀请招标，非招标采购包括竞争性谈判、单一来源采购和询价。行政单位购买固定资产，分为政府集中采购和单位分散采购两种方式。政府采购固定资产的款项，一般由财政直接支付，或者通过单位的零余额账户、开户银行支付。

---

　2. 固定资产的建造

　　自行建造的固定资产，其成本包括建造该项资产至交付使用前所发生的全部必要支出。固定资产的各组成部分需要分别核算的，按照各组成部分固定资产造价确定其成本；没有各组成部分固定资产造价的，按照各组成部分固定资产同类或类似固定资产市场造价的比例对总造价进行分配，确定各组成部分固定资产的成本。

　　工程完工交付使用时，按照自行建造过程中发生的实际支出，借记"固定资产"科目，贷记"资产基金——固定资产"科目；同时，借记"资产基金——在建工程"科目，贷记"在建工程"科目；已交付使用但尚未办理竣工决算手续的固定资产，按照估计价值入账，待确定实际成本后再进行调整。

　　【例4-41】某行政单位自行建造的一台安防设备完工，经验收后交付使用，其建造成本为37 500元。

　　借：固定资产——安防设备　　　　　　　　　　　　37 500

　　　贷：资产基金——固定资产　　　　　　　　　　　　　37 500

　同时：

　　借：资产基金——在建工程　　　　　　　　　　　　37 500

　　　贷：在建工程——安防设备建造工程　　　　　　　　　37 500

　3. 自行繁育的动植物

　　行政单位自行繁育的动物、植物，若达到条件也应当确认为固定资产。自行繁育的动植物，其成本包括在达到可使用状态前所发生的全部必要支出。

　　（1）购入需要繁育的动植物，按照购入的成本，借记"固定资产——未成熟动植物"科目，贷记"资产基金——固定资产"科目；同时，按照实际支付的金额，借记"经费支出"科目，贷记"财政拨款收入"、"零余额账户用款额度"、"银行存款"等科目。

（2）发生繁育费用，按照实际支付的金额，借记"固定资产——未成熟动植物"科目，贷记"资产基金——固定资产"科目；同时，借记"经费支出"科目，贷记"财政拨款收入"、"零余额账户用款额度"、"银行存款"等科目。

（3）动植物达到可使用状态时，借记"固定资产——成熟动植物"科目，贷记"固定资产——未成熟动植物"科目。

> **小提示**
>
> 　　普通行政单位是没有动植物类固定资产的，动植物类固定资产主要针对一些特定的农业、城建、园林、环境保护等行政单位。需要注意的是，购入需要繁育的动植物、发生的繁育费用并不通过"在建工程"科目核算，直接记入"固定资产"科目。

4. 固定资产的改扩建

在原有固定资产基础上进行改建、扩建、修缮的固定资产，其成本按照原固定资产的账面价值加上改建、扩建、修缮发生的支出，再扣除固定资产拆除部分账面价值后的金额确定。

（1）将固定资产转入改建、扩建、修缮时，如果增加固定资产效能，按照固定资产的账面价值，借记"在建工程"科目，贷记"资产基金——在建工程"科目；同时，按照固定资产的账面价值，借记"资产基金——固定资产"科目，按照固定资产已计提折旧，借记"累计折旧"科目①，按照固定资产的账面余额，贷记"固定资产"科目。

（2）工程完工交付使用时，按照确定的固定资产成本，借记"固定资产"科目，贷记"资产基金——固定资产"科目；同时，借记"资产基金——在建工程"科目，贷记"在建工程"科目。

【例4-42】某行政单位对原有的一项通信设备进行扩建。该设备的账面余额为85 000元，已提折旧17 000元。此项扩建，将提升设备的效能。

（1）将该设备的账面价值68 000元转入在建工程。

借：在建工程——通信设备扩建工程　　　　　　　　　68 000
　　贷：资产基金——在建工程　　　　　　　　　　　　　　68 000
同时：
借：资产基金——固定资产　　　　　　　　　　　　　68 000
　　累计折旧——固定资产累计折旧　　　　　　　　　17 000
　　贷：固定资产——通信设备　　　　　　　　　　　　　85 000

（2）通信设备扩建工程发生支出22 000元，行政单位通过零余额账户支付，所用资金为财政拨款项目经费。

---

① 如果行政单位不计提折旧，进行账务处理时不需考虑所涉及的"累计折旧"科目。

借：在建工程——通信设备扩建工程　　　　　　　　　22 000
　　贷：资产基金——在建工程　　　　　　　　　　　　　　　22 000

同时：

借：经费支出——财政拨款支出——项目支出　　　　　22 000
　　贷：零余额账户用款额度　　　　　　　　　　　　　　　　22 000

（3）通信设备扩建工程完工，设备交付使用。

借：固定资产——通信设备　　　　　　　　　　　　　90 000
　　贷：资产基金——固定资产　　　　　　　　　　　　　　　90 000

同时：

借：资产基金——在建工程　　　　　　　　　　　　　90 000
　　贷：在建工程——通信设备扩建工程　　　　　　　　　　　90 000

5. 固定资产的置换

置换换入的固定资产，其成本按照换出资产的评估价值加上支付的补价或减去收到的补价，加上为换入固定资产支付的其他费用（运输费等）确定。按照确定金额，借记"固定资产"科目（不需安装）或"在建工程"科目（需要安装），贷记"资产基金——固定资产、在建工程"科目；按照实际支付的补价、相关税费、运输费等，借记"经费支出"科目[①]，贷记"财政拨款收入"、"零余额账户用款额度"、"银行存款"等科目。置换换出的固定资产需要转入"待处理财产损溢"科目进行处理，将在后续的内容中进行讲解。

【例4-43】某行政单位与另一单位进行资产置换，用A设备置换换入B设备。换出的A设备账面余额100 000元，累计折旧40 000元。根据相关规定行政单位对换出的A设备价值进行了资产评估，其评估价值为70 000元。根据置换协议，行政单位通过银行转账支付置换补价款15 000元，无其他费用发生。

借：固定资产——B设备　　　　　　　　　　　　　　85 000
　　贷：资产基金——固定资产　　　　　　　　　　　　　　　85 000

同时：

借：经费支出　　　　　　　　　　　　　　　　　　　15 000
　　贷：银行存款　　　　　　　　　　　　　　　　　　　　　15 000

> **小提示**
>
> 　　上述会计分录仅对置换换入的B设备进行了会计处理，此事项还需要对换出的A设备进行相应的处理，将换出A设备的账面余额转入"待处理财产损溢"。具体核算方法，将在本节后续"固定资产的处置"部分中讲解。

[①]　置换换入固定资产需要支付补价的，可以将支付的补价、相关税费、运输费等计入经费支出；置换换入固定资产收到补价的，收到的补价及发生的相关费用需要通过"待处理财产损溢"科目核算，因为处理净收入需要上缴同级财政部门。

6. 固定资产的捐赠与无偿调入

接受捐赠、无偿调入的固定资产，其成本按照有关凭据注明的金额加上相关税费、运输费等确定；没有相关凭据可供取得，但依法经过资产评估的，其成本应当按照评估价值加上相关税费、运输费等确定；没有相关凭据可供取得、也未经评估的，其成本比照同类或类似固定资产的市场价格加上相关税费、运输费等确定；没有相关凭据也未经评估，其同类或类似固定资产的市场价格无法可靠取得，所取得的固定资产应当按照名义金额（人民币1元）入账。

接受捐赠、无偿调入的固定资产，按照确定的成本，借记"固定资产"科目（不需安装）或"在建工程"科目（需要安装），贷记"资产基金——固定资产、在建工程"科目；按照实际支付的相关税费、运输费等，借记"经费支出"科目，贷记"财政拨款收入"、"零余额账户用款额度"、"银行存款"等科目。

【例4-44】某行政单位接受捐赠一批图书，所附发票表明其价值为30 000元。同时收到捐赠的历史文物一项，没有证明其价值的相关凭据，同类或类似文物的市场价格也无法可靠取得。捐赠过程中无相关费用发生。

借：固定资产——图书　　　　　　　　　　　　　　　　30 000
　　贷：资产基金——固定资产　　　　　　　　　　　　　　　　30 000
同时：
借：固定资产——文物　　　　　　　　　　　　　　　　　　　1
　　贷：资产基金——固定资产　　　　　　　　　　　　　　　　　1

（四）固定资产的折旧

固定资产在使用中由于磨损等因素会导致价值贬损。为真实反映固定资产的价值，行政单位可以建立固定资产折旧制度，对固定资产进行后续计量。折旧是指在固定资产使用寿命内，按照确定的方法对应折旧金额进行系统分摊。

《行政单位会计制度》规定，行政单位对固定资产、公共基础设施是否计提折旧由财政部另行规定。如果行政单位需要准确反映固定资产的价值，提供的会计信息兼顾预算管理与财务管理的需要，应当建立固定资产折旧制度。

1. 账户设置

行政单位如果建立了固定资产折旧制度，应当设置"累计折旧"科目，核算行政单位固定资产、公共基础设施计提的累计折旧。本科目应当按照固定资产、公共基础设施的类别、项目等进行明细核算。占有公共基础设施的行政单位，应当在本科目下设置"固定资产累计折旧"和"公共基础设施累计折旧"两个一级明细科目，分别核算对固定资产和公共基础设施计提的折旧。本科目期末贷方余额，反映行政单位计提的固定资产、公共基础设施折旧累计数。

2. 折旧范围

固定资产折旧的范围主要包括：房屋及构建物；通用设备；专用设备；家

具、用具、装具等。下列固定资产不提折旧：文物及陈列品；图书、档案；动植物；以名义金额入账的固定资产；境外行政单位持有的能够与房屋及构筑物区分、拥有所有权的土地。

3. 折旧方法

行政单位一般应当采用年限平均法或工作量法计提固定资产折旧。行政单位固定资产的应折旧金额为其成本，计提固定资产折旧不考虑预计净残值。固定资产折旧额的计算公式如下：

固定资产年折旧额=固定资产原值÷预计使用年限

固定资产月折旧额=固定资产年折旧额÷12

行政单位应当根据固定资产的性质和使用情况，合理确定固定资产的预计使用年限。固定资产因改建、扩建或修缮等原因而提高使用效能或延长使用年限的，应当按照重新确定的固定资产成本以及重新确定的折旧年限，重新计算折旧额。

行政单位一般应当按月计提固定资产折旧。当月增加的固定资产当月不提折旧，从下月起计提折旧；当月减少的固定资产当月照提折旧，从下月起不提折旧。固定资产提足折旧后，无论能否继续使用，均不再计提折旧；提前报废的固定资产也不再补提折旧；已提足折旧的固定资产可以继续使用的，应当继续使用，规范管理。

4. 账务处理

行政单位的固定资产在取得时采用"双分录"的核算方法，其成本已经一次性计入了当期支出。为兼顾行政单位预算管理和财务管理的需求，行政单位会计采用了"虚提"折旧的模式，即在计提折旧时冲减其对应的资产基金，而非计入当期支出。按月计提固定资产折旧时，按照应计提折旧金额，借记"资产基金——固定资产"科目，贷记"累计折旧"科目。

【例4-45】某行政单位建立了固定资产折旧制度。根据"固定资产折旧计算表"，本月应计提固定资产折旧共计38 650元。

借：资产基金——固定资产　　　　　　　　　　　　　　38 650

　　贷：累计折旧——固定资产累计折旧　　　　　　　　　　　38 650

（五）固定资产的后续支出

固定资产的后续支出是指固定资产在投入使用以后期间发生的与固定资产使用效能、使用状态直接相关的各种支出，如固定资产的改建、扩建、修缮、改良、修理、重装等事项发生的支出。与固定资产有关的后续支出，应分别以下情况处理：

1. 增加固定资产效能的支出

为增加固定资产使用效能或延长其使用寿命而发生的改建、扩建或修缮等后续支出，应当计入固定资产成本，通过"在建工程"科目核算，完工交付使用时转入"固定资产"科目。

2. 维护固定资产的支出

为维护固定资产正常使用而发生的日常修理等后续支出，应当计入当期支出但不计入固定资产成本，借记"经费支出"科目，贷记"财政拨款收入"、"零余额账户用款额度"、"银行存款"等科目。

【例4-46】某行政单位对信息中心的网络设备进行了升级改造，网络带宽由原来的20M增加到100M，增加了接入用户的数量。现工程完工通过验收，"在建工程——网络设备升级工程"账户借方余额为67 300元，转增网络设备的价值。同时，对单位信息中心的空调设备进行了维护，保证了制冷系统运行的稳定性，发生项目支出650元，款项通过单位的零余额账户支付。

（1）信息中心的网络设备的升级改造增加了使用效能，在完工时计入设备价值。

借：资产基金——在建工程　　　　　　　　　　　67 300
　　贷：在建工程——网络设备升级工程　　　　　　　　　　　67 300

同时：

借：固定资产——网络设备　　　　　　　　　　　67 300
　　贷：资产基金——固定资产　　　　　　　　　　　　　　　67 300

（2）信息中心的空调设备维护是日常工作，应当计入当期支出。

借：经费支出——财政拨款支出——项目支出　　　　650
　　贷：零余额账户用款额度　　　　　　　　　　　　　　　　650

（六）固定资产的处置

行政单位固定资产的处置，包括出售、置换换出、无偿调出、对外捐赠、报损等。行政单位处置固定资产应当按照国家有关规定办理，并经主管部门审核同意后报同级财政部门审批。

1. 转出待处置资产

（1）固定资产出售、置换换出、毁损、报废等，应当通过"待处理财产损溢"科目核算。按照待处置固定资产的账面价值，借记"待处理财产损溢——待处理资产价值"科目，按照已计提折旧，借记"累计折旧"科目，按照固定资产的账面余额，贷记"固定资产"科目。

（2）固定资产无偿调出、对外捐赠，直接冲减其账面记录。按照固定资产的账面价值，借记"资产基金——固定资产"科目，按照已计提折旧，借记"累计折旧"科目，按照固定资产的账面余额，贷记"固定资产"科目。无偿调出、对外捐赠固定资产发生由行政单位承担的拆除费用、运输费等，按照实际支付的金额，借记"经费支出"科目，贷记"财政拨款收入"、"零余额账户用款额度"、"银行存款"等科目。

2. 冲销待处理资产

实现固定资产的出售、置换换出，或毁损、报废的固定资产经批准予以核销时，按照待处置固定资产的账面价值，借记"资产基金——固定资产"科目，贷记"待处理财产损溢——待处理资产价值"科目。

3. 处置收入与费用的处理

处置资产过程中收到的价款（包括出售价款、补价收入、残值变价收入等），按照实际收到的金额，借记"库存现金"、"银行存款"等科目，贷记"待处理财产损溢——处理净收入"科目。出售过程中发生的相关税费，按照实际发生的金额，借记"待处理财产损溢——处理净收入"科目，贷记"库存现金"、"银行存款"、"应缴税费"等科目。

4. 处置净损溢的处理

处置完毕并收回相关的应收账款后，按照处置收入扣除相关税费后的净收入，借记"待处理财产损溢——处理净收入"科目，贷记"应缴财政款"。如果处置收入小于相关税费的，按照相关税费减去处置收入后的净支出，借记"经费支出"科目，贷记"待处理财产损溢——处理净收入"科目。

【例4-47】某行政单位报主管部门和同级财政部门审批同意，将一台不需用的办公设备对外出售。

（1）该设备的账面余额为38 000元，已计提折旧15 200元。将其账面价值22 800元转入待处理资产。

借：待处理财产损溢——待处理资产价值　　　　　　　　22 800
　　累计折旧——固定资产累计折旧　　　　　　　　　　15 200
　　贷：固定资产——办公设备　　　　　　　　　　　　　　　　38 000

（2）实现办公设备的出售。

借：资产基金——固定资产　　　　　　　　　　　　　　22 800
　　贷：待处理财产损溢——待处理资产价值　　　　　　　　　　22 800

（3）出售该设备取得价款26 000元，款项已经收到并存入银行。出售该设备应缴税费为1 300元，以银行转账方式支付相关费用200元。

借：银行存款　　　　　　　　　　　　　　　　　　　　26 000
　　贷：待处理财产损溢——处理净收入　　　　　　　　　　　　26 000
同时：
借：待处理财产损溢——处理净收入　　　　　　　　　　　1 500
　　贷：应缴税费　　　　　　　　　　　　　　　　　　　　　　1 300
　　　　银行存款　　　　　　　　　　　　　　　　　　　　　　　200

（4）出售该设备的净收入24 500元按规定应缴入国库。

借：待处理财产损溢——处理净收入　　　　　　　　　　24 500
　　贷：应缴财政款　　　　　　　　　　　　　　　　　　　　　24 500

（七）固定资产清查盘点

行政单位的固定资产应当定期进行清查盘点，每年至少盘点一次。固定资产发生盘盈、盘亏的，应当及时查明原因，按照规定报经批准后进行账务处理。

1. 固定资产盘盈

盘盈的固定资产，按照取得同类或类似固定资产的实际成本确定入账价值；没有同类或类似固定资产的实际成本，按照同类或类似固定资产的市场价格确定入账价值；同类或类似固定资产的实际成本或市场价格无法可靠取得，按照名义金额入账。盘盈的固定资产，按照确定的入账价值，借记"固定资产"科目，贷记"待处理财产损溢——待处理资产价值"科目。报经批准予以处理时，借记"待处理财产损溢——待处理资产价值"科目，贷记"资产基金——固定资产"科目。

【例4-48】某行政单位年终进行固定资产清查，盘盈复印设备一台，其重置市场价格为12 000元。

（1）将复印设备账面价值转入待处理资产，同时报同级财政部门。

借：固定资产——复印设备 　　　　　　　　　　　　　　　12 000
　　贷：待处理财产损溢——待处理资产价值 　　　　　　　　　　　　12 000

（2）根据财政部门的批复，盘盈复印设备予以入账。

借：待处理财产损溢——待处理资产价值 　　　　　　　　　　12 000
　　贷：资产基金——固定资产 　　　　　　　　　　　　　　　　　　12 000

2. 固定资产盘亏

盘亏的固定资产，按照盘亏固定资产的账面价值，借记"待处理财产损溢——待处理资产价值"科目，按照已计提折旧，借记"累计折旧"科目，按照固定资产账面余额，贷记"固定资产"科目。报经批准予以核销时，借记"资产基金"及相关明细科目，贷记"待处理财产损溢——待处理资产价值"科目。

【例4-49】某行政单位年终进行固定资产清查，盘亏打印机设备一台，其账面余额为6 000元，已计提折旧4 800元。

（1）将打印机的账面价值1 200元转入待处理资产，同时报同级财政部门审批。

借：待处理财产损溢——待处理资产价值 　　　　　　　　　1 200
　　累计折旧——固定资产累计折旧 　　　　　　　　　　　　4 800
　　贷：固定资产——打印设备 　　　　　　　　　　　　　　　　　6 000

（2）根据财政部门的批复，该打印机予以核销。

借：资产基金——固定资产 　　　　　　　　　　　　　　　1 200
　　贷：待处理财产损溢——待处理资产价值 　　　　　　　　　　　　1 200

小知识

　　新修订的《行政单位会计制度》中，非流动资产的价值有三种形式，分别是账面余额、账面价值、评估价值。账面余额是指某资产类账户的账面借方余额，反映资产的原值；账面价值是指某资产类账户的账面余额与相关备抵项目（如累计折旧、累计摊销）相抵后的净额，反映资产净值；评估价值是指某资产经过专业的资产评估机构评估后的价值，反映资产的公允价值。

二、在建工程

（一）在建工程的内容

　　在建工程是指行政单位已经发生必要支出，但尚未交付使用的建设工程。行政单位的在建工程包括建筑工程、设备安装工程和信息系统建设工程。建筑工程是指为新建、改建、扩建、修缮房屋建筑物和附属构筑物设施而进行的工程项目。设备安装工程是指为保证设备的正常运转而进行的设备装配、调试工程项目。信息系统建设工程是指为建设管理信息系统而进行的工程项目。

（二）在建工程的账户设置

　　行政单位设置"在建工程"科目，核算行政单位已经发生必要支出，但尚未完工交付使用的各种建筑（包括新建、改建、扩建、修缮等）、设备安装工程和信息系统建设工程的实际成本。不能够增加固定资产、公共基础设施使用效能或延长其使用寿命的修缮、维护等，不通过本科目核算。本科目应当按照具体工程项目等进行明细核算；需要分摊计入不同工程项目的间接工程成本，应当通过本科目下设置的"待摊投资"明细科目核算。在建工程应当在属于在建工程的成本发生时确认。本科目期末借方余额，反映行政单位尚未完工的在建工程的实际成本。

　　在建工程属于非货币性资产，行政单位的在建工程需要采用"双分录"的核算方法，同时确认取得的在建工程成本和发生的经费支出。

　　行政单位的基本建设投资应当按照国家有关规定单独建账、单独核算，同时按照会计制度的规定至少按月并入本科目及其他相关科目反映。行政单位应当在本科目下设置"基建工程"明细科目，核算由基本建设账并入的在建工程成本。

小比较

　　将基本建设账数据并入行政单位会计的"大账"，是新修订的《行政单位会计制度》的一大变化。行政单位作为基本建设投资主体，应当单独建账按照《国有建设单位会计制度》的要求进行会计核算。原会计制度下，行政单位与基本建设相关的资产、负债及收入、支出都只在基本建设账中反映，行政单位的财务报表所反映的会计信息不包括单位的基本建设投资的情况，所提供的会计信息并不完整。新修订的《行政单位会计制度》要求将基本建设账相关数据定期并入单位会计"大账"，有助于提高行政单位会计信息的完整性，对行政单位加强资产负债管理有重要的意义。

（三）建筑工程的账务处理

1. 建筑工程转入

将固定资产转入改建、扩建或修缮等时，按照固定资产的账面价值，借记"在建工程"科目，贷记"资产基金——在建工程"科目；同时，按照固定资产的账面价值，借记"资产基金——固定资产"科目，按照固定资产已计提折旧，借记"累计折旧"科目，按照固定资产的账面余额，贷记"固定资产"科目。

2. 建筑部分拆除

（1）将改建、扩建或修缮的建筑部分拆除时，按照拆除部分的账面价值，借记"资产基金——在建工程"科目，贷记"在建工程"科目。没有固定资产拆除部分的账面价值的，比照同类或类似固定资产的实际成本或市场价格及其拆除部分占全部固定资产价值的比例确定。

（2）改建、扩建或修缮的建筑部分拆除获得残值收入时，借记"银行存款"等科目，贷记"经费支出"科目；同时，借记"资产基金——在建工程"科目，贷记"在建工程"科目。

3. 工程价款结算

（1）根据工程进度支付工程款时，按照实际支付的金额，借记"经费支出"科目，贷记"财政拨款收入"、"零余额账户用款额度"、"银行存款"等科目；同时按照相同的金额，借记"在建工程"科目，贷记"资产基金——在建工程"科目。

（2）根据工程价款结算账单与施工企业结算工程价款时，按照工程价款结算账单上列明的金额（扣除已支付的金额），借记"在建工程"科目，贷记"资产基金——在建工程"科目；同时，按照实际支付的金额，借记"经费支出"科目，贷记"财政拨款收入"、"零余额账户用款额度"、"银行存款"等科目，按照应付未付的金额，借记"待偿债净资产"科目，贷记"应付账款"科目。

（3）支付工程价款结算账单以外的款项时，借记"在建工程"科目，贷记"资产基金——在建工程"科目；同时，借记"经费支出"科目，贷记"财政拨款收入"、"零余额账户用款额度"、"银行存款"等科目。

4. 工程完工及交付

（1）工程项目结束，需要分摊间接工程成本的，按照应当分摊到该项目的间接工程成本，借"在建工程——××项目"科目，贷记"在建工程——待摊投资"科目。

（2）建筑工程项目完工交付使用时，按照交付使用工程的实际成本，借记"资产基金——在建工程"科目，贷记"在建工程"科目；同时，借记"固定资产"科目，贷记"资产基金——固定资产"科目。交付使用的工程项目中如有能够单独区分成本的无形资产，应当同时予以确认。

（3）建筑工程项目完工交付使用时扣留质量保证金的，按照扣留的质量保证金金额，借记"待偿债净资产"科目，贷记"长期应付款"等科目。

（4）为工程项目配套而建成的、产权不归属本单位的专用设施，将专用设施产权移交其他单位时，按照应当交付专用设施的实际成本，借记"资产基金——在建工程"科目，贷记"在建工程"科目。

（5）工程完工但不能形成资产的项目，应当按照规定报经批准后予以核销。转入"待处理财产损溢"时，按照不能形成资产的工程项目的实际成本，借记"待处理财产损溢"科目，贷记"在建工程"科目。

【例4-50】某行政单位与某建筑公司签订协议，由其承包为单位的办公楼进行修缮。

（1）将办公楼的账面价值转入在建工程。办公楼的账面余额为3 100 000元，已经计提折旧1 240 000元，账面价值为1 860 000元。此项工程无需拆除原有建筑物。

借：在建工程——办公楼修缮工程　　　　1 860 000
　　贷：资产基金——在建工程　　　　　　　　　1 860 000
同时：
借：资产基金——固定资产　　　　　　　1 860 000
　　累计折旧　　　　　　　　　　　　　1 240 000
　　贷：固定资产——办公楼　　　　　　　　　　3 100 000

（2）根据与建筑公司所签订协议，工程款在完工时一次性支付。与施工企业结算工程价款，应付工程款共计650 000元。经过申请，工程款已经由财政部门以直接支付的方式拨付施工企业。

借：经费支出——财政拨款支出——项目支出　　650 000
　　贷：财政拨款收入——项目支出 拨款　　　　　650 000
同时：
借：在建工程——办公楼修缮工程　　　　650 000
　　贷：资产基金——在建工程　　　　　　　　　650 000

（3）办公楼修缮工程完成，通过工程验收。工程实际成本为2 510 000元。
借：资产基金——在建工程　　　　　　　2 510 000
　　贷：在建工程——办公楼修缮工程　　　　　　2 510 000

同时：

借：固定资产——办公楼 2 510 000

　　贷：资产基金——固定资产 2 510 000

（四）设备安装工程的账务处理

1. 安装工程转入

购入需要安装的设备，按照购入的成本，借记"在建工程"科目，贷记"资产基金——在建工程"科目；同时，按照实际支付的金额，借记"经费支出"科目，贷记"财政拨款收入"、"零余额账户用款额度"、"银行存款"等科目。

2. 安装工程费用

发生安装费用时，按照实际支付的金额，借记"在建工程"科目，贷记"资产基金——在建工程"科目；同时，借记"经费支出"科目，贷记"财政拨款收入"、"零余额账户用款额度"、"银行存款"等科目。

3. 工程完工交付

设备安装完工交付使用时，按照交付使用设备的实际成本，借记"资产基金——在建工程"科目，贷记"在建工程"科目；同时，借记"固定资产"科目，贷记"资产基金——固定资产"科目。交付使用的设备中如有能够单独区分成本的无形资产，应当同时予以确认。

【例4-51】某行政单位购入一套需要安装、调试的专业设备。

（1）设备价值及运费共计26 500元，通过单位的零余额账户支付，所用资金为公共财政预算项目经费拨款。

借：在建工程——设备安装工程 26 500

　　贷：资产基金——在建工程 26 500

同时：

借：经费支出——财政拨款支出——项目支出 26 500

　　贷：零余额账户用款额度 26 500

（2）通过单位的零余额账户支付设备安装费1 500元。

借：在建工程——设备安装工程 1 500

　　贷：资产基金——在建工程 1 500

同时：

借：经费支出——财政拨款支出——项目支出 1 500

　　贷：零余额账户用款额度 1 500

（3）设备安装完工，通过验收并交付使用。工程实际成本为28 000元。

借：资产基金——在建工程 28 000

　　贷：在建工程——设备安装工程 28 000

同时：

借：固定资产——专业设备   28 000

  贷：资产基金——固定资产   28 000

（五）信息系统建设工程的账务处理

1. 信息系统建设支出

发生各项建设支出时，按照实际支付的金额，借记"在建工程"科目，贷记"资产基金——在建工程"科目；同时，借记"经费支出"科目，贷记"财政拨款收入"、"零余额账户用款额度"、"银行存款"等科目。

2. 信息系统建设工程完工交付

信息系统建设完成交付使用时，按照交付使用信息系统的实际成本，借记"资产基金——在建工程"科目，贷记"在建工程"科目；同时，借记"固定资产"科目，贷记"资产基金——固定资产"科目。交付信息系统中如有能够单独区分成本的无形资产，应当同时予以确认。

【例4-52】某行政单位建设资产管理信息系统。

（1）根据信息系统建设方案，以政府集中采购方式购入一批系统硬件设备，价值820 000元，款项由财政部门以直接支付的方式支付，所用资金为公共财政预算项目经费拨款。

借：在建工程——信息系统建设工程   820 000

  贷：资产基金——在建工程   820 000

同时：

借：经费支出——财政拨款支出——项目支出 820 000

  贷：财政拨款收入——项目支出拨款   820 000

（2）通过单位的零余额账户支付信息系统建设软件开发、专业安装、调试等费用共计160 000元。

借：在建工程——信息系统建设工程   160 000

  贷：资产基金——在建工程   160 000

同时：

借：经费支出——财政拨款支出——项目支出 160 000

  贷：零余额账户用款额度   160 000

（3）信息系统建设完成交付使用，工程成本总计980 000元。其中，系统软件构成相关硬件不可缺少的组成部分，不能够单独区分。

借：资产基金——在建工程   98 000

  贷：在建工程——信息系统建设工程   98 000

同时：

借：固定资产——资产管理信息系统   98 000

  贷：资产基金——固定资产   98 000

> **小提示**
>
> 　　行政单位若有基本建设投资，并已经按照国家有关规定单独建账，应当至少按月将基本建设账的数据并入行政单位会计的"大账"，以保证会计信息的完整性。执行新会计制度后，基本建设账数据并入的会计处理，请参照本书第八章第三节中的相关内容。

三、无形资产

（一）无形资产的内容

无形资产是指不具有实物形态而能够为使用者提供某种权利的非货币性资产，包括著作权、土地使用权、专利权、非专利技术等。行政单位购入的不构成相关硬件不可缺少组成部分的软件，应当作为无形资产核算。无形资产是行政单位资产的重要组成部分，在行政单位开展各项业务活动中发挥着重要的作用。

（二）无形资产的账户设置

行政单位设置"无形资产"科目，核算行政单位各项无形资产的原价。本科目应当按照无形资产的类别、项目等进行明细核算。本科目期末借方余额，反映行政单位无形资产的原价。

（三）无形资产的初始确认

行政单位的无形资产在取得时进行初始确认。无形资产的取得方式，包括外购、委托开发、自行开发、置换、接受捐赠、无偿调入等。无形资产的取得，应当完成对其权属的规定登记，或者获得其他证明材料。

无形资产属于非货币性资产，行政单位的无形资产，需要采用"双分录"的核算方法，同时确认取得的无形资产成本和发生的经费支出。

1. 外购无形资产

外购的无形资产，其成本包括实际支付的购买价款、相关税费以及可归属于该项资产达到预定用途所发生的其他支出。

（1）购入的无形资产，按照确定的成本，借记"无形资产"科目，贷记"资产基金——无形资产"科目；同时，按照实际支付的金额，借记"经费支出"科目，贷记"财政拨款收入"、"零余额账户用款额度"、"银行存款"等科目。

（2）购入无形资产尚未付款的，取得无形资产时，按照确定的成本，借记"无形资产"科目，贷记"资产基金——无形资产"科目；同时，按照应付未付的款项金额，借记"待偿债净资产"科目，贷记"应付账款"科目。

【例4-53】某行政单位用财政拨款资金（项目支出经费）购入一项专利权，通过单位的零余额账户支付购买价款、相关税费共计170 000元，已经完成专利权属变更的登记。

借：无形资产——专利权   170 000
 贷：资产基金——无形资产   170 000
同时：
借：经费支出——财政拨款支出——项目支出 170 000
 贷：零余额账户用款额度   170 000

2. 委托开发无形资产

委托软件公司开发软件，视同外购无形资产进行处理。

（1）软件开发前按照合同约定预付开发费用时，借记"预付账款"科目，贷记"资产基金——预付款项"科目；同时，借记"经费支出"科目，贷记"财政拨款收入"、"零余额账户用款额度"、"银行存款"等科目。

（2）软件开发完成交付使用，并支付剩余或全部软件开发费用时，按照软件开发费用总额，借记"无形资产"科目，贷记"资产基金——无形资产"科目；按照实际支付的金额，借记"经费支出"科目，贷记"财政拨款收入"、"零余额账户用款额度"、"银行存款"等科目；按照冲销的预付开发费用，借记"资产基金——预付款项"科目，贷记"预付账款"科目。

【例4-54】某行政单位委托某软件公司开发一项应用软件，开发费用共计160 000元。

（1）根据软件开发合同，软件开发前，行政单位用财政拨款资金（项目支出经费），通过零余额账户支付开发预付款60 000元。

借：预付账款——软件公司   60 000
 贷：资产基金——预付款项   60 000
同时：
借：经费支出——财政拨款支出——项目支出 60 000
 贷：零余额账户用款额度   60 000

（2）软件开发完成交付使用。行政单位通过零余额账户支付剩余开发费用100 000元。

借：无形资产——专利权   160 000
 贷：资产基金——无形资产   160 000
同时：
借：经费支出——财政拨款支出——项目支出 100 000
 贷：零余额账户用款额度   100 000
同时：
借：资产基金——预付款项   60 000
 贷：预付账款——软件公司   60 000

3. 自行开发无形资产

自行开发并按法律程序申请取得的无形资产，按照依法取得时发生的注册费、聘请律师费等费用确定成本。

（1）取得无形资产时，按照确定的成本，借记"无形资产"科目，贷记"资产基金——无形资产"科目；同时，按照实际支付的金额，借记"经费支出"科目，贷记"财政拨款收入"、"零余额账户用款额度"、"银行存款"等科目。

（2）依法取得前所发生的研究开发支出，应当于发生时直接计入当期支出，但不计入无形资产的成本。借记"经费支出"科目，贷记"财政拨款收入"、"零余额账户用款额度"、"财政应返还额度"、"银行存款"等科目。

【例4-55】某行政单位自行开发一项专利技术，并按法律程序申请取得专利证书。开发、研究该项技术前期发生支出共计86 000元，在发生时已经直接计入当期经费支出。申请专利时，支付专利注册费、律师聘请费共计3 200元，通过单位的零余额账户用支付。

借：无形资产——专利权　　　　　　　　　　　　　　　3 200
　　贷：资产基金——无形资产　　　　　　　　　　　　　　　3 200

同时：

借：经费支出——财政拨款支出——基本支出　　　　　3 200
　　贷：零余额账户用款额度　　　　　　　　　　　　　　　　3 200

4. 置换换入无形资产

置换取得的无形资产，其成本按照换出资产的评估价值加上支付的补价或减去收到的补价，加上为换入无形资产支付的其他费用（登记费等）确定。

置换取得的无形资产，按照确定的成本，借记"无形资产"科目，贷记"资产基金——无形资产"科目；按照实际支付的补价、相关税费等，借记"经费支出"科目，贷记"财政拨款收入"、"零余额账户用款额度"、"银行存款"等科目。

5. 接受捐赠、无偿调入无形资产

接受捐赠、无偿调入的无形资产，其成本按照有关凭据注明的金额加上相关税费确定；没有相关凭据可供取得，但依法经过资产评估的，其成本应当按照评估价值加上相关税费确定；没有相关凭据可供取得，也未经评估的，其成本比照同类或类似资产的市场价格加上相关税费确定；没有相关凭据也未经评估，其同类或类似无形资产的市场价格无法可靠取得，所取得的无形资产应当按照名义金额入账。

接受捐赠、无偿调入无形资产时，按照确定的无形资产成本，借记"无形资产"科目，贷记"资产基金——无形资产"科目；按照发生的相关税费，借记"经费支出"科目，贷记"零余额账户用款额度"、"银行存款"等科目。

（四）无形资产的摊销

为真实反映无形资产的价值，行政单位应当建立无形资产摊销制度，对无形资产进行后续计量。摊销是指在无形资产使用寿命内，按照确定的方法对应摊销金额进行系统分摊。除以名义金额计量的无形资产外，行政单位应当按规定分期摊销无形资产的成本。

1. 账户设置

行政单位设置"累计摊销"科目，核算行政单位无形资产计提的累计摊销。本科目应当按照无形资产的类别、项目等进行明细核算。本科目期末贷方余额，反映行政单位计提的无形资产摊销累计数。

2. 摊销方法

行政单位应当采用年限平均法计提无形资产摊销，计算公式为：

无形资产的年摊销额＝无形资产应摊销金额÷摊销年限

无形资产的月摊销额＝无形资产的年摊销额÷12

（1）无形资产的摊销年限

行政单位应当按照以下原则确定无形资产的摊销年限：法律规定了有效年限的，按照法律规定的有效年限作为摊销年限；法律没有规定有效年限的，按照相关合同或单位申请书中的受益年限作为摊销年限；法律没有规定有效年限、相关合同或单位申请书也没有规定受益年限的，按照不少于 10 年的期限摊销。非大批量购入、单价小于 1 000 元的无形资产，可以于购买的当期，一次将成本全部摊销。

（2）无形资产应摊销金额

行政单位无形资产的应摊销金额为其成本。行政单位应当自无形资产取得当月起，按月计提摊销；无形资产减少的当月，不再计提摊销。无形资产提足摊销后，无论能否继续带来服务潜力或经济利益，均不再计提摊销；核销的无形资产，如果未提足摊销，也不再补提摊销。因发生后续支出而增加无形资产成本的，应当按照重新确定的无形资产成本，重新计算摊销额。

3. 账务处理

同固定资产折旧相类似，行政单位无形资产摊销也采用"虚提"的模式，计提的摊销并不计入当期支出，而是冲减其所对应的资产基金。按月计提无形资产摊销时，按照应计提摊销金额，借记"资产基金——无形资产"科目，贷记"累计摊销"科目。

【例 4-56】某行政单位经过计算，本月应计提无形资产摊销 6 300 元。

借：资产基金——无形资产　　　　　　　　　　　　　　　　6 300

　　贷：累计摊销　　　　　　　　　　　　　　　　　　　　　　6 300

（五）无形资产的后续支出

无形资产的后续支出是指无形资产使用以后的期间发生的与无形资产使用效能、使用状态直接相关的各种支出，如无形资产的升级改造、功能扩展、技术维护支出等。与无形资产有关的后续支出，应分别以下情况处理：

1. 增加无形资产效能的支出

为增加无形资产使用效能而发生的后续支出，如对软件进行升级改造或扩展其功能等所发生的支出，应当计入无形资产的成本，借记"无形资产"科目，贷记"资产基金——无形资产"科目；同时，借记"经费支出"科目，贷记"财政拨款收入"、"零余额账户用款额度"、"银行存款"等科目。

2. 维护无形资产的支出

为维护无形资产的正常使用而发生的后续支出，如对软件进行的漏洞修补、技术维护等所发生的支出，应当计入当期支出（不计入无形资产的成本），借记"经费支出"科目，贷记"财政拨款收入"、"零余额账户用款额度"、"银行存款"等科目。

【例4-57】某行政单位使用上级拨入的专项资金对单位的管理信息系统进行了升级，增加了资产管理、人员管理等模块，发生支出共计31 200元，款项均通过银行转账支付。同时，使用财政拨入的基本经费对单位的办公软件进行了维护，保证了系统运行的稳定性，发生支出1 300元，款项通过零余额账户支付。

（1）管理信息系统的升级提升了效能，应当计入无形资产成本。

借：无形资产——管理信息系统　　　　　　　　　　31 200

　　贷：资产基金——无形资产　　　　　　　　　　　　　　　31 200

同时：

借：经费支出——其他资金支出——项目支出　　　　31 200

　　贷：银行存款　　　　　　　　　　　　　　　　　　　　　31 200

（2）办公软件技术维护没有改变软件的效能，应当计入当期支出。

借：经费支出——财政拨款支出——基本支出　　　　1 300

　　贷：零余额账户用款额度　　　　　　　　　　　　　　　　1 300

（六）无形资产的处置

行政单位无形资产的处置包括：经批准出售、置换换出无形资产；无偿调出、对外捐赠无形资产；核销无形资产，应当分别以下情况处理：

1. 出售、置换换出无形资产

报经批准出售、置换换出无形资产转入"待处理财产损溢"时，按照待出售、置换换出无形资产的账面价值，借记"待处理财产损溢"科目，按照已计提摊销，借记"累计摊销"科目，按照无形资产的账面余额，贷记"无形资产"科目。实现无形资产的处置，以及发生处置费用、取得收入和净损益的处理，同固定资产类似。

【例4-58】某行政单位报主管部门和同级财政部门审批同意，将一项专有技术对外出售。该技术的账面余额为48 000元，已计提摊销16 800元。将其账面价值31 200元转入待处理资产。

借：待处理财产损溢——待处理资产价值　　　　　　31 200

　　累计摊销　　　　　　　　　　　　　　　　　　　16 800

　　贷：无形资产——专有技术　　　　　　　　　　　　　　　48 000

2. 无偿调出、对外捐赠无形资产

报经批准无偿调出、对外捐赠无形资产,按照无偿调出、对外捐赠无形资产的账面价值,借记"资产基金——无形资产"科目,按照已计提摊销,借记"累计摊销"科目,按照无形资产的账面余额,贷记"无形资产"科目。无偿调出、对外捐赠无形资产发生由行政单位承担的相关费用支出等,按照实际支付的金额,借记"经费支出"科目,贷记"财政拨款收入"、"零余额账户用款额度"、"银行存款"等科目。

【例4-59】某行政单位经批准将其拥有的一项软件技术无偿调拨给其他单位使用。该无形资产的账面余额为 78 000 元,已经计提摊销 26 000 元。调出时,无相关税费发生。

借:资产基金——无形资产　　　　　　　　　　　　　　52 000
　　累计摊销　　　　　　　　　　　　　　　　　　　　26 000
　　贷:无形资产——软件技术　　　　　　　　　　　　　　　78 000

3. 核销无形资产

无形资产预期不能为行政单位带来服务潜力或经济利益的,应当按规定报经批准后将无形资产的账面价值予以核销。待核销的无形资产转入"待处理财产损溢"时,按照待核销无形资产的账面价值,借记"待处理财产损溢"科目,按照已计提摊销,借记"累计摊销"科目,按照无形资产的账面余额,贷记"无形资产"科目。报经批准予以核销时,按照核销无形资产对应的资产基金,借记"资产基金——无形资产"科目,贷记"待处理财产损溢"科目。

【例4-60】某行政单位一项软件技术已经落后于目前的新型技术,不能再为单位带来服务潜力,经批准予以核销。该软件技术的账面余额为 82 000 元,累计摊销为 76 000 元。

借:待处理财产损溢——待处理资产价值　　　　　　　　6 000
　　累计摊销　　　　　　　　　　　　　　　　　　　　76 000
　　贷:无形资产——软件技术　　　　　　　　　　　　　　　82 000
同时:
借:资产基金——无形资产　　　　　　　　　　　　　　6 000
　　贷:待处理财产损溢——待处理资产价值　　　　　　　　　6 000

小提示

行政单位的非流动资产包括固定资产、在建工程和无形资产,均采用"双分录"的核算方法。取得上述资产时,同时确认所形成的资产和发生的支出;计提折旧、摊销时,直接冲减该项资产所对应的资产基金;报经批准出售、置换或核销时,同时冲销该项资产所对应的资产基金。

四、待处理财产损溢

（一）待处理财产损溢的内容

为加强国有资产管理，防止国有资产流失，合理处理行政单位的各项资产，正确反映资产的处理损溢，行政单位资产的处理应单独设置账户进行核算。行政单位资产的处理，包括资产的出售、置换、报废、毁损、盘盈、盘亏，以及货币性资产损失核销等。

（二）待处理财产损溢的账户设置

行政单位设置"待处理财产损溢"科目，核算行政单位待处理财产的价值及财产处理损溢。本科目应当按照待处理财产项目进行明细核算；对于在财产处理过程中取得收入或发生相关费用的项目，还应当设置"待处理财产价值"、"处理净收入"明细科目，进行明细核算。行政单位财产的处理，一般应当先记入本科目，按照规定报经批准后及时进行相应的账务处理。年终结账前一般应处理完毕。

本科目期末如为借方余额，反映尚未处理完毕的各种财产的价值及净损失；期末如为贷方余额，反映尚未处理完毕的各种财产净溢余。年度终了，报经批准处理后，本科目一般应无余额。

（三）待处理财产损溢的账务处理

行政单位处理各项资产时，应当将待处理资产的账面价值转入"待处理财产损溢"科目的借方，并按国家法律法规、财政部门的有关规定对各项待处理资产的价值进行相应的处理。如果处理过程中取得了收入或者发生的费用，也应当通过"待处理财产损溢"科目核算，并按规定处理净收入。

待处理财产损溢的主要账务处理如下：

1. 现金短缺或溢余

（1）发现有待查明原因的现金短缺或溢余，应通过"待处理财产损溢"科目核算。属于现金短缺，应当按照实际短缺的金额，借记"待处理财产损溢"科目，贷记"库存现金"科目；属于现金溢余，应当按照实际溢余的金额，借记"库存现金"科目，贷记"待处理财产损溢"科目。

（2）查明原因的现金短缺或溢余，属于应由责任人赔偿或向有关人员追回的部分，借记"其他应收款"科目，贷记"待处理财产损溢"科目；属于应支付给有关人员或单位的，借记"待处理财产损溢"科目，贷记"其他应付款"科目。

（3）无法查明原因的现金短缺或溢余，属于无法查明原因的现金短缺，报经批准核销的，借记"经费支出"科目，贷记"待处理财产损溢"科目；属于无法查明原因的现金溢余，报经批准后，借记"待处理财产损溢"科目，贷记"其他收入"科目。

2. 无法收回的应收账款、其他应收款

（1）将无法收回的应收账款、其他应收款转入待处理财产损溢时，借记

"待处理财产损溢"科目，贷记"应收账款"、"其他应收款"科目。

（2）报经批准，对无法收回的应收账款予以核销时，借记"其他应付款"等科目，贷记"待处理财产损溢"科目；对无法收回的其他应收款予以核销时，借记"经费支出"科目，贷记"待处理财产损溢"科目。

3. 核销预付账款、在建工程、无形资产

（1）将待核销预付账款、在建工程、无形资产转入"待处理财产损溢"时，借记"待处理财产损溢"科目（核销无形资产的，还应借记"累计摊销"科目），贷记"预付账款"、"在建工程"、"无形资产"科目。

（2）报经批准予以核销时，借记"资产基金——预付款项、在建工程、无形资产"科目，贷记"待处理财产损溢"科目。

4. 出售、置换换出存货、固定资产、无形资产、政府储备物资等

（1）将待出售、置换资产转入"待处理财产损溢"时，借记"待处理财产损溢——待处理财产价值"科目（出售、置换换出固定资产的，还应当借记"累计折旧"科目；出售、置换换出无形资产的，还应当借记"累计摊销"科目），贷记"存货"、"固定资产"、"无形资产"、"政府储备物资"等科目。

（2）实现出售、置换换出时，借记"资产基金"及相关明细科目，贷记"待处理财产损溢——待处理财产价值"科目。

（3）出售、置换换出资产过程中收到价款、补价等收入，借记"库存现金"、"银行存款"等科目，贷记"待处理财产损溢——处理净收入"科目。

（4）出售、置换换出资产过程中发生相关费用，借记"待处理财产损溢——处理净收入"科目，贷记"库存现金"、"银行存款"、"应缴税费"等科目。

（5）出售、置换换出完毕并收回相关的应收账款后，按照处置收入扣除相关税费后的净收入，借记"待处理财产损溢——处理净收入"科目，贷记"应缴财政款"科目。如果处置收入小于相关税费的，按照相关税费减去处置收入后的净支出，借记"经费支出"科目，贷记"待处理财产损溢——处理净收入"科目。

5. 盘亏、毁损、报废各种实物资产

（1）将盘亏、毁损、报废资产转入"待处理财产损溢"时，借记"待处理财产损溢——待处理财产价值"科目（处置固定资产、公共基础设施的，还应当借记"累计折旧"科目），贷记"存货"、"固定资产"、"在建工程"、"政府储备物资"、"公共基础设施"等科目。

（2）报经批准予以核销时，借记"资产基金"及相关明细科目，贷记"待处理财产损溢——待处理财产价值"科目。

（3）毁损、报废各种实物资产过程中取得的残值变价收入、发生相关费用，以及取得的残值变价收入扣除相关费用后的净收入或净支出的账务处理，同出

售、置换资产的类似。

6. 盘盈存货、固定资产、政府储备物资等实物资产

（1）将盘盈资产转入"待处理财产损溢"时，借记"存货"、"固定资产"、"政府储备物资"等科目，贷记"待处理财产损溢"科目。

（2）报经批准予以处理时，借记"待处理财产损溢"科目，贷记"资产基金"及相关明细科目。

在讲解各项资产的账务处理时，已经涉及了资产处理的事项，因此不再另行举例。

第四节　公共服务与受托资产的核算

公共服务与受托资产是行政单位的非自用资产，包括政府储备物资、公共基础设施和受托代理资产。本节讲解《行政单位会计制度》中关于公共服务与受托资产的核算的方法，阐述其核算内容、账户设置和主要账务处理。

一、政府储备物资

（一）政府储备物资的内容

为了应对自然灾害、事故灾难、公共卫生事件、社会安全事件等突发事件的发生，控制、减轻和消除突发事件引起的严重社会危害，保护人民生命财产安全，维护国家安全、公共安全、环境安全和社会秩序，国家建立了应急物资储备保障制度。政府储备物资主要包括粮食、帐篷、衣被、矿泉水、药品、医疗器械、电力设备、煤炭、成品油、通信设备、抢险救援物资、防化类物资、防暴类物资、防污染事故类物资、生活物资、军用品类物资等。政府储备物资由各级政府负责监管、生产、储备、调拨和紧急配送。

政府储备物资是行政单位直接储存管理的各项政府应急或救灾储备物资。政府储备物资由拥有储备物资调拨权力的行政单位负责采购，由行政单位直接储存和管理；或由行政单位负责管理，交由其他单位代为储存。

（二）政府储备物资的账户设置

行政单位设置"政府储备物资"科目，核算行政单位直接储存管理的各项政府应急或救灾储备物资等。如果行政单位为政府储备物资的"采购单位"，其储存或管理的物资应当通过"政府储备物资"科目核算；如果行政单位为政府储备物资的"代储单位"，其储备的物资作为受托代理资产核算。国家物资储备局及所属行政单位管理的储备物资的会计核算，按照《国家物资储备资金会计制度》规定执行，单独进行核算。

本科目应当按照政府储备物资的种类、品种、存放地点等进行明细核算。政府储备物资应当在其到达存放地点并验收时确认。本科目期末借方余额，反映行政单位管理的政府储备物资的实际成本。

（三）政府储备物资的账务处理

政府储备物资属于非货币性资产，应当采用"双分录"的核算方法，同时确认所取得的物资成本和形成经费支出。政府储备物资的包括取得政府储备物资、发出政府储备物资、清查盘点政府储备物资等事项，其主要账务处理如下：

1. 政府储备物资的取得

取得政府储备物资时，应当按照其成本入账。政府储备物资的取得方式包括购入、接受捐赠、无偿调入等。

（1）购入的政府储备物资

行政单位购入的政府储备物资，其成本包括购买价款、相关税费、运输费、装卸费、保险费以及其他使政府储备物资达到目前场所和状态所发生的支出；单位支付的政府储备物资保管费、仓库租赁费等日常储备费用，不计入政府储备物资的成本。

购入的政府储备物资验收入库，按照确定的成本，借记"政府储备物资"科目，贷记"资产基金——政府储备物资"科目；同时，按实际支付的金额，借记"经费支出"科目，贷记"财政拨款收入"、"零余额账户用款额度"、"银行存款"等科目。

（2）接受捐赠、无偿调入的政府储备物资

行政单位接受捐赠、无偿调入的政府储备物资，其成本按照有关凭据注明的金额加上相关税费、运输费等确定；没有相关凭据可供取得，但依法经过资产评估的，其成本应当按照评估价值加上相关税费、运输费等确定；没有相关凭据可供取得、也未经评估的，其成本比照同类或类似政府储备物资的市场价格加上相关税费、运输费等确定。

接受捐赠、无偿调入的政府储备物资验收入库，按照确定的成本，借记"政府储备物资"科目，贷记"资产基金——政府储备物资"科目，由行政单位承担运输费用等的，按实际支付的相关税费、运输费等金额，借记"经费支出"科目，贷记"财政拨款收入"、"零余额账户用款额度"、"银行存款"等科目。

【例4-61】某行政单位为抢险救援物资类应急物资的管理单位。根据物资储备制度的要求，以财政直接支付方式购入抢险救援物资一批，价款共计 180 000元。抢险救援物资已经交付，并验收入库。

借：政府储备物资——抢险救援物资　　　　　　　　　　180 000
　　贷：资产基金——政府储备物资　　　　　　　　　　　　　　　180 000
同时：
借：经费支出——财政拨款支出——项目支出　　　　　　180 000
　　贷：财政拨款收入——项目支出拨款　　　　　　　　　　　　　180 000

2. 政府储备物资的发出

行政单位的政府储备物资发出时，应当根据实际情况采用先进先出法、加权平均法或者个别计价法确定发出政府储备物资的实际成本。计价方法一经确定，不得随意变更。

（1）经批准对外捐赠、无偿调出政府储备物资时，按照对外捐赠、无偿调出政府储备物资的实际成本，借记"资产基金——政府储备物资"科目，贷记"政府储备物资"科目。对外捐赠、无偿调出政府储备物资发生由行政单位承担的运输费等支出时，借记"经费支出"科目，贷记"财政拨款收入"、"零余额账户用款额度"、"银行存款"等科目。

（2）行政单位报经批准将不需储备的物资出售时，应当转入"待处理财产损溢"，按照相关储备物资的账面余额，借记"待处理财产损溢"科目，贷记"政府储备物资"科目。

【例4-62】某行政单位根据应急物资储备预案，发出抢险救援物资一批，按采用先进先出法确定其成本为65 000元。

借：资产基金——政府储备物资　　　　　　　　　　　　　65 000
　　贷：政府储备物资——抢险救援物资　　　　　　　　　　　　65 000

3. 政府储备物资的清查盘点

行政单位管理的政府储备物资应当定期进行清查盘点，每年至少盘点一次。对于发生的政府储备物资盘盈、盘亏或者报废、毁损，应当及时查明原因，按规定报经批准后进行账务处理。

（1）盘盈的政府储备物资，按照取得同类或类似政府储备物资的实际成本确定入账价值；没有同类或类似政府储备物资的实际成本，按照同类或类似政府储备物资的市场价格确定入账价值。盘盈的政府储备物资，按照确定的入账价值，借记"政府储备物资"科目，贷记"待处理财产损溢"科目。

（2）盘亏或者报废、毁损的政府储备物资，转入"待处理财产损溢"时，按照其账面余额，借记"待处理财产损溢"科目，贷记"政府储备物资"科目。

> **小问题**
> 存货与政府储备物资同为物资，二者有何区别？
> 存货是行政单位为业务活动耗用而储存的物资，用于行政单位自身的各项活动；政府储备物资是行政单位为应对社会突发事件需要而储存物资，用于社会各方面的需要。政府储备物资不但包括各种材料、用品、器具，还包括各种设备、装备等。

二、公共基础设施

（一）公共基础设施的内容

公共基础设施是由行政单位占有并直接负责维护管理、供社会公众使用的工程性公共基础设施资产。公共基础设施是政府为社会公众提供的，用于满足人们物质、文化和生活的需要。作为一项社会公共产品，公共基础设施由政府负责建设、管理和维护。

行政单位占有并直接负责维护管理的公共基础设施包括城市交通设施、公共照明设施、环保设施、防灾设施、健身设施、广场及公共构筑物等其他公共设施。

（二）公共基础设施的账户设置

行政单位设置"公共基础设施"科目，核算由行政单位占有并直接负责维护管理、供社会公众使用的工程性公共基础设施资产。与公共基础设施配套使用的修理设备、工具器具、车辆等动产，作为管理公共基础设施的行政单位的固定资产核算，不通过本科目核算。与公共基础设施配套、供行政单位在公共基础设施管理中自行使用的房屋构筑物等，能够与公共基础设施分开核算的，作为行政单位的固定资产核算，不通过本科目核算。

本科目应当按照公共基础设施的类别和项目进行明细核算。行政单位应当结合本单位的具体情况，制定适合于本单位管理的公共基础设施目录、分类方法，作为进行公共基础设施核算的依据。公共基础设施应当在对其取得占有权利时确认。本科目期末借方余额，反映行政单位管理的公共基础设施的实际成本。

（三）公共基础设施的账务处理

公共基础设施属于非货币性资产，应当采用"双分录"的核算方法，同时确认所取得的公共基础设施成本和形成经费支出。公共基础设施的主要账务处理如下：

1. 公共基础设施的取得

公共基础设施在取得时，应当按照其成本入账。

（1）行政单位自行建设的公共基础设施，其成本包括建造该公共基础设施至交付使用前所发生的全部必要支出。公共基础设施的各组成部分需要分别核算的，按照各组成部分公共基础设施造价确定其成本；没有各组成部分公共基础设施造价的，按照各组成部分公共基础设施同类或类似市场造价的比例对总造价进行分配，确定各组成部分公共基础设施的成本。

公共基础设施建设完工交付使用时，按照确定的成本，借记"公共基础设施"科目，贷记"资产基金——公共基础设施"科目；同时，借记"资产基金——在建工程"科目，贷记"在建工程"科目。已交付使用但尚未办理竣工决算手续的公共基础设施，按照估计价值入账，待确定实际成本后再进行调整。

（2）接受其他单位移交的公共基础设施，其成本按照公共基础设施的原账面价值确认，借记"公共基础设施"科目，贷记"资产基金——公共基础设施"科目。

【例4-63】某行政单位与市政建设部门办理移交手续，一处公共广场由该行政单位负责维护管理，其原账面价值为30 000 000元。

借：公共基础设施——公共广场　　　　　　　　　　30 000 000

　　贷：资产基金——公共基础设施　　　　　　　　　　　30 000 000

　　2. 公共基础设施的折旧

　　公共基础设施是否计提折旧由财政部另行规定。行政单位如果建立了公共基础设施折旧制度，按月计提公共基础设施折旧时，按照应计提折旧金额，借记"资产基金——公共基础设施"科目，贷记"累计折旧"科目。

　　3. 公共基础设施的后续支出

　　与公共基础设施有关的后续支出的核算方法，同固定资产的后续支出的类似。为增加公共基础设施使用效能或延长其使用寿命而发生的改建、扩建或大型修缮等后续支出，应当计入公共基础设施成本；为维护公共基础设施的正常使用而发生的日常修理等后续支出，应当计入当期支出。

　　4. 公共基础设施的处置

　　行政单位管理的公共基础设施向其他单位移交、毁损、报废时，应当按照规定报经批准后进行账务处理。

　　（1）经批准向其他单位移交公共基础设施时，按照移交公共基础设施的账面价值，借记"资产基金——公共基础设施"科目，按照已计提折旧，借记"累计折旧"科目，按照公共基础设施的账面余额，贷记"公共基础设施"科目。

　　（2）报废、毁损的公共基础设施，转入"待处理财产损溢"时，按照待处理公共基础设施的账面价值，借记"待处理财产损溢"科目，按照已计提折旧，借记"累计折旧"科目，按照公共基础设施的账面余额，贷记"公共基础设施"科目。

> **小比较**
>
> 　　在新会计制度实施前，行政单位直接负责管理的为社会提供公共服务的资产是否进行会计核算，如何核算等无明确规定。有的行政单位根本没有将其纳入会计核算，造成资产信息不完整；有的行政单位则将其列入库存材料、固定资产的核算范围，与单位的自有资产相混淆。为此，新会计制度增设"政府储备物资"、"公共基础设施"科目，有利于加强公共服务资产的管理，保证会计信息的完整性。

三、受托代理资产

（一）受托代理资产的内容

　　受托代理资产是行政单位接受委托方的委托，受托管理的各项资产。行政单位为履行其职能，会接受其他单位或个人的委托，代为管理一些资产。不同于其他类型的资产，行政单位并不拥有受托代理资产的处置权，只能按照委托方的要求或者意愿代为保存和处理资产。

　　行政单位的受托代理资产包括转赠的资产和受托储存管理的资产。转赠的资产是行政单位接受委托，收到的需要按委托人的意愿转赠给指定的受赠人的现款、物资等。受托储存管理的资产是行政单位接受委托，代为储存、保管的政府储备物资等。

（二）受托代理资产的账户设置

行政单位设置"受托代理资产"科目，核算行政单位接受委托方委托管理的各项资产，包括受托指定转赠的物资、受托储存管理的物资等。行政单位收到受托代理资产为现金和银行存款的，不通过本科目核算，应当通过"库存现金"、"银行存款"科目进行核算。本科目应当按照资产的种类和委托人进行明细核算；属于转赠资产的，还应当按照受赠人进行明细核算。受托代理资产应当在行政单位收到受托代理的资产时确认。本科目期末借方余额，反映单位受托代理资产中实物资产的价值。

（三）受托代理资产的账务处理

1. 受托转赠物资、货币资产

行政单位接受委托人委托需要转赠给受赠人的物资，其成本按照有关凭据注明的金额确定；没有相关凭据可供取得的，其成本比照同类或类似物资的市场价格确定。

（1）接受委托转赠的物资验收入库，按照确定的成本，借记"受托代理资产"科目，贷记"受托代理负债"科目；受托协议约定由行政单位承担相关税费、运输费等的，还应当按照实际支付的相关税费、运输费等金额，借记"经费支出"科目，贷记"银行存款"等科目。

将受托转赠物资交付受赠人时，按照转赠物资的成本，借记"受托代理负债"科目，贷记"受托代理资产"科目。

（2）接受委托转赠的现金、存款时，按照收到的金额，借记"库存现金"、"银行存款"科目，贷记"受托代理负债"科目。

将受托转赠的现金、存款交付受赠人时，按照转付的金额，借记"受托代理负债"科目，贷记"库存现金"、"银行存款"科目。

（3）转赠物资的委托人取消了对捐赠物资的转赠要求，且不再收回捐赠物资的，应当将转赠物资转为存货或固定资产，按照转赠物资的成本，借记"受托代理负债"科目，贷记"受托代理资产"科目；同时，借记"存货"、"固定资产"科目，贷记"资产基金——存货、固定资产"科目。

【例4-64】某行政单位接受委托，将一批价值50 000元的教学设备和现款20 000元转赠西部地区某学校，用于帮助其改善教学条件。

（1）收到教学设备和现款时：

借：受托代理资产——教学设备　　　　　　　　　　　50 000
　　银行存款——受托代理存款　　　　　　　　　　　20 000
　　贷：受托代理负债　　　　　　　　　　　　　　　　　　70 000

（2）转赠教学设备和现款时：

借：受托代理负债　　　　　　　　　　　　　　　　　　70 000

　　贷：受托代理资产——教学设备　　　　　　　　　　　　50 000

　　　　银行存款——受托代理存款　　　　　　　　　　　　20 000

2. 受托储存管理物资

接受委托人委托储存管理的物资，其成本按照有关凭据注明的金额确定。

（1）接受委托储存的物资验收入库，按照确定的成本，借记"受托代理资产"科目，贷记"受托代理负债"科目。

（2）支付由受托单位承担的与受托储存管理的物资相关的运输费、保管费等费用时，按照实际支付的金额，借记"经费支出"科目，贷记"银行存款"等科目。

（3）根据委托人要求交付受托储存管理的物资时，按照储存管理物资的成本，借记"受托代理负债"科目，贷记"受托代理资产"科目。

【例4-65】某行政单位是政府储备物资"代储单位"，现收到委托储存的储备物资，发票注明其价值为 300 000 元，物资已经验收入库。

借：受托代理资产——政府储备物资　　　　　　　　　300 000

　　贷：受托代理负债——政府储备物资　　　　　　　　　　300 000

> **小提示**
>
> 　　政府应急或救灾储备物资是在"政府储备物资"科目核算，还是在"受托代理资产"科目核算，取决于物资的管理性质。如果行政单位拥有储备物资调拨权力，是政府储备物资的采购单位，无论是自己储存，还是交由其他行政单位代为储存，均通过"政府储备物资"科目核算；如果行政单位并非政府储备物资的采购单位，只是作为代储单位保管物资，则通过"受托代理资产"科目核算。

第五章

行政单位负债的核算

第一节　行政单位负债概述

本节讲解《行政单位会计制度》中负债的核算与管理的一般要求。主要介绍行政单位负债的含义与内容，阐述行政单位负债的确认与计量方法，以及财务管理与内部控制的相关规定。

一、负债的含义与内容

（一）负债的含义

《行政单位会计制度》规定，负债是指行政单位所承担的能以货币计量，需要以资产等偿还的债务。行政单位的负债具有以下特征：

1. 负债是行政单位承担的现实债务。

现实债务是指行政单位在现行条件下，因过去的业务活动或事项的发生，已经承担的需要偿还的债务。行政单位未来的业务活动或事项形成的债务，不属于现时债务，不能作为负债进行确认。

2. 负债是行政单位可以用货币计量的债务。

货币计量是会计核算的一个基本前提，只有行政单位承担的债务可以用货币可靠计量，才能被确认为负债。不可以用货币计量的现实债务，不能作为负债进行确认。

3. 负债是行政单位需要以资产等偿还的债务。

行政单位对所承担的债务具有偿还责任，需要用货币等资产偿还。凡是未来不需要偿还的债务，不能作为负债进行确认。

（二）负债的内容

行政单位的负债包括流动负债、非流动负债和受托代理负债①。

1. 流动负债是指预计在 1 年内（含 1 年）偿还的负债。行政单位的流动负债包括应缴财政款、应缴税费、应付职工薪酬、应付账款、应付政府补贴款、其他应付款等。

2. 非流动负债是指流动负债以外的负债。行政单位的非流动负债包括长期应付款。

3. 受托代理负债是行政单位接受委托，取得受托管理资产时形成的负债。

行政单位会计设置的负债类会计科目及分类见表5-1。

表 5-1　　　　　　　　**行政单位负债类会计科目表**

序号	会计科目	序号	会计科目
	一、流动负债		二、非流动负债
1	2001　应缴财政款	7	2401　长期应付款
2	2101　应缴税费		三、受托代理负债
3	2201　应付职工薪酬	8	2901　受托代理负债
4	2301　应付账款		
5	2302　应付政府补贴款		
6	2305　其他应付款		

小比较

　　同原会计制度相比，负债类会计科目发生了较大的变化。一是删除了"应缴财政专户款"科目，设置"应缴财政款"统一核算行政单位取得的按规定应当上缴财政的款项；二是合并了工资补贴类科目，设置"应付职工薪酬"科目核算行政单位按照有关规定应付给职工及为职工支付的各种薪酬；三是调整了应付及暂存款项的内容，增加了"应缴税费"、"应付账款"、"应付政府补贴款"、"其他应付款"、"长期应付款"、"受托代理负债"等科目。

二、负债的确认与计量

（一）负债的确认

行政单位将一项债务确认为负债，应当符合负债的定义，并在确定承担偿债责任并且能够可靠地进行货币计量时确认。符合负债定义并确认的负债项目，应当列入资产负债表。

---

① 《行政单位会计制度》未就受托代理负债的归类进行说明，本书将其单独作为一类负债。

行政单位的负债项目，应当符合负债的特征。负债是指行政单位所承担的能以货币计量，需要以资产等偿还的债务。强调负债是行政单位承担的现实债务，要求负债可以用货币计量，需要用资产等偿还。

行政单位的负债项目，应当在确定承担偿债责任并且能够可靠地进行货币计量时确认。在符合负债定义的前提下，负债的确认应当同时满足以下两个条件：第一，负债应当在确定承担偿债责任时确认，确信行政单位已经承担了偿还债务的经济责任，有确凿的证据表明行政单位将履行偿还义务，有关的经济利益或服务潜力很可能流出行政单位；第二，负债应当在能够可靠地进行货币计量时确认，可以根据法律规定、经济合同等确定债务的金额，未来流出的经济利益或服务潜力可以可靠的估计。

> **小知识**
>
> 　　国家审计署在《全国政府性债务审计结果（2013年12月30日公告)》中，将政府性债务分为政府负有偿还责任的债务、政府负有担保责任的债务和政府可能承担一定救助责任的债务三类。目前行政单位会计只确认政府有偿还责任的债务。根据《行政单位会计制度》的规定，行政单位会计不确认或有负债。或有负债不列入资产负债表，但应当在报表附注中披露。或有负债是指行政单位的一项偿债责任需要通过未来不确定事项的发生或不发生予以证实，如未决诉讼、未决仲裁、债务担保等可能产生的债务。

（二）负债的计量

行政单位的负债，应当按照承担的相关合同金额或实际发生额进行计量。行政单位承担的偿还责任，有些是因签订合同引发的，有些则是发生的相关事项引发的。对于因签订合同引发的负债，应当按照相关合同的金额进行计量，如购买物资或服务发生的应付账款、分期付款购入固定资产发生的长期应付款、取得受托管理资产时形成的受托代理负债等。对于发生的相关事项引发的负债，应当按照实际发生额进行计量，如取得的按规定应当上缴财政的应缴财政款、发生纳税义务形成的应缴税费等。

三、负债的财务管理

负债是行政单位财务管理的一项重要内容，根据《行政单位财务规则》的要求，行政单位负债财务管理的主要内容包括：

（1）加强负债的分类管理。行政单位的负债主要包括应缴款项、应付及暂存款项等，行政单位应当对不同性质、不同种类的负债分别进行管理。行政单位取得罚没收入、行政事业性收费、政府性基金、国有资产处置和出租出借收入等应缴款项，应当按照国库集中收缴的有关规定及时足额上缴，不得隐瞒、滞留、截留、挪用和坐支。行政单位应当加强对应付及暂存款项的管理，不得将应当纳入单位收入管理的款项列入暂存款项；对各种应付及暂存款项应当及时清理、结算，不得长期挂账。

（2）加强负债的风险管理。负债是行政单位财务活动中客观存在的经济现象，并非融资手段。但是，如果负债的规模过大，会对行政单位的财务状况产生不良的影响，形成财务风险。因此，行政单位应当建立健全风险管理机制，及时对负债进行清理，控制负债的规模。除法律、行政法规另有规定外，行政单位不得举借债务，不得对外提供担保。

四、负债的内部控制

行政单位应当加强负债的内部控制，防范债务风险。根据《行政事业单位内部控制规范（试行）》的规定，行政单位资产内部控制的主要内容包括：

（1）行政单位应当建立健全债务内部管理制度，明确债务管理岗位的职责权限，合理安排应缴款项、应付及暂存款项岗位的人员配置。

（2）行政单位应当做好债务的会计核算和档案保管工作。加强债务的对账和检查控制，定期与债权人核对债务余额，进行债务清理，防范和控制财务风险。

第二节　流动负债的核算

行政单位的流动负债包括应缴财政款、应缴税费、应付职工薪酬、应付账款、应付政府补贴款、其他应付款。本节讲解《行政单位会计制度》中关于流动负债的核算方法，阐述各项流动负债的核算内容、账户设置和主要账务处理。

一、应缴财政款

（一）应缴财政款的内容

应缴财政款是指行政单位取得的按规定应当上缴财政的款项。行政单位行使其职能依法取得的罚没收入、行政事业性收费、政府性基金、国有资产处置收入和国有资产出租收入等，属于财政管理的非税收入，是政府财政收入的重要组成部分，应当按规定上缴财政部门。

1. 罚没收入，是指执法机关依据法律、法规和规章，对公民、法人或者其他组织实施处罚取得的罚款、没收款、没收非法财物的变价收入。

2. 行政事业性收费，是指国家机关、事业单位、代行政府职能的社会团体及其他组织根据法律、行政法规、地方性法规等有关规定，依照国务院规定程序批准，在向公民、法人提供特定服务的过程中，按照成本补偿和非营利原则向特定服务对象收取的费用。

3. 政府性基金，是指各级政府及其所属部门根据法律、行政法规和中央有关文件规定，为支持某项特定基础设施建设和社会公共事业发展，向公民、法人和其他组织无偿征收的具有专项用途的财政资金。

4. 国有资产处置收入，是指行政单位在国有资产产权的转移或核销过程中所产生的收入，包括国有资产的出售收入、出让收入、置换差价收入、报废报损残值变价收入等。

5. 国有资产出租收入，是指行政单位在保证完成正常工作的前提下，经审批同意，出租国有资产所取得的收入。

各类非税收收入的取得依据有所不同。行政事业性收费、政府性基金、罚没收入是行政单位依据法律、法规和规章，利用行政权力征收的，具有强制性；国有资产处置收入、出租收入是行政单位利用国家资源和国有资产所有权取得的，体现了国家作为国有资产所有者或出资人的权益。

> **小知识**
>
> 　　政府非税收收入是指除税收以外，由各级政府、国家机关、事业单位、代行政府职能的社会团体及其他组织，依法利用政府权力、政府信誉、国家资源、国有资产提供特定公共服务、准公共服务，取得并用于满足社会公共需要或准公共需要的财政资金，是政府财政收入的重要组成部分。各级财政部门是政府非税收收入的主管机关，政府非税收收入可以由财政部门直接征收，也可以由财政部门委托的部门和单位征收。政府非税收收入分步纳入财政预算，实行"收支两条线"的管理办法。行政单位取得的政府非税收收入，应当按规定上缴财政国库或财政专户。

（二）应缴财政款的账户设置

行政单位设置"应缴财政款"科目，核算行政单位取得的按规定应当上缴财政的款项。行政单位按照国家税法等有关规定应当缴纳的各种税费，通过"应缴税费"科目核算，不在本科目核算。本科目应当按照应缴财政款项的类别，设置"应缴罚没收入"、"应缴行政事业性收费"、"应缴政府性基金"、"应缴国有资产处置收入"、"应缴国有资产出租收入"等明细科目进行核算。本科目贷方余额，反映行政单位应当上缴财政但尚未缴纳的款项。年终清缴后，本科目一般应无余额。

（三）应缴财政款的账务处理

应缴财政款应当分别类型进行会计核算，其主要账务处理如下：

1. 依据法律、法规和规章取得的应缴财政款

行政单位依据法律、法规和规章取得的应缴财政款包括罚没收入、行政事业性收费和政府性基金。行政单位作为执收单位，负责本单位的收入收缴管理，确保收入按规定及时、足额上缴财政部门。行政单位上缴财政的款项，是政府的非税收收入，应当按照国库集中收付制度的要求进行收缴，一般实行"单位开票，银行代收，财政统管"的管理方式，具体分为集中汇缴和直接缴库两种缴款方式，其业务流程如图5-1所示。

行政单位在收到应缴财政的款项时，按照实际收到的金额确认，借记"银

图5-1 应缴财政款的业务流程图

行存款"等科目,贷记"应缴财政款"科目。上缴应缴财政的款项时,按照实际上缴的金额,借"应缴财政款"本科目,贷记"银行存款"科目。

【例5-1】某行政单位是政府性基金的执收单位,开出非税收入专用票据,征收某政府性基金130 000元,款项已经由缴款人缴入单位的银行账户。

借:银行存款　　　　　　　　　　　　　　　　　130 000

　　贷:应缴财政款——应缴政府性基金　　　　　　　　　　130 000

【例5-2】某行政单位将汇集的行政事业性收费185 000元上缴财政专户。

借:应缴财政款——应缴行政事业性收费　　　　　185 000

　　贷:银行存款　　　　　　　　　　　　　　　　　　　　185 000

小提示

随着政府的非税收入收缴管理改革的深入,越来越多的非税收入采用直接缴库征缴,取消了执收单位的过渡性账户,缴款人将应缴款项直接缴入财政账户,行政单位只负责征收管理,款项并不再通过行政单位的账户汇集。在这种情况下,行政单位需要根据开出的"非税收入一般缴款书"进行备查登记,以反映预算资金的收缴情况。

---

2. 处置资产取得的应缴财政款

行政单位处置资产取得的应缴财政款是出售、资产置换过程中产生的净收入。为加强国有资产管理,防止国有资产流失,行政单位资产出售、资产置换取得的收入和发生的费用应当通过"待处理财产损溢"科目核算,处理完毕后再将处置净收入转入"应缴财政款"科目。

(1)出售、置换资产过程中收到价款、补价等收入,借记"银行存款"等科目,贷记"待处理财产损溢——处理净收入"科目。

(2)出售、置换换出资产过程中发生相关费用,借记"待处理财产损溢——处理净收入"科目,贷记"银行存款"等科目。

(3)出售、置换换出完毕并收回相关款项后,按照处置收入扣除相关税费后的净收入,借记"待处理财产损溢——处理净收入"科目,贷记"应缴财政款"科目。

（4）上缴处置资产取得的款项时，按照实际上缴的金额，借"应缴财政款"科目，贷记"银行存款"科目。

【例5-3】某行政单位经财政部门的批准进行资产置换。置换结束后，"待处理财产损溢——处理净收入"贷方余额为12 600元，将处理净收入转入"应缴财政款"科目。

借：待处理财产损溢——处理净收入　　　　　　　　　　12 600

　　贷：应缴财政款——应缴国有资产处置收入　　　　　　　　12 600

行政单位处置资产取得的应缴财政款还包括资产对外出租收入。根据行政单位国有资产管理办法的规定，行政单位拟将占有、使用的国有资产对外出租、出借的，必须事先上报同级财政部门审核批准。未经批准，不得对外出租、出借。同级财政部门应当根据实际情况对行政单位国有资产对外出租、出借事项严格控制，从严审批。

行政单位在收到资产对外出租收入的款项时，按照实际收到的金额确认，借记"银行存款"等科目，贷记"应缴财政款"科目。上缴应缴财政的款项时，按照实际上缴的金额，借"应缴财政款"本科目，贷记"银行存款"科目。

【例5-4】某行政单位经财政部门的批准，将一闲置的房屋对外出租，取得租金收入9 000元，存入单位的银行账户。

借：银行存款　　　　　　　　　　　　　　　　　　　　9 000

　　贷：应缴财政款——应缴国有资产出租收入　　　　　　　　9 000

小问题

行政单位的房屋租金收入是否要全额上缴财政？

不是的，资产出租过程中还会发生一定的税金和费用，发生的税金和费用可以从应缴财政款中扣除，取得的净收入上缴财政即可。具体核算方法，请参见应缴税费部分的例题。

二、应缴税费

（一）应缴税费的内容

行政单位按照税法等规定应当缴纳的各种税费，包括营业税、城市维护建设税、教育费附加、房产税、车船税、城镇土地使用税等，以及行政单位代扣代缴的个人所得税。行政单位作为一类社会组织，如果发生应纳税事项，也应当按税法的规定履行纳税义务。但行政单位主要从事公共管理活动，其纳税事项较少，其主要事项包括：

1. 行政单位对外出售、置换资产取得的价款和补价收入，应当按规定缴纳营业税，以及城市维护建设税和教育费附加等。

2. 行政单位对外出租资产得到的租金收入，应当按规定缴纳房产税、营业税，以及城市维护建设税和教育费附加等。

3. 行政单位办理登记的车辆、船舶应当按规定缴纳车船税；行政单位对外出租、经营用的土地应当按规定缴纳城镇土地使用税。

4. 行政单位履行代扣代缴义务，应当为职工代缴个人所得税。

（二）应缴税费的账户设置

行政单位设置"应缴税费"科目，核算行政单位按照税法等规定应当缴纳的各种税费。本科目应当按照应缴纳的税费种类，设置"应缴营业税"、"应缴城市维护建设税"、"应缴教育费附加"、"应缴房产税"、"应缴个人所得税"等明细科目进行明细核算。本科目期末贷方余额，反映行政单位应缴未缴的税费金额。

（三）应缴税费的账务处理

1. 资产处置

行政单位因资产处置等发生营业税、城市维护建设税、教育费附加等缴纳义务的，按照税法等规定计算的应缴税费金额，借记"待处理财产损溢"科目，贷记"应缴税费"科目；实际缴纳时，借记"应缴税费"科目，贷记"银行存款"等科目。

【例5-5】某行政单位经财政部门的批准将一台不需用的设备对外出售，出售该设备的价款为72 000元，款项已经收到并记入了"待处理财产损溢——处置净收入"科目。按规定，该项设备出售应缴纳的营业税为3 600元，城市维护建设税为252元，教育费附加为108元。

借：待处理财产损溢——处置净收入　　　　　　　　　　　3 960
　　贷：应缴税费——应缴营业税　　　　　　　　　　　　　　3 600
　　　　　　　　——应缴城市维护建设税　　　　　　　　　　 252
　　　　　　　　——应缴教育费附加　　　　　　　　　　　　 108

2. 资产出租

行政单位因出租资产等发生营业税、城市维护建设税、教育费附加等缴纳义务的，按照税法等规定计算的应缴税费金额，借记"应缴财政款"等科目，贷记"应缴税费"科目；实际缴纳时，借记"应缴税费"科目，贷记"银行存款"等科目。

【例5-6】某行政单位经财政部门的批准，将一闲置的房屋对外出租，取得了租金收入9 000元，已经记入"应缴财政款"科目。按规定出租的房屋应缴纳的营业税为450元，城市维护建设税为32元，教育费附加为14元。

（1）计算应缴纳税费时：

借：应缴财政款——国有资产出租收入　　　　　　　　　　 496
　　贷：应缴税费——应缴营业税　　　　　　　　　　　　　　 450
　　　　　　　　——应缴城市维护建设税　　　　　　　　　　　32
　　　　　　　　——应缴教育费附加　　　　　　　　　　　　　14

（2）缴纳税费时：

借：应缴税费——应缴营业税 450
    ——应缴城市维护建设税 32
    ——应缴教育费附加 14
  贷：银行存款 496

（3）上缴应缴财政款时：

借：应缴财政款——应缴国有资产出租收入 8 504
  贷：银行存款 8 504

3. 代扣代缴个人所得税

行政单位代扣代缴个人所得税，按照税法等规定计算的应代扣代缴的个人所得税金额，借记"应付职工薪酬"科目（从职工工资中代扣个人所得税）或"经费支出"科目（从劳务费中代扣个人所得税），贷记"应缴税费"科目。实际缴纳时，借记"应缴税费"科目，贷记"财政拨款收入"、"零余额账户用款额度"、"银行存款"等科目。

【例5-7】某行政单位为外聘用人员支付本月劳务费用。经计算，应付外聘用人员的劳务费用共计8 200元，代扣代缴个人所得税的金额为385元。行政单位已经通过开户银行将实际支付款项7 815元转入临时聘用人员的工资卡中。

借：经费支出——其他资金支出——基本支出 8 200
  贷：银行存款 7 815
    应缴税费——应缴个人所得税 385

小提示

  行政单位用于人员方面的支出包括在职职工薪酬和外部人员的劳务费用。在职职工薪酬通过"应付职工薪酬"科目核算，外部人员的劳务费用直接记入"经费支出"科目。所以，"从职工工资中代扣个人所得税"与"从劳务费中代扣个人所得税"借记不同的会计科目。为在职职工代扣代缴个人所得税的业务将在"应付职工薪酬"科目的讲解中举例说明。

三、应付职工薪酬

（一）应付职工薪酬的内容

应付职工薪酬是行政单位按照有关规定应付给职工及为职工支付的各种薪酬，包括基本工资、奖金、国家统一规定的津贴补贴、社会保险费、住房公积金等。

1. 工资（离退休费）

工资（离退休费）包括工资和离退休费。工资是行政单位按照国家统一规定，应发放给在职人员的基本工资、职务工资、级别工资，以及经国务院或人事部、财政部批准设立的津贴补贴。离退休费是指按国家统一规定，应发放给离退休人员的离休、退休费及经国务院或人事部、财政部批准设立的津贴补贴。

2. 地方（或部门）津贴、补贴

地方（或部门）津贴、补贴是指行政单位按照地方或部门出台的规定，应发放给职工的津贴和补贴。津贴是因职工特殊或额外劳动而给予的补助，补贴是为了保证职工工资水平不受物价影响而给予的补助。

3. 其他个人收入

其他个人收入是指按国家规定应付给在职人员除上述以外的其他收入，主要包括误餐费、夜餐费、伙食补助费、市内交通费等。

4. 社会保障费

社会保障费是指行政单位按有关规定，应为在职人员支付给社会保障机构的各种社会保障费用，包括城镇职工基本养老保险费①、失业保险费、基本医疗保险费、工伤保险费、生育保险费等。

5. 住房公积金

住房公积金是指行政单位按有关规定，应为在职人员支付给住房公积金管理机构的住房储备资金。

（二）应付职工薪酬的账户设置

行政单位设置"应付职工薪酬"科目，核算行政单位按照有关规定应付给职工及为职工支付的各种薪酬。外部人员的劳务费用不通过本科目核算。本科目应当根据国家有关规定按照"工资（离退休费）"、"地方（部门）津贴补贴"、"其他个人收入"以及"社会保险费"、"住房公积金"等进行明细核算。本科目期末贷方余额，反映行政单位应付未付的职工薪酬。

（三）应付职工薪酬的账务处理

应付职工薪酬应当在规定支付职工薪酬的时间确认，其主要账务处理如下：

1. 计算发生的应付职工薪酬

发生应付职工薪酬时，按照计算出的应付职工薪酬金额，借记"经费支出"科目，贷记"应付职工薪酬"科目。

【例5-8】某行政单位计算本月应付在职人员的职工薪酬，应付工资为168 000元，应付地方（或部门）津贴补贴98 000元，应付其他个人收入12 000元，应付职工社会保险费58 800元（单位承担部分），应付职工住房公积金26 600元（单位承担部分）。

借：经费支出——财政拨款支出——基本支出 363 400

　　贷：应付职工薪酬——工资 168 000

　　　　　　——地方（或部门）津贴补贴 98 000

---

① 行政事业单位人员的社会保障制度正处于改革之中，目前行政单位的在职人员并不缴纳基本养老保险费，退休工资由财政负担。

　　　　贷：应付职工薪酬——其他个人收入　　　　　　　　　　12 000

　　　　　　　　　　——社会保险费　　　　　　　　　　　　　58 800

　　　　　　　　　　——住房公积金　　　　　　　　　　　　　26 600

　　2. 支付职工薪酬

　　（1）向职工支付工资、津贴补贴等薪酬时，按照扣除代扣的水电费、房租、个人所得税、社会保险费和住房公积金后的实际支付的金额，借记"应付职工薪酬"科目，贷记"财政拨款收入"（财政直接支付）、"零余额账户用款额度"（财政授权支付）、"银行存款"（单位银行账户支付）等科目。

　　（2）从应付职工薪酬中代扣为职工垫付的水电费、房租等费用时，按照实际扣除的金额，借记"应付职工薪酬——工资"科目，贷记"其他应收款"等科目。

　　（3）从应付职工薪酬中代扣代缴个人所得税，按照代扣代缴的金额，借记"应付职工薪酬——工资"科目，贷记"应缴税费"科目。

　　（4）从应付职工薪酬中代扣代缴社会保险费和住房公积金，按照代扣代缴的金额，借记"应付职工薪酬——工资"科目，贷记"其他应付款"科目。

　　【例5-9】某行政单位通过零余额账户向职工支付本月工资、津贴补贴。按税法规定，代缴个人所得税 21 500 元。应由职工个人承担的社会保险费 11 760 元，应由职工个人承担的住房公积金 26 600 元。扣除社会保险费、住房公积金、个人所得税后，本月实际支付在职人员工资、津贴补贴、其他个人收入共计 218 140 元，款项已经转入职工个人工资卡账户。

　　　　借：应付职工薪酬——工资　　　　　　　　　　　　　168 000

　　　　　　　　　　——地方（或部门）津贴补贴　　　　　　 98 000

　　　　　　　　　　——其他个人收入　　　　　　　　　　　 12 000

　　　　　贷：零余额账户用款额度　　　　　　　　　　　　　218 140

　　　　　　应缴税费——应缴个人所得税　　　　　　　　　　 21 500

　　　　　　其他应付款——社会保险费　　　　　　　　　　　 11 760

　　　　　　　　　　——住房公积金　　　　　　　　　　　　 26 600

　　3. 缴纳社会保险费、住房公积金和个人所得税

　　（1）缴纳单位为职工承担的社会保险费和住房公积金时，借记"应付职工薪酬——社会保险费、住房公积金"科目，贷记"财政拨款收入"、"零余额账户用款额度"、"银行存款"等科目。

　　（2）缴纳工薪酬中代扣的社会保险费和住房公积金时，借记"其他应付款——社会保险费、住房公积金"科目，贷记"财政拨款收入"、"零余额账户用款额度"、"银行存款"等科目。

　　（3）缴纳代扣代缴的个人所得税时，借记"应缴税费"科目，贷记"财政拨款收入"、"零余额账户用款额度"、"银行存款"等科目。

【例5-10】某行政单位通过零余额账户，将本月职工薪酬中由单位和职工个人承担的社会保险费转入社会保障机构账户。将本月职工薪酬中由单位和职工个人承担的住房公积金转入公积金管理中心账户。

借：应付职工薪酬——社会保险费　　　　　　　　58 800

　　　　　　　　　——住房公积金　　　　　　　　26 600

　　其他应付款——社会保险费　　　　　　　　　11 760

　　　　　　　——住房公积金　　　　　　　　　26 600

　　贷：零余额账户用款额度　　　　　　　　　　　　　　123 760

【例5-11】某行政单位通过零余额账户，代缴本月职工个人所得税21 500元。

借：应缴税费——应缴个人所得税　　　　　　　　21 500

　　贷：零余额账户用款额度　　　　　　　　　　　　　　　21 500

小提示

社会保险费和住房公积金按上月工资或者上年社会职工月平均工资的一定比例计算，由单位和个人共同分担。应由单位承担的社会保险费和住房公积金通过"应付职工薪酬"科目核算，应由职工个人承担的社会保险费和住房公积金通过"其他应付款"科目核算。本题计算出来的应付职工薪酬共计3 63 400元，其中：实际支付到职工工资卡中的数额为218 140元，缴纳的社会保险费和住房公积金（包括单位和个人承担的）为123 760元，代扣代缴个人所得税21 500元。

四、应付账款

（一）应付账款的内容

应付账款是行政单位因购买物资或服务、工程建设等而应付的偿还期限在1年以内（含1年）的款项。行政单位在业务活动中，可以与供应单位签订合同，先取得材料用品或享有服务，延迟一定时间后再进行结算，支付款项。

应付账款只核算行政单位与供应单位因购买物资、服务、工程等发生的待结算款项，行政单位与其他单位或个人发生的待结算款项不通过应付账款。应付账款属于流动负债，付款的期限要求在1年以内，行政单位以分期付款方式购入物资、设备、工程的，如果偿付期超过1年，不通过应付账款核算，而应当通过长期应付款核算。

（二）应付账款的账户设置

行政单位设置"应付账款"科目，核算行政单位因购买物资或服务、工程建设等而应付的偿还期限在1年以内（含1年）的款项。本科目应当按照债权单位（或个人）设置明细科目，进行明细核算。本科目期末贷方余额，反映行政单位尚未支付的应付账款。

（三）应付账款的账务处理

应付账款采用"双分录"的方法核算，应当在收到所购物资或服务、完成工程时确认，其主要账务处理如下：

1. 发生应付账款

行政单位收到所购物资或服务、完成工程但尚未付款时，按照应付未付款项的金额，借记"待偿债净资产"科目，贷记"应付账款"科目。购入的存货验收入库，按照确定的成本，借记"存货"科目，贷记"资产基金——存货"科目。

【例5-12】某行政单位向某供应商购买A材料一批，价款为6 600元，材料已经入库，款项未付。

借：待偿债净资产　　　　　　　　　　　　　　　　　　　　6 600
　　贷：应付账款——某供应商　　　　　　　　　　　　　　　　　6 600

同时：

借：存货——A材料　　　　　　　　　　　　　　　　　　　6 600
　　贷：资产基金——存货　　　　　　　　　　　　　　　　　　　6 600

小问题

什么是待偿债净资产？

待偿债净资产是针对负债"双分录"核算方法设置的会计科目，核算行政单位因发生应付账款和长期应付款而相应需在净资产中冲减的金额。上述事项是行政单位会计中一个典型的"双分录"核算例子，既涉及资产的"双分录"核算，又涉及负债的"双分录"核算。购入的存货由于尚未付款，没有形成货币支出，所以先冲减"待偿债净资产"科目，付款时再予以补回；购入的存货由于尚未发出，所以先记入"资产基金——存货"科目，领用时再予以冲减。

---

2. 偿付账款

行政单位偿付应付账款时，借记"应付账款"科目，贷记"待偿债净资产"科目；同时，借记"经费支出"科目，贷记"财政拨款收入"、"零余额账户用款额度"、"银行存款"等科目。

【例5-13】某行政单位向某供应商支付购买A材料的货款6 600元，款项通过单位的零余额账户支付，所用资金为公共财政预算基本支出拨款。

借：应付账款——某供应商　　　　　　　　　　　　　　　　6 600
　　贷：待偿债净资产　　　　　　　　　　　　　　　　　　　　6 600

同时：

借：经费支出——财政拨款支出——基本支出　　　　　　　　6 600
　　贷：零余额账户用款额度　　　　　　　　　　　　　　　　　6 600

3. 无法偿付或债权人豁免偿还的应付账款

对于因债权人破产、失踪等原因确实无法支付的应付款项，或者被债权人豁免偿还的应付账款，应当按照规定报经批准后进行账务处理。经批准核销时，借记"应付账款"科目，贷记"待偿债净资产"科目。核销的应付账款应在备查簿中保留登记。

【例5-14】某行政单位曾购进一项工程，未向某工程公司支付工程尾款，"应付账款——某工程公司"账户的贷方余额为81 000元。因该工程公司已经被注销，账款无法偿付，报经批准予以核销。

借：应付账款——某工程公司　　　　　　　　　　　　　81 000

　　贷：待偿债净资产　　　　　　　　　　　　　　　　　　　81 000

五、应付政府补贴款

（一）应付政府补贴款的内容

应付政府补贴款是指行政单位按照规定应当支付给政府补贴接受者的各种政府补贴款。应付政府补贴款主要针对负责发放政府补贴的行政单位，这些行政单位需要根据国家的政策和法规，向企业或个人支付政府补贴款项。

政府补贴款的接受者包括企业、公益组织和社会居民。行政单位的职责不同，负责发放政府补贴款的内容也不一样。例如，政府拨付给企业用于技术改造的专项补贴款、开展研发活动的研发经费补贴款、安置职工就业的补贴款；拨付给社会养老福利机构的开办补贴款；拨付给城镇居民生活补贴款、价格补贴款；拨付给种粮农民的粮食直接补贴款等。

（二）应付政府补贴款的账户设置

行政单位设置"应付政府补贴款"科目，核算负责发放政府补贴的行政单位，按照规定应当支付给政府补贴接受者的各种政府补贴款。本科目应当按照应支付的政府补贴种类进行明细核算。行政单位还应当按照补贴接受者建立备查簿，进行相应明细核算。本科目期末贷方余额，反映行政单位应付未付的政府补贴金额。

（三）应付政府补贴款的账务处理

应付政府补贴款应当在规定发放政府补贴的时间确认，其主要账务处理如下：

1. 发生应付政府补贴款

行政单位按规定应发放政府补贴时，按照规定计算出的应付政府补贴金额，借记"经费支出"科目，贷记"应付政府补贴款"科目。

【例5-15】某行政单位负责向公益养老院发放政府补贴。某新设立的养老院共有75张床位，按规定每张床位政府给予一次性补助1 000元，应付的政府补贴款为75 000元，所用资金为公共财政预算项目支出拨款。

借：经费支出——财政拨款支出——项目支出　　　　　　75 000

贷：应付政府补贴款——养老院床位补贴款　　　　　　　　75 000

> **小提示**
>
> 　　行政单位的应付政府补贴款应当在规定发放政府补贴的时间确认，此事项属于《行政单位会计制度》中规定采用权责发生制核算的特殊经济业务和事项。

2. 支付应付的政府补贴款

行政单位按规定向补贴接受者支付应付的政府补贴款时，借记"应付政府补贴款"科目，贷记"零余额账户用款额度"、"银行存款"等科目。

【例5-16】某行政单位通过单位的零余额账户，向某养老院支付补贴款75 000元。

借：应付政府补贴款——养老院床位补贴款　　　　　　　75 000
　　贷：零余额账户用款额度　　　　　　　　　　　　　　　75 000

六、其他应付款

（一）其他应付款的内容

其他应付款是行政单位除应缴财政款、应缴税费、应付职工薪酬、应付政府补贴款、应付账款以外的其他各项偿还期在1年以内（含1年）的应付及暂存款项。行政单位在业务活动中发生的应付款项、暂存款项，如果没有包含在上述会计科目的核算范围内，应归为其他应付款。

其他应付款的内容主要包括行政单位收取的押金、保证金、未纳入行政单位预算管理的转拨资金、代扣代缴职工社会保险费和住房公积金等。其他应付款的偿还期限在1年内（含1年），超过此期限的应付款项为长期应付款。

（二）其他应付款的账户设置

行政单位设置"其他应付款"科目，核算行政单位各项偿还期限在1年内（含1年）的其他应付及暂收款项。本科目应当按照其他应付款的类别以及债权单位（或个人）进行明细核算。本科目期末贷方余额，反映行政单位尚未支付的其他应付款。

（三）其他应付款的账务处理

1. 发生其他应付及暂收款项

行政单位收到其他应付及暂收款项时，按实际收到的金额借记"银行存款"等科目，贷记"其他应付款"科目。

【例5-17】某行政单位代职工订阅杂志、报刊，预收款项1 850元，款项存入银行。

借：银行存款　　　　　　　　　　　　　　　　　　　　1 850
　　贷：其他应付款——书报费　　　　　　　　　　　　　　1 850

2. 支付或归还其他应付及暂收款项

行政单位支付或归还其他应付及暂收款项时，按实际支付或归还的金额借记"其他应付款"科目，贷记"银行存款"等科目。

【例5-18】某行政单位向某企业退回原向其收取的业务保证金35 000元。

借：其他应付款——业务保证金　　　　　　　　　　　35 000

　　贷：银行存款　　　　　　　　　　　　　　　　　　　　　　35 000

3. 无法偿付或债权人豁免偿还的其他应付款项

对于因债权人的原因确实无法支付的其他应付账款，或者被债权人豁免偿还的其他应付账款，应当按规定报经批准后进行账务处理。经批准核销时，借记"其他应付款"科目，贷记"其他收入"科目。核销的其他应付款应在备查簿中保留登记。

小提示

　　行政单位的流动负债包括应缴财政款、应缴税费、应付职工薪酬、应付账款、应付政府补贴款、其他应付款等6个会计科目，只有应付账款采用"双分录"的核算方法。除应付账款外，其他各项流动负债或者不涉及预算收支，或者不影响预算收支，不需要采用"双分录"方法核算。

第三节　长期应付款与受托代理负债的核算

本节讲解《行政单位会计制度》中关于长期应付款、受托代理负债的核算方法，阐述长期应付款、受托代理负债的核算内容、账户设置和主要账务处理。

一、长期应付款

（一）长期应付款的内容

长期应付款属于非流动负债，是行政单位发生的偿还期限超过1年（不含1年）的应付款项。行政单位以1年为一个完整的会计期间，发生的偿还期在1年以内的应付及暂存款项通过应付账款、其他应付款等科目核算；发生的偿还期超过了1年的应付款项通过长期应付款科目核算。

长期应付款是行政单位购买物资、服务等发生的长期应付款项，如跨年度分期付款购入固定资产的价款等。

（二）长期应付款的账户设置

行政单位设置"长期应付款"科目，核算行政单位发生的偿还期限超过1年（不含1年）的应付款项。本科目应当按照长期应付款的类别以及债权单位（或个人）设置明细科目，进行明细核算。本科目期末贷方余额，反映行政单位尚未支付的长期应付款。

（三）长期应付款的账务处理

长期应付款采用"双分录"的方法核算，其主要账务处理如下：

1. 发生长期应付款

行政单位因购买物资、服务等发生的长期应付款，应当在收到所购物资或服务时确认。因其他原因发生的长期应付款，应当在承担付款义务时确认。

（1）购买物资、服务等发生长期应付款时，按照应付未付的金额，借记"待偿债净资产"科目，贷记"长期应付款"科目。

（2）对于取得的存货、固定资产等，需要按资产购入的核算要求，按照确定的入账价值，借记"存货"、"固定资产"、"在建工程"等科目，贷记"资产基金"科目。

（3）对于已实际支付的价款，借记"经费支出"科目，贷记"财政拨款收入"、"零余额账户用款额度"、"银行存款"等科目。

2. 偿付长期应付款

行政单位按照购买合同约定的时间偿付长期应付款时，按照实际偿付的金额，借记"经费支出"科目，贷记"财政拨款收入"、"零余额账户用款额度"、"银行存款"等科目；同时，借记"长期应付款"科目，贷记"待偿债净资产"科目。

3. 无法偿付或债权人豁免偿还的长期应付款

对于因债权人的原因确实无法支付的长期应付款，或者被债权人豁免偿还的长期应付款，应当按照规定报经批准后进行账务处理。经批准核销时，借记"长期应付款"科目，贷记"待偿债净资产"科目。核销的长期应付款应在备查簿中保留登记。

【例5-19】某行政单位根据业务发展的需要，购入检测设备一台，价款为72 000元。根据购买合同，行政单位收到设备时应支付设备款40 000元，其余款项32 000元在18个月后偿付。

（1）行政单位收到检测设备。该设备不需要安装，已经通过验收。根据购买合同，行政单位通过单位的零余额账户支付设备价款40 000元，所用资金为公共财政预算项目支出经费。

借：固定资产——检测设备　　　　　　　　　　　72 000
　　贷：资产基金——固定资产　　　　　　　　　　　　72 000
同时：
借：经费支出——财政拨款支出——项目支出　　　40 000
　　贷：零余额账户用款额度　　　　　　　　　　　　40 000
同时：
借：待偿债净资产　　　　　　　　　　　　　　　32 000
　　贷：长期应付款——设备供应商　　　　　　　　　　32 000

（2）18个月后，行政单位按照购买合同的约定，通过单位的零余额账户偿付购买设备的剩余款项 32 000 元。

借：经费支出——财政拨款支出——项目支出　　　　　　　32 000

　　贷：零余额账户用款额度　　　　　　　　　　　　　　　　　　　32 000

同时：

借：长期应付款——设备供应商　　　　　　　　　　　　　32 000

　　贷：待偿债净资产　　　　　　　　　　　　　　　　　　　　　　32 000

> **小提示**
>
> 　　长期应付款的偿付期会随着时间的延续而缩短。编制资产负债表时，应当对"长期应付款"科目的期末余额进行分析，将偿还期在 1 年以内（含 1 年）的长期应付款金额填列到"一年内到期的非流动负债"项目。

二、受托代理负债

（一）受托代理负债的内容

受托代理负债是行政单位接受委托，取得受托管理资产时形成的负债。受托代理负债与受托代理资产相对应，行政单位在确认一项受托代理资产时，同时确认所形成的受托代理负债。行政单位的受托代理负债，包括接受转赠资产形成的负债和接受代储物资形成的负债等。

（二）受托代理负债的账户设置

行政单位设置"受托代理负债"科目，核算行政单位接受委托，取得受托管理资产时形成的负债。本科目应当按照委托人等进行明细核算；属于指定转赠物资和资金的，还应当按照指定受赠人进行明细核算。本科目期末贷方余额，反映行政单位尚未清偿的受托代理负债。

（三）受托代理负债的账务处理

受托代理负债应当在行政单位收到受托代理资产并产生受托代理义务时确认。

1. 收到受托代理资产

行政单位接受委托人的委托，收到需要转赠他人的物资、现款或储存管理的物资时，借记"受托代理资产"、"库存现金"、"银行存款"等科目，贷记"受托代理负债"科目。

2. 交付受托代理资产

行政单位根据委托人要求交付受托管理的资产时，借记"受托代理负债"科目，贷记"受托代理资产"、"库存现金"、"银行存款"等科目。

受托代理负债的账务处理已经在"受托代理资产"科目中进行了详细讲解，这里不再举例。

小提示

　　行政单位的受托代理资产分布在"受托代理资产"、"库存现金"、"银行存款"三个科目中，所以"受托代理资产"科目余额不一定与"受托代理负债"的科目余额相等。在编制资产负债表时，"受托代理资产"项目应当根据上述三个科目的期末余额分析填列。"受托代理资产"、"受托代理负债"项目还应当扣除其中受托储存管理物资对应的金额。

第六章

行政单位净资产的核算

第一节　行政单位净资产概述

本节讲解《行政单位会计制度》中净资产的核算与管理的一般要求。主要介绍行政单位净资产的含义与内容，阐述行政单位净资产的确认与计量方法，以及财务管理与内部控制的相关规定。

一、净资产的含义与内容

（一）净资产的含义

《行政单位会计制度》规定，净资产是指行政单位资产扣除负债后的余额。从数额上看，净资产是行政单位会计期末资产总额与负债总额相减后的差额。从内容上看，行政单位的净资产来源于一定期间收入与支出相抵后形成的结转（余），以及设立的资产基金和待偿债净资产。净资产由行政单位占有或使用，国家拥有行政单位净资产的所有权。

（二）净资产的内容

行政单位的净资产包括结转和结余资金、基金净资产两类。

1. 结转和结余资金

结转和结余资金简称结转（余），是指行政单位一定期间收入与支出相抵后的余额滚存的资金，是行政单位净资产中的一项重要内容。理解结转（余）的含义，应当注意两点：第一，结转（余）资金来源于行政单位年度收入与支出相抵后剩余的资金。行政单位开展业务活动会取得一定的收入，发生一定的支出，要求根据预算收入的数额控制预算支出，达到一定期间的收入与支出的平衡。但收入与支出之间的平衡是相对的，收入与支出会存在一定的差额。第二，结转（余）资金是行政单位历年剩余资金的滚存。行政单位的结转（余）资金不但包括当年形成的结转（余）资金，还包括以前年度积累的结转（余）资金。根据后续使用要求及性质的不同，结转（余）资金分为不同的种类。

　　按照资金的后续的使用要求的不同，结转（余）资金分为结转资金和结余资金。结转资金是指当年预算已执行但未完成，或者因故未执行，下一年度需要按照原用途继续使用的资金；结余资金是指当年预算工作目标已完成，或者因故终止，当年剩余的资金。

　　按照资金性质的不同，结转（余）资金分为财政拨款结转结余和其他资金结转结余。财政拨款结转结余是指行政单位各项财政拨款收入与其相关支出相抵后剩余的滚存资金，包括财政拨款结转和财政拨款结余；其他资金结转结余是指除财政拨款收支以外的各项收支相抵后剩余的滚存资金，包括项目结转和非项目结余。

　　综合以上分类，行政单位的结转（余）资金包括财政拨款结转、财政拨款结余和其他资金结转结余三项内容。

　　（1）财政拨款结转是指行政单位当年预算已执行但尚未完成，或因故未执行，下一年度需要按照原用途继续使用的财政拨款滚存资金。

　　（2）财政拨款结余是指行政单位当年预算工作目标已完成，或因故终止，剩余的财政拨款滚存资金。

　　（3）其他资金结转结余是指行政单位除财政拨款收支以外的各项收支相抵后剩余的滚存资金。

小提示

　　新会计制度将收入和支出相抵后的余额分为两种情况，一项是结转资金，另一项是结余资金。简单地说，结余是绝对的剩余资金，该项资金对应的工作已经完成，或者不再实施，不会再发生新的支出；结转是相对的剩余资金，只是年末转账时形成的收支差额，该项资金对应的工作并未完成，下一年度还需要继续使用。例如，行政单位年初从财政部门取得了10万元的房屋修缮项目经费，当年已经完成了8万元的项目支出，年末收支相抵的余额为2万元。如果年末房屋修缮项目已经完成，则这2万元为项目结余资金；如果年末房屋修缮项目尚未完成，则这2万元为项目结转资金。为什么要作这样的区分？因为结转资金和结余资金采用不同的财务管理办法，项目结余资金一般统筹用于编制以后年度部门预算，项目结转资金原则上结转下年按原用途继续使用。

---

　　2. 基金净资产

　　基金净资产是行政单位设立的用于"双分录"核算的净资产项目，包括资产基金和待偿债净资产。行政单位会计要满足预算管理与财务管理的需要，在以收付实现制基础上核算收入和支出的同时，还要全面反映资产、负债状况，对非货币资产和部分负债采用"双分录"核算。为此，行政单位在净资产中设置了资产基金和待偿债净资产。

（1）资产基金是指行政单位的非货币性资产在净资产中占用的金额。

（2）待偿债净资产是指行政单位因发生应付账款和长期应付款而相应需在净资产中冲减的金额。

行政单位会计设置的净资产类会计科目及分类见表6-1。

表6-1　　　　　　　　　　行政单位净资产类会计科目表

序号	会计科目	序号	会计科目
	一、结转（余）净资产		二、基金净资产
1	3001　财政拨款结转	4	3501　资产基金
2	3002　财政拨款结余	5	3502　待偿债净资产
3	3101　其他资金结转结余		

小比较

同原会计制度相比，新会计制度细化了行政单位结转（余）的内容，完善了净资产的核算。根据财政部关于结转和结余资金管理的要求，将原来的"结余"科目拆分为"财政拨款结转"、"财政拨款结余"和"其他资金结转结余"三个科目。同时，将"双分录"核算方法的应用范围扩大到所有非货币性资产和部分负债，增设了"资产基金"和"待偿债净资产"科目。

二、净资产的确认与计量

（一）净资产的确认

净资产是行政单位某一时点的资产净额，净资产的确认依赖于资产、负债及其他会计要素的确认。当行政单位将一项经济资源确认为资产、将一项债务确认为负债，同时亦即确认了净资产。

行政单位的净资产由形成的结转（余）、资产基金和待偿债净资产组成。当年收入和支出形成的结转（余）一般在年末确认，以前年度结转（余）调整、变动事项在发生时确认；资产基金在非货币性资产发生或取得时予以确认，在非货币性资产实现或发出、耗用时予以冲减；待偿债净资产在发生应付账款、长期应付款时予以抵减，在偿付应付账款、长期应付款时予以转回。

（二）净资产的计量

行政单位期末净资产的数额取决于资产和负债的计量结果。当含有经济利益或服务潜力的经济资源流入行政单位，使得行政单位的资产增加或负债减少，从而导致当期净资产的增加。反之，当含有经济利益或服务潜力的经济资源流出行政单位，使得行政单位的资产减少或负债增加，从而导致当期净资产的减少。行政单位的净资产主要来源于当期收入与支出相抵所形成的结转（余），以及按规定设置的资产基金和待偿债净资产。基本关系式如下：

期末净资产=期末资产总额−期末负债总额

=期末各项结转结余资金余额+期末资产基金余额−期末待偿债净资产余额①

=期初净资产余额±本期净资产变动额

三、净资产的财务管理

行政单位的净资产的财务管理，主要是结转资金和结余资金的财务管理。根据《行政单位财务规则》，财政拨款结转和结余资金的管理，应当按照同级财政部门的规定执行。行政单位年度收入和支出相抵后的余额应当区分为结转资金和结余资金，采用不同的管理办法。各级财政部门均对结转资金和结余资金的管理作出了具体的规定，行政单位应当按照同级财政部门的要求进行管理。②

（1）财政拨款结转资金的管理。根据《中央部门财政拨款结转和结余资金管理办法》（财预〔2010〕7号）的规定，结转资金包括部门预算基本支出结转资金和项目支出结转资金，有不同的使用要求。第一，基本支出结转资金原则上结转下年继续使用，用于增人增编等人员经费和日常公用经费支出，但在人员经费和日常公用经费间不得挪用，不得用于提高人员经费开支标准；第二，项目支出结转资金结转下年按原用途继续使用。结转资金原则上不得调整用途。在年度预算执行过程中，确需调整结转资金用途的，需报财政部审批。

（2）财政拨款结余资金的管理。根据《中央部门财政拨款结转和结余资金管理办法》的规定，结余资金是指部门预算项目支出结余资金。对某一预算年度安排的项目支出连续两年未使用、或者连续三年仍未使用完形成的剩余资金，视同结余资金管理。行政单位当年未使用的年度机动经费，也按项目支出结余资金管理。结余资金可用于两个方面：第一，结余资金统筹用于编制以后年度部门预算，按预算管理的有关规定，用于本部门相关支出；第二，可以在部门本级和下级预算单位之间、下级不同预算单位之间、不同预算科目之间统筹安排使用结余资金。

（3）其他资金结转结余的管理。行政单位的其他资金结转结余应当区分项目结转和非项目结余，按照拨款单位的要求进行管理。项目结转区分年末已完成项目和尚未完成项目，已完成项目的结转资金或缴回原拨款单位，或留归本单位用于其他非项目用途；年末未完成项目的结转资金，结转下一年度继续用于该项目的支出。非项目结余资金可以用于补充项目资金。

---

① 待偿债净资产期末余额一般在借方，其数额为负数，是期末净资产的减项。
② 以下介绍的是中央部门财政拨款结转和结余资金的管理办法，适用于中央行政单位。

第二节　结转和结余的核算

行政单位的结转和结余包括财政拨款结转、财政拨款结余和其他资金结转结余。本节讲解《行政单位会计制度》中关于结转和结余核算的方法，阐述行政单位结转和结余的核算内容、账户设置和主要账务处理。

一、财政拨款结转

（一）财政拨款结转的内容

财政拨款结转是行政单位财政拨款收支所形成的结转资金，是行政单位当年预算已执行但尚未完成，或因故未执行，下一年度需要按照原用途继续使用的财政拨款滚存资金。按照部门预算管理的要求，财政拨款收入分为基本支出拨款和项目支出拨款，财政拨款支出分为基本支出和项目支出，两者相抵所形成的结转资金也需要分为基本支出结转和项目支出结转。

（1）基本支出结转是行政单位基本支出拨款与其支出相抵后余额的累计，是下一年度需要继续用于维持行政单位正常运行和完成日常工作任务的财政拨款滚存资金。基本支出结转资金原则上结转到下一预算年度，用于人员经费支出和日常公用经费支出。

（2）项目支出结转是行政单位项目支出拨款与其支出相抵后余额的累计，是下一年度需要继续用于完成特定任务的财政拨款滚存资金。项目支出结转原则上不得调整用途，限定用于规定的项目支出。

按照形成的时间不同，结转资金分为当年结转资金和累计结转资金。当年结转资金是行政单位本预算年度财政拨款收入与其支出相抵后形成的结转资金；累计结转资金是行政单位截止到期末形成的历年累计财政拨款结转资金。

（二）财政拨款结转的账户设置

行政单位设置"财政拨款结转"科目，核算行政单位滚存的财政拨款结转资金，包括基本支出结转和项目支出结转。本科目期末贷方余额，反映行政单位滚存的财政拨款结转资金数额。

根据《行政单位会计制度》的规定，"财政拨款结转"科目应当按照部门预算管理的要求、财政拨款的种类设置明细科目，还可以根据管理需要按照财政拨款结转变动原因设置明细科目。明细科目可以分为三个层面：[①]

（1）按照财政拨款结转变动原因，设置"收支转账"、"结余转账"、"年初余额调整"、"归集上缴"、"归集调入"、"单位内部调剂"、"剩余结转"等明细科目。如果行政单位需要分变动原因管理财政拨款结转，需要设置此层面的明细

---

　　① 行政单位应当根据会计制度的要求和单位的具体情况，设置财政拨款结转的明细科目，调整各层次明细科目的顺序。

科目。如果行政单位财政拨款结转的变动事项较少，也可以不设置此层面的明细科目。

（2）按照财政拨款种类，设置"公共财政预算"、"政府性基金预算"、"国有资本经营预算"、"社会保险基金预算"等明细科目。如果行政单位有公共财政预算拨款、政府性基金预算拨款等两种或两种以上财政拨款，需要设置此层面的明细科目。如果行政单位只有公共财政预算拨款，则不需要设置此层面的明细科目。

（3）按部门预算管理的要求，设置"基本支出结转"、"项目支出结转"两个明细科目；在"基本支出结转"明细科目下按照"人员经费"和"日常公用经费"进行明细核算，在"项目支出结转"明细科目下按照具体项目进行明细核算；同时，还应当按照《政府收支分类科目》中"支出功能分类科目"的项级科目进行明细核算。

"财政拨款结转"科目的明细科目设置见表6-2。

表6-2　　　　　　　　　　**财政拨款结转明细科目设置表**

变动原因	拨款种类	部门预算		
收支转账 结余转账 年初余额调整 归集上缴 归集调入 单位内部调剂 剩余结转	公共财政预算 政府性基金预算 国有资本经营预算 社会保险基金预算	基本支出结转	人员经费 日常公用经费	功能分类 项级科目
		项目支出结转	具体项目 …	

> **小提示**
>
> 　　行政单位应当根据同级财政部门关于财政拨款结转资金管理的相关规定，有选择地设置财政拨款结转变动原因层面的明细科目。如果当地财政部门规定财政拨款结转资金全部结转至下一年度继续使用，没有归集上缴、归集调入、单位内部调剂等事项，则不需要设置相应的明细科目。

（三）财政拨款结转的账务处理

1. 调整以前年度财政拨款结转

因发生差错更正、以前年度支出收回等事项，需要调整以前年度财政拨款结转的，按照实际调增财政拨款结转的金额，借记有关科目，贷记"财政拨款结转——年初余额调整"科目；按照实际调减财政拨款结转的金额，借记"财政拨款结转——年初余额调整"科目，贷记有关科目。

【例6-1】某行政单位收回上一年度因计算错误多支付的物业管理费32 000

元，款项已经存入单位的零余额账户。此事项需要调增上年度的财政拨款结转资金。

借：零余额账户用款额度　　　　　　　　　　　　　　32 000

　　贷：财政拨款结转——年初余额调整——基本支出结转　　　　　　32 000

小提示

为了清晰地讲解行政单位财政拨款结转（余）的核算方法，在举例时我们假设该行政单位只有公共财政预算拨款，没有按财政拨款种类设置明细科目。会计分录中，我们仅列出了二级明细科目，省略了二级以下明细科目和支出的功能分类科目。

---

2. 财政拨款结转资金的归集调入、归集上缴和内部调剂

（1）归集调入

从上级单位或主管部门调入财政拨款结余资金时，按照实际调增的额度数额或调入的资金数额，借记"零余额账户用款额度"、"银行存款"等科目，贷记"财政拨款结转——归集调入"及其明细科目。

【例6-2】某行政单位从上级单位调入财政拨款结余资金75 000元，用于补充本单位的公用经费支出，款项已经转入单位的零余额账户。

借：零余额账户用款额度　　　　　　　　　　　　　　75 000

　　贷：财政拨款结转——归集调入——基本支出结转　　　　　　　75 000

（2）归集上缴

按照规定上缴上级单位或主管部门财政拨款结转资金时，按照实际核销的额度数额或上缴的资金数额，借记"财政拨款结转——归集上缴"及其明细科目，贷记"财政应返还额度"、"零余额账户用款额度"、"银行存款"等科目。

【例6-3】某行政单位根据上级单位的统筹安排，将尚未使用的财政应返还额度（财政直接支付）52 000元上缴上级单位。

借：财政拨款结转——归集上缴——基本支出结转　　　　52 000

　　贷：财政应返还额度——财政直接支付　　　　　　　　　52 000

（3）内部调剂

经财政部门批准对财政拨款结余资金改变用途，调整用于本单位其他未完成项目等，按照调整的金额，借记"财政拨款结余——单位内部调剂"及其明细科目，贷记"财政拨款结转——单位内部调剂"及其明细科目。

【例6-4】某行政单位对财政拨款结余资金进行内部调剂，经批准将财政拨款结余资金21 000元改变用途，转入某未完成的项目中，用于该项目的后续支出。

借：财政拨款结余——单位内部调剂　　　　　　　　　　21 000

　　贷：财政拨款结转——单位内部调剂——项目支出结转　　　　21 000

3. 结转本年财政拨款收入和支出

年末，应当将本年度取得的财政拨款收入和发生的财政拨款支出转入财政拨款结转中。财政拨款的结转包括基本支出结转和项目支出结转。

（1）基本支出结转

年末，结转财政拨款收入中的基本经费拨款的本年发生额时，借记"财政拨款收入——基本支出拨款"及其明细科目，贷记"财政拨款结转——收支转账——基本支出结转"及其明细科目；结转财政拨款支出中的基本支出的本年发生额时，借记"财政拨款结转——收支转账——基本支出结转"及其明细科目，贷记"经费支出——财政拨款支出——基本支出"及其明细科目。

（2）项目支出结转

年末，结转财政拨款收入中的项目经费拨款的本年发生额时，借记"财政拨款收入——项目支出拨款"及其明细科目，贷记"财政拨款结转——收支转账——项目支出结转"及其明细科目；结转财政拨款支出中的项目支出的本年发生额时，借记"财政拨款结转——收支转账——项目支出结转"及其明细科目，贷记"经费支出——财政拨款支出——项目支出"及其明细科目。

【例6-5】年末，某行政单位进行本年财政拨款收入和支出的结转。本年度"财政拨款收入——基本支出拨款"科目的贷方累计发生额为715 000元，"财政拨款收入——项目支出拨款"科目的贷方累计发生额为125 000元；"经费支出——财政拨款支出——基本支出"的借方累计发生额为668 000元"经费支出——财政拨款支出——项目支出"的借方累计发生额为115 000元。

（1）基本支出结转：

借：财政拨款收入——基本支出拨款　　　　　　　　715 000

　　贷：经费支出——财政拨款支出——基本支出　　　　　　668 000

　　　　财政拨款结转——收支转账——基本支出结转　　　　47 000

（2）项目支出结转：

借：财政拨款收入——项目支出拨款　　　　　　　　125 000

　　贷：经费支出——财政拨款支出——项目支出　　　　　　115 000

　　　　财政拨款结转——收支转账——项目支出结转　　　　10 000

小提示

行政单位各项结转（余）的收支转账工作，只要求在"年末"进行。除12月底外，月末不需要进行收支转账，大大减少了会计人员的工作量。但在编制月度资产负债表时，"财政拨款结转"、"其他资金结转结余"等项目的数额需要根据相关科目的本年累计发生额计算填列。

---

4. 完成项目的结转资金转入财政拨款结余

年末，完成上述财政拨款收支转账后，对各项目执行情况进行分析，按照有关规定将符合财政拨款结余性质的项目余额转入财政拨款结余，借记"财政拨款结转——结余转账——项目支出结转"及其明细科目，贷记"财政拨款结余——结余转账——××项目"及其明细科目。

【例6-6】年末，某行政单位对财政拨款项目执行情况进行分析，本年度财政拨款项目中，A项目已经完成，项目当年剩余资金为3 000元；B项目因故终止，当年剩余资金为1 000元。即符合财政拨款结余资金性质的数额为4 000元。进行财政拨款结转资金的转出的处理。

借：财政拨款结转——结余转账——项目支出结转——A项目　3 000
　　　　　　　　　　　　　　　　　　　　　　　　——B项目　1 000
　　贷：财政拨款结余——结余转账——A项目　　　　　　　　3 000
　　　　　　　　　　　　　　　——B项目　　　　　　　　　1 000

5. 年末冲销有关明细科目余额

年末收支转账后，将"财政拨款结转"科目所属"收支转账"、"结余转账"、"年初余额调整"、"归集上缴"、"归集调入"、"单位内部调剂"等明细科目余额转入"剩余结转"明细科目；转账后，"财政拨款结转"科目除"剩余结转"明细科目外，其他明细科目应无余额。

【例6-7】年末，某行政单位进行收支转账等处理后，"财政拨款结转"科目各明细科目的余额见表6-3。进行财政拨款结转明细科目余额的冲销处理。

表6-3　　　　　　　　财政拨款结转各明细科目余额表　　　　　单位：元

明细科目	基本支出		项目支出	
	借方	贷方	借方	贷方
收支转账		47 000		10 000
结余转账				4 000
年初余额调整		32 000		
归集上缴	52 000			
归集调入		75 000		
单位内部调剂				21 000
剩余结转		18 000		11 000

借：财政拨款结转——收支转账——基本支出结转　　　　　47 000
　　　　　　　　　　　　　　——项目支出结转　　　　　　10 000
　　　　　　　——年初余额调整——基本支出结转　　　　　32 000
　　　　　　　——归集调入——基本支出结转　　　　　　　75 000
　　　　　　　——单位内部调剂——项目支出结转　　　　　21 000

贷：财政拨款结转——结余转账——项目支出结转		4 000
——归集上缴——基本支出结转		52 000
——剩余结转——基本支出结转		102 000
——项目支出结转		27 000

小问题

经过上述处理后，"财政拨款结转"科目的年末余额是多少？

我们来计算一下：年初"财政拨款结转——剩余结转"科目贷方余额为29 000元，其中基本支出结转为18 000元，项目支出结转为11 000元。本年度"财政拨款结转——剩余结转"科目贷方发生额为129 000元，其中基本支出结转为102 000元，项目支出结转为27 000元。经过上述处理后，年末"财政拨款结转——剩余结转"科目贷方余额为158 000元，其中基本支出结转为120 000元，项目支出结转为38 000元。"财政拨款结转"科目的其他明细科目没有余额。因此，"财政拨款结转"科目的年末贷方余额为158 000元。

二、财政拨款结余

（一）财政拨款结余的内容

财政拨款结余是行政单位财政拨款收支所形成的结余资金，是行政单位当年预算工作目标已完成，或因故终止，剩余的财政拨款滚存资金。按照部门预算管理的要求，行政单位预算年度的基本经费的收支相抵后的余额全部结转至下一年度继续使用，用于维持正常运行和完成日常工作任务，全额列入财政拨款结转，不会形成基本支出结余。所以，财政拨款结余即是项目支出结余。

项目支出结余是行政单位已经完成项目或因故终止项目剩余的滚存资金。项目支出结余资金应统筹用于编制以后年度部门预算，或按照同级财政部门的规定在单位内部、部门之间调剂使用。年末，行政单位应当对财政拨款项目的执行情况进行分析，将符合财政拨款结余资金性质的数额从"财政拨款结转——项目支出结转"转到"财政拨款结余"账户，形成当年的财政拨款结余资金。

按照形成的时间不同，结余资金分为当年结余资金和累计结余资金。当年结余资金是行政单位本预算年度财政拨款收入与其支出相抵后形成的结余资金；累计结转资金是行政单位截止到期末形成的历年累计财政拨款结余资金。

（二）财政拨款结余的账户设置

行政单位设置"财政拨款结余"科目，核算行政单位滚存的财政拨款项目支出结余资金。本科目期末贷方余额，反映行政单位滚存的财政拨款结余资金数额。

"财政拨款结余"科目应当按以下要求设置明细科目：

（1）可以根据管理需要按照财政拨款结余变动原因，设置"结余转账"、

"年初余额调整"、"归集上缴"、"单位内部调剂"、"剩余结余"等明细科目，进行明细核算。

（2）有公共财政预算拨款、政府性基金预算拨款等两种或两种以上财政拨款的行政单位，还应当按照财政拨款的种类，设置"公共财政预算"、"政府性基金预算"等明细科目。

（3）根据部门预算管理的要求，按照具体项目、《政府收支分类科目》中"支出功能分类科目"的项级科目等进行明细核算。

"财政拨款结余"科目的明细科目设置见表6-4。

表6-4 **"财政拨款结余"明细科目设置表**

变动原因	拨款种类	部门预算	
结余转账	公共财政预算	具体项目	
年初余额调整	政府性基金预算	…	功能分类
归集上缴	国有资本经营预算		项级科目
单位内部调剂	社会保险基金预算		
剩余结余			

小提示

行政单位可以根据具体情况和结转（余）资金的管理要求设置明细科目。同"财政拨款结转"科目的明细科目相比，在变动原因层面的明细科目中少了"收支转账"、"归集调入"两项；在部门预算管理层面，由于财政拨款结转即是项目支出结余，只需按照具体项目及功能分类进行明细核算。

（三）财政拨款结余的账务处理

1. 调整以前年度财政拨款结余

因发生差错更正、以前年度支出收回等事项，需要调整财政拨款结余的，按照实际调增财政拨款结余的金额，借记有关科目，贷记"财政拨款结余——年初余额调整"科目；按照实际调减财政拨款结余的金额，借记"财政拨款结余——年初余额调整"科目，贷记有关科目。

【例6-8】某行政单位财政拨款的C项目上年度已经结项，其剩余的项目资金已经转入该项目的结余资金中。项目审查时发现，误将一项应当计入基本支出的会议费计入了C项目的支出。该笔会议费支出为12 000元，需要调整上年度的财政拨款结余和财政拨款结转。

借：财政拨款结转——年初余额调整——基本支出结转　　　　12 000

　　贷：财政拨款结余——年初余额调整——C项目　　　　　　　　12 000

2. 财政拨款结余资金的归集上缴和内部调剂

（1）归集上缴

按照规定上缴上级单位或主管部门财政拨款结余时，按照实际核销的额度数额或上缴的资金数额，借记"财政拨款结余——归集上缴"及其明细科目，贷记"财政应返还额度"、"零余额账户用款额度"、"银行存款"等科目。

【例6-9】某行政单位通过零余额账户，按规定归集上缴上级单位D项目结余的资金8 500元。

借：财政拨款结余——归集上缴——D项目 8 500
　　贷：零余额账户用款额度 8 500

（2）内部调剂

经财政部门批准将本单位完成项目结余资金调整用于本单位基本支出或其他未完成项目支出时，按照批准调剂的金额，借记"财政拨款结余——单位内部调剂"及其明细科目，贷记"财政拨款结转——单位内部调剂"及其明细科目。

财政拨款结余资金内部调剂的具体核算方法，请参见【例6-4】。

3. 完成项目的结转资金转入财政拨款结余

年末，对财政拨款各项目执行情况进行分析，按照有关规定将符合财政拨款结余性质的项目余额转入本科目，借记"财政拨款结转——结余转账——项目支出结转"及其明细科目，贷记"财政拨款结余——结余转账——××项目"及其明细科目。

结转资金转入财政拨款结余的具体核算方法，请参见【例6-6】。

4. 年末冲销有关明细科目余额

年末，将"财政拨款结余"科目所属"结余转账"、"年初余额调整"、"归集上缴"、"单位内部调剂"等明细科目余额转入"剩余结余"明细科目；转账后，"财政拨款结余"科目除"剩余结余"明细科目外，其他明细科目应无余额。

【例6-10】年末，某行政单位进行结余转账等处理后，"财政拨款结余"科目各明细科目的余额见表6-5。进行财政拨款结余明细科目余额的冲销处理。

表6-5　　　　　　　　　**财政拨款结余各明细科目余额表**　　　　　　　单位：元

明细科目	借方	贷方
结余转账		4 000
年初余额调整		12 000
归集上缴	8 500	
单位内部调剂	21 000	
剩余结余		48 000

借：财政拨款结余——结余转账　　　　　　　　　　　　　4 000

　　　　　　　　——年初余额调整　　　　　　　　　　　12 000

　　　　　　　　——剩余结余　　　　　　　　　　　　　13 500

　　贷：财政拨款结余——归集上缴　　　　　　　　　　　　　　　8 500

　　　　　　　　——单位内部调剂　　　　　　　　　　　　　　21 000

结过上述处理后，本年"财政拨款结余——剩余结转"科目借方发生额为13 500 元，年末"财政拨款结余——剩余结转"科目贷方余额为 34 500 元。其他明细科目不再存在余额。

小问题

当年形成的"财政拨款结余"可以在借方吗？

可以。结余资金分为当年结余资金和累计结余资金，在年度预算执行过程中，可能会存在处置与使用累计结余资金的事项，造成当年形成的结余资金为负数。但是，年末"财政拨款结余"科目如果有余额，一定为贷方余额。本题中，当年财政拨款结余资金减少13 500 元，但由于年初累计财政拨款结余资金为48 000元，年末"财政拨款结余——剩余结转"科目贷方余额为 34 500 元。

三、其他资金结转结余

（一）其他资金结转结余的内容

其他资金结转结余是指行政单位除财政拨款收支以外的各项收支相抵后剩余的滚存资金。其他资金结转结余属于非财政资金结转结余，是行政单位依法取得的除财政拨款收入以外的各项资金收支形成的差额。其他资金结转结余包括项目结转和非项目结余。

（1）项目结转，是行政单位除财政拨款收支以外的项目资金收入、支出相抵后剩余的滚存资金。项目结转区分年末已完成项目和尚未完成项目，按照非同级财政部门、主管部门或上级单位等拨款单位的要求进行管理。年末已完成项目，应当向原拨款单位报送项目资金使用情况，接受检查、验收，剩余的资金或缴回原拨款单位，或经批准留归本单位用于其他非项目用途。年末未完成项目的结转资金，结转下一年度继续用于该项目的支出，原则上不得用于其他方面。

（2）非项目结余，是行政单位除财政拨款收支以外的非项目资金收入、支出相抵后剩余的滚存资金。非项目结余资金可以用于补充项目资金，在单位内部进行调剂使用。

（二）其他资金结转结余的账户设置

行政单位设置"其他资金结转结余"科目，核算行政单位除财政拨款收支以外的其他各项收支相抵后剩余的滚存资金。本科目期末贷方余额，反映行政单位滚存的各项非财政拨款资金结转结余数额。

"其他资金结转结余"科目应当按以下要求设置明细科目：

（1）可以根据管理需要按照其他资金结转结余变动原因，设置"收支转账"、"年初余额调整"、"结余调剂"、"剩余结转结余"等明细科目，进行明细核算。

（2）应当设置"项目结转"和"非项目结余"明细科目，分别对项目资金和非项目资金进行明细核算。对于项目结转，还应当按照具体项目进行明细核算。

"其他资金结转结余"科目的明细科目设置见表6-6。

表6-6   "其他资金结转结余"明细科目设置表

变动原因	部门预算	
收支转账	项目结转	具体项目
年初余额调整		...
结余调剂	非项目结余	
剩余结转结余		

> **小提示**
>
> 行政单位可以按照其他资金结转结余变动原因设置一级明细科目，再设置"项目结转"和"非项目结余"两个次级明细科目；也可以先设置"项目结转"和"非项目结余"两个一级明细科目，再按结转结余变动原因设置次级明细科目。当然，不按结转结余变动原因设置明细科目也是可以的。下面的讲解，是按第一种方法设置的明细科目。

（三）其他资金结转结余的账务处理

1. 调整以前年度其他资金结转结余

因发生差错更正、以前年度支出收回等事项，需要调整其他资金结转结余的，按照实际调增的金额，借记有关科目，贷记"其他资金结转结余——年初余额调整"及其相关明细科目。按照实际调减的金额，借记"其他资金结转结余——年初余额调整"及其相关明细科目，贷记有关科目。

【例6-11】某行政单位发现一笔上年度的记账错误，将从非同级财政部门取得的一项拨款27 000元（非项目资金），误作为同级财政拨款记入了"财政拨款收入——基本支出拨款"科目，需要调整其他资金结转结余。

借：财政拨款结转——年初余额调整——基本支出结转　　　　27 000
　　贷：其他资金结转结余——年初余额调整——非项目结余　　　　　　27 000

2. 结转本年其他资金收入和支出

年末，应当将本年度取得的其他资金收入和发生的其他资金支出转入其他资金结转结余。其他资金结转结余应当分别项目结转和非项目结余进行处理。

（1）项目结转

年末，将其他收入中的项目资金收入本年发生额转入本科目，借记"其他收入"及其明细科目，贷记"其他资金结转结余——收支转账——项目结转"及其明细科目；将其他资金支出中的项目支出本年发生额转入本科目，借记"其他资金结转结余——收支转账——项目结转"及其明细科目，贷记"经费支出——其他资金支出——项目支出"及其明细科目、"拨出经费——项目支出"及其明细科目。

（2）非项目结余

年末，将其他收入中的非项目资金收入本年发生额转入本科目，借记"其他收入"及其明细科目，贷记"其他资金结转结余——收支转账——非项目结余"科目；将其他资金支出中的基本支出本年发生额转入本科目，借记"其他资金结转结余——收支转账——非项目结余"科目，贷记"经费支出——其他资金支出——基本支出"科目、"拨出经费——基本支出"科目。

【例6-12】年末，某行政单位进行本年其他资金收入和支出的结转。"其他收入——项目资金"本年贷方发生额为106 000元，"其他收入——非项目资金"本年贷方发生额为42 000元；"经费支出——其他资金支出——项目支出"本年借方发生额为61 000元，"经费支出——其他资金支出——基本支出"本年借方发生额为19 000元；"拨出经费——项目支出"本年借方发生额为13 000元，"拨出经费——基本支出"本年借方发生额为12 000元。

（1）项目结转的处理

借：其他收入——项目资金　　　　　　　　　106 000

　　贷：经费支出——其他资金支出——项目支出　　　　61 000

　　　　拨出经费——项目支出　　　　　　　　　　　13 000

　　　　其他资金结转结余——收支转账——项目结转　　32 000

（2）非项目结余的处理

借：其他收入——非项目资金　　　　　　　　42 000

　　贷：经费支出——其他资金支出——基本支出　　　　19 000

　　　　拨出经费——基本支出　　　　　　　　　　　12 000

　　　　其他资金结转结余——收支转账——非项目结余　11 000

3. 缴回或转出项目结余

进行了本年其他资金收入和支出的处理后，应当对本年末各项其他资金拨款项目的执行情况进行分析，区分年末已完成项目和尚未完成项目，在此基础上，对已完成项目的剩余资金进行账务处理：

（1）已经完成项目的剩余资金的缴回

对于年末已经完成的项目，按规定剩余的资金需要缴回原项目资金出资单位的，按照缴回的金额，借记"其他资金结转结余——结余调剂——项目结转"及其明细科目，贷记"银行存款"、"其他应付款"等科目。

（2）已经完成项目的剩余资金的转出

对于年末已经完成的项目，按规定剩余的资金留归本单位用于其他非项目用途的，按照剩余的项目资金金额，借记"其他资金结转结余——结余调剂——项目结转"及其明细科目，贷记"其他资金结转结余——结余调剂——非项目结余"科目。

【例6-13】年末，进行本年其他资金收入和支出的处理后，某行政单位对各项目的执行情况进行了分析。年末尚未完成项目剩余的资金为 20 000 元，已经完成的项目剩余的资金为 35 000 元。按规定已经完成的 M 项目剩余的资金 16 000元应缴回原出资单位，N 项目剩余的资金 19 000 元留归本单位用于其他非项目用途。

（1）应缴回原出资单位的 M 项目剩余资金的处理

借：其他资金结转结余——结余调剂——项目结转——M 项目　16 000

　　贷：其他应付款——出资单位　　　　　　　　　　　　　　　　16 000

（2）应留归本单位的 N 项目剩余资金的处理

借：其他资金结转结余——结余调剂——项目结转——N 项目　19 000

　　贷：其他资金结转结余——结余调剂——非项目结余　　　　　　19 000

4. 用非项目资金结余补充项目资金

按规定，行政单位可以对其他资金结转结余进行调剂，用非项目结余的资金补充其他未完成的项目资金。按照实际补充项目资金的金额，借记"其他资金结转结余——结余调剂——非项目结余"科目，贷记"其他资金结转结余——结余调剂——项目结转"及其明细科目。

【例6-14】某行政单位将非项目结余的资金 14 000 元转入尚未写成的 K 项目中，用于该项目的后续支出。

借：其他资金结转结余——结余调剂——非项目结余　　　　　　14 000

　　贷：其他资金结转结余——结余调剂——项目结转——K 项目　14 000

5. 年末冲销有关明细科目余额

年末收支转账后，将"其他资金结转结余"科目所属"收支转账"、"年初余额调整"、"结余调剂"等明细科目余额转入"剩余结转结余"明细科目；转账后，"其他资金结转结余"科目除"剩余结转结余"明细科目外，其他明细科目应无余额。

【例6-15】某行政单位进行收支转账等处理后，"其他资金结转结余"科目各明细科目的余额见表 6-7。进行其他资金结转结余明细科目余额的冲销处理。

表6-7　　　　　　　　　　　**其他资金结转结余各明细科目余额表**　　　　单位：元

明细科目	项目结转		非项目结余	
	借方	贷方	借方	贷方
收支转账		32 000		11 000
年初余额调整				27 000
结余调剂	21 000			5 000
剩余结转结余		23 000		17 000

借：其他资金结转结余——收支转账——项目结转　　　　　32 000

　　　　　　　　　　　　　　　——非项目结余　　　　　11 000

　　　　　　——年初余额调整——非项目结余　　　　　27 000

　　　　　　——结余调剂——非项目结余　　　　　5 000

　　贷：其他资金结转结余——结余调剂——项目结转　　　　　　　21 000

　　　　　　——剩余结转结余——项目结转　　　　　　　11 000

　　　　　　——非项目结余　　　　　　　43 000

> **小问题**
>
> 　　经过上述处理后，"其他资金结转结余"科目年末余额是多少？
>
> 　　我们来计算一下。年初，"其他资金结转结余——剩余结转结余"科目贷方余额为40 000元，其中项目结转为23 000元，非项目结余为17 000元。结过上述处理后，本期"其他资金结转结余——剩余结转结余"科目贷方发生额为54 000元，其中项目结转为11 000元，非项目结余为43 000元。年末，"其他资金结转结余——剩余结转结余"科目贷方余额为94 000元，其中项目结转为34 000元，非项目结余为60 000元。由于已完成项目结转资金已经按照拨款单位的要求进行了相应的处理，所以项目结转资金34 000元全部为年末未完成项目的结转资金，应当在下一年度继续用于指定项目的支出。

四、结转结余核算综合举例

　　以上分别就"财政拨款结转"、"财政拨款结余"和"其他资金结转结余"三个会计科目讲解了结转和结余资金账务处理的方法。在会计核算实务中，各项结转和结余的处理是相互联系的。下面以一个综合性的例题，从年初到年末按时间顺序系统讲解行政单位结转和结余的处理过程。

　　【例6-16】年初，某行政单位"财政拨款结转——剩余结转"科目贷方余额为432 000元，"财政拨款结余——剩余结余"贷方余额为286 000元，"其他资金结转结余——剩余结转结余"贷方余额为 68 000 元。20×4 年发生的有关结转和结余的事项如下：

（1）1 月 12 日，根据结转和结余资金的管理规定，通过单位的零余额账户，向主管部门归集上缴财政拨款结转资金 58 000 元，财政拨款结余资金 15 000元。

借：财政拨款结转——归集上缴——基本支出结转　　　　58 000
　　财政拨款结余——归集上缴　　　　　　　　　　　　15 000
　　贷：零余额账户用款额度　　　　　　　　　　　　　　　　　　73 000

（2）3 月 21 日，对财政拨款结余资金进行内部调剂，经批准将财政拨款结余资金 27 000 元转入财政拨款结转资金，用于某未完成项目的后续支出。

借：财政拨款结余——单位内部调剂　　　　　　　　　　27 000
　　贷：财政拨款结转——单位内部调剂——项目支出结转　　　　27 000

（3）4 月 8 日，发现上年底注销财政直接支付额度时未考虑上年度调增的预算指标，少计财政拨款收入 47 000 元，其中基本支出拨款 35 000 元，需要调增财政拨款结转；项目支出拨款 12 000 元，需要调增财政拨款结余。

借：财政应返还额度——财政直接支付　　　　　　　　　47 000
　　贷：财政拨款结转——年初余额调整——基本支出结转　　　　35 000
　　　　财政拨款结余——年初余额调整　　　　　　　　　　　　12 000

（4）7 月 19 日，从主管预算单位归集调入财政拨款结余资金 76 000 元，用于补充单位的基本支出，款项已经转入单位的零余额账户。

借：零余额账户用款额度　　　　　　　　　　　　　　　76 000
　　贷：财政拨款结转——归集调入——基本支出结转　　　　　　76 000

（5）10 月 28 日，审查时发现，上年度行政单位收到的一项业务保证金 11 000元误确认为其他收入，虚增了其他资金结转结余。

借：其他资金结转结余——年初余额调整　　　　　　　　11 000
　　贷：其他应付款——业务保证金　　　　　　　　　　　　　　11 000

（6）12 月 31 日，结转本年财政拨款收入和支出。本年度收入、支出类科目发生额见表6-8。

表6-8　　　　　　　　　　收入、支出类科目发生额表

20×4 年度

单位：元

支出类	金　额	收入类	金　额
经费支出	13 417 000	财政拨款收入	12 856 000
其中：1. 财政拨款支出	12 165 000	其中：1. 基本支出拨款	9 642 000
（1）基本支出	9 350 000	2. 项目支出拨款	3 214 000
（2）项目支出	2 815 000	其他收入	1 863 000

续表

支出类	金　额	收入类	金　额
2. 其他资金支出	1 252 000	其中：1. 非项目资金	538 000
（1）基本支出	367 000	2. 项目资金	1 325 000
（2）项目支出	885 000		
拨出经费	536 000		
其中：1. 基本支出	150 000		
2. 项目支出	386 000		
合　计	13 953 000	合　计	14 719 000

①基本支出结转：

借：财政拨款收入——基本支出拨款　　　　　　　　　9 642 000

　　贷：经费支出——财政拨款支出——基本支出　　　　　　9 350 000

　　　　财政拨款结转——收支转账——基本支出结转　　　　292 000

②项目支出结转：

借：财政拨款收入——项目支出拨款　　　　　　　　　3 214 000

　　贷：经费支出——财政拨款支出——项目支出　　　　　　2 815 000

　　　　财政拨款结转——收支转账——项目支出结转　　　　399 000

（7）12 月 31 日，完成上述财政拨款收支转账的处理后，对各项目的执行情况进行分析，符合财政拨款结余资金性质的数额为 258 000 元。

借：财政拨款结转——结余转账——项目支出结转　　　258 000

　　贷：财政拨款结余——结余转账　　　　　　　　　　　258 000

（8）12 月 31 日，根据表 6-8 所列资料，结转本年其他资金收入和支出。

①项目结转：

借：其他收入——项目资金　　　　　　　　　　　　　1 325 000

　　贷：经费支出——其他资金支出——项目支出　　　　　　885 000

　　　　拨出经费——项目支出　　　　　　　　　　　　　　386 000

　　　　其他资金结转结余——收支转账——项目结转　　　　54 000

②非项目结余：

借：其他收入——非项目资金　　　　　　　　　　　　538 000

　　贷：经费支出——其他资金支出——基本支出　　　　　　367 000

　　　　拨出经费——基本支出　　　　　　　　　　　　　　150 000

　　　　其他资金结转结余——收支转账——非项目结余　　　21 000

（9）12 月 31 日，完成了上述其他资金收支转账的处理后，对各项目的执行情况进行分析，年末已经完成的项目剩余的资金为 28 000 元。按规定应缴回原出资单位的金额为 16 000 元，已经通过单位的银行存款账户予以上缴；应留归本单位用于其他非项目用途的金额为 12 000 元，将其转入非项目结余。

借：其他资金结转结余——结余调剂——项目结转　　　　28 000
　　贷：银行存款　　　　　　　　　　　　　　　　　　　　　　16 000
　　　　其他资金结转结余——结余调剂——非项目结余　　　　12 000

（10）12 月 31 日，对"财政拨款结转"、"财政拨款结余"和"其他资金结转结余"科目的明细科目进行清理。经过收支转账等会计处理后，进行明细科目清理前"财政拨款结转"、"财政拨款结余"和"其他资金结转结余"科目的明细科目的余额见表 6-9。

表 6-9　　　　　　　　　结转结余类明细科目余额表（清理前）

20×4 年 12 月 31 日　　　　　　　　　　　　　　　单位：元

会计科目	年初余额	本期借方发生额	本期贷方发生额	年末余额
财政拨款结转				
其中：收支转账	0		691 000	
结余转账	0	258 000		
年初余额调整	0		35 000	
归集上缴	0	58 000		
归集调入	0		76 000	
单位内部调剂	0		27 000	
剩余结转	432 000			
财政拨款结余				
其中：结余转账	0		258 000	
年初余额调整	0		12 000	
归集上缴	0	15 000		
单位内部调剂	0	27 000		
剩余结余	286 000			
其他资金结转结余				
其中：收支转账	0		75 000	
年初余额调整	0	11 000		
结余调剂	0	28 000	12 000	
剩余结转结余	68 000			

①财政拨款结转明细科目的清理：

借：财政拨款结转——收支转账　　　　　　　　691 000
　　　　　　　　——年初余额调整　　　　　　　35 000
　　　　　　　　——归集调入　　　　　　　　　76 000
　　　　　　　　——单位内部调剂　　　　　　　27 000
　　贷：财政拨款结转——结余转账　　　　　　　　　　　258 000
　　　　　　　　　　——归集上缴　　　　　　　　　　　58 000
　　　　　　　　　　——剩余结转　　　　　　　　　　　513 000

②财政拨款结余明细科目的清理：

借：财政拨款结余——结余转账　　　　　　　　258 000
　　　　　　　　——年初余额调整　　　　　　　12 000
　　贷：财政拨款结余——归集上缴　　　　　　　　　　　15 000
　　　　　　　　　　——单位内部调剂　　　　　　　　　27 000
　　　　　　　　　　——剩余结余　　　　　　　　　　　228 000

③其他资金结转结余明细科目的清理：

借：其他资金结转结余——收支转账　　　　　　75 000
　　贷：其他资金结转结余——年初余额调整　　　　　　　11 000
　　　　　　　　　　　　——结余调剂　　　　　　　　　16 000
　　　　　　　　　　　　——剩余结转结余　　　　　　　48 000

经过上述处理后，年末"财政拨款结转——剩余结转"科目贷方余额为945 000元，"财政拨款结余——剩余结余"科目贷方余额为514 000元，"其他资金结转结余——剩余结转结余"科目贷方余额为116 000元，其他各明细科目应无余额。年末，进行明细科目清理后"财政拨款结转"、"财政拨款结余"和"其他资金结转结余"科目及其明细科目的余额见表6-10。

表6-10　　　　　　　　**结转结余类明细科目余额表（清理后）**

20×4 年 12 月 31 日　　　　　　　　　　　　　　　　单位：元

会计科目	年初余额	本期借方发生额	本期贷方发生额	年末余额
财政拨款结转				
其中：收支转账	0	691 000	691 000	0
结余转账	0	258 000	258 000	0
年初余额调整	0	35 000	35 000	0
归集上缴	0	58 000	58 000	0
归集调入	0	76 000	76 000	0
单位内部调剂	0	27 000	27 000	0
剩余结转	432 000		513 000	945 000

续表

会计科目	年初余额	本期借方发生额	本期贷方发生额	年末余额
财政拨款结余				0
其中：结余转账	0	258 000	258 000	0
年初余额调整	0	12 000	12 000	0
归集上缴	0	15 000	15 000	0
单位内部调剂	0	27 000	27 000	0
剩余结余	286 000		228 000	514 000
其他资金结转结余				
其中：收支转账	0	75 000	75 000	0
年初余额调整	0	11 000	11 000	0
结余调剂	0	28 000	28 000	0
剩余结转结余	68 000		48 000	116 000

小提示

学习本部分内容，可以先浏览一下本书第七章中收入支出表的相关内容，大致了解年初结转结余、结转结余调整及变动、本期收支差额和年末结转结余之间的关系。

第三节　资产基金和待偿债净资产的核算

本节讲解《行政单位会计制度》中关于资产基金、待偿债净资产核算的方法，阐述行政单位资产基金、待偿债净资产的核算内容、账户设置和主要账务处理。

一、资产基金

（一）资产基金的内容

资产基金是指行政单位的非货币性资产在净资产中占用的金额。资产基金是一种待冲基金，是保留在净资产中不能作为支出的资金来源。行政单位会计既要全面反映行政单位财务状况，也要准确反映预算执行情况。所以，行政单位的非货币性资产应当采用"双分录"核算方法，在确认一项非货币性资产的同时，确认所形成的经费支出，并将其记录在净资产项目中。资产基金与非货币性资产相对应，在非货币性资产发生或取得时予以确认，在非货币性资产实现或发出、耗用时予以冲减。

行政单位的资产可以分为货币性资产和非货币性资产。货币性资产是行政单位持有的现金及将以固定或可确定金额的货币收取的资产，包括库存现金、银行存款、零余额账户用款额度、财政应返还额度、应收账款和其他应收款等。非货币性资产是行政单位货币性资产以外的资产，包括预付账款、存货、固定资产、在建工程、无形资产、政府储备物资、公共基础设施等。行政单位的资产基金，即是上述非货币性资产占用净资产的金额。

（二）资产基金的账户设置

行政单位设置"资产基金"科目，核算行政单位的非货币性资产在净资产中占用的金额。本科目应当设置"预付款项"、"存货"、"固定资产"、"在建工程"、"无形资产"、"政府储备物资"、"公共基础设施"等明细科目，进行明细核算。本科目期末贷方余额，反映行政单位非货币性资产在净资产中占用的金额。

（三）资产基金的账务处理

1. 资产基金的确认

（1）预付账款对应的资产基金应当在其发生时确认。发生预付账款时，按照实际发生的金额，借记"预付账款"科目，贷记"资产基金——预付款项"科目；同时，按照实际支付的金额，借记"经费支出"科目，贷记"财政拨款收入"、"零余额账户用款额度"、"银行存款"等科目。

（2）存货、固定资产、在建工程、无形资产、政府储备物资、公共基础设施等资产对应的资产基金应当在其取得时确认。取得上述资产时，按照取得资产的成本，借记相关资产科目，贷记"资产基金"及其明细科目；同时，按照实际发生的支出，借记"经费支出"科目，贷记"财政拨款收入"、"零余额账户用款额度"、"银行存款"等科目。

【例6-17】某行政单位为建设单位的资产管理信息系统，以政府集中采购方式购入一批专用物资、专用设备和专用软件。其中，专用物资的价值为7 800元，已经验收入库；专用设备的价值为82 000元，不需要安装调试，已经交付使用；专用软件的价值为46 000元，其不构成相关硬件不可缺少的组成部分。款项共计135 800元，已经由财政直接支付，所用资金为公共财政预算项目支出拨款。

借：存货——专用材料　　　　　　　　　　　　　　　　7 800

　　固定资产——专用设备　　　　　　　　　　　　　82 000

　　无形资产——专用软件　　　　　　　　　　　　　46 000

　　贷：资产基金——存货　　　　　　　　　　　　　　　　7 800

　　　　　　——固定资产　　　　　　　　　　　　　82 000

　　　　　　——无形资产　　　　　　　　　　　　　46 000

同时：

借：经费支出——财政拨款支出——项目支出 135 800

 贷：财政拨款收入——项目支出拨款 135 800

2. 资产基金的冲减

（1）收到预付账款购买的物资或服务时，应当相应冲减资产基金。按照相应的预付账款金额，借记"资产基金——预付款项"科目，贷记"预付账款"科目。

（2）领用和发出存货、政府储备物资时，应当相应冲减资产基金。领用和发出存货、政府储备物资时，按照领用和发出存货、政府储备物资的成本，借记"资产基金"及其明细科目，贷记"存货"、"政府储备物资"科目。

（3）计提固定资产折旧、公共基础设施折旧、无形资产摊销时，应当冲减资产基金。计提固定资产折旧、公共基础设施折旧、无形资产摊销时，按照计提的折旧、摊销金额，借记"资产基金"及其明细科目，贷记"累计折旧"、"累计摊销"科目。

（4）无偿调出、对外捐赠存货、固定资产、无形资产、政府储备物资、公共基础设施时，应当冲减该资产对应的资产基金。

无偿调出、对外捐赠存货、政府储备物资时，按照存货、政府储备物资的账面余额，借记"资产基金"及其明细科目，贷记"存货"、"政府储备物资"等科目。

无偿调出、对外捐赠固定资产、公共基础设施、无形资产时，按照相关固定资产、公共基础设施、无形资产的账面价值，借记"资产基金"及其明细科目，按照已计提折旧、已计提摊销的金额，借记"累计折旧"、"累计摊销"科目，按照固定资产、公共基础设施、无形资产的账面余额，贷记"固定资产"、"公共基础设施"、"无形资产"科目。

【例6-18】某行政单位订购的特种物资到货，已经验收入库。为该订购物资支付的预付款金额为23 000元。

借：资产基金——预付款项 23 000

 贷：预付账款——某供应商 23 000

同时：

借：存货——特种物资 23 000

 贷：资产基金——存货 23 000

小提示

 资产基金是一种"待冲基金"，其余额一般在贷方。上面的例子中，在收到预付账款购买的物资时，冲减了预付账款对应的资产基金。由于购买的存货同样属于非货币性资金，所以同时确认了存货所对应的资产基金。待存货发出时，再冲减存货对应的资产基金。

3. 待处理财产的资产基金

（1）盘盈非货币性资产，应当在报经批准予以处理时予以确认，借记"待处理财产损溢——待处理财产价值"科目，贷记"资产基金"及相关明细科目。

（2）核销、出售、置换、盘亏、毁损、报废非货币性资产，应当在报经批准予以处理时予以冲减，借记"资产基金"及相关明细科目，贷记"待处理财产损溢——待处理财产价值"科目。

【例6-19】某行政单位一台设备因毁损等待处理，转入"待处理财产损溢——待处理财产价值"科目借方的金额为31 500元。报经同级财政部门批准后，现予以核销。

借：资产基金——固定资产　　　　　　　　　　　31 500
　　贷：待处理财产损溢——待处理财产价值　　　　　　　　　31 500

二、待偿债净资产

（一）待偿债净资产的内容

待偿债净资产是指行政单位因发生应付账款和长期应付款而相应需在净资产中冲减的金额。待偿债净资产是一项抵减基金，在债务发生时暂时冲减净资产的金额，待偿还债务时予以转回。为实现行政单位会计既要全面反映行政单位财务状况，也要准确反映预算执行情况的核算目标，行政单位的部分负债采用"双分录"核算方法。待偿债净资产与部分负债相对应，在负债发生时予以抵减，在负债偿付时予以转回。

行政单位的负债包括流动负债和非流动负债，并非所有的负债都采用"双分录"核算方法，行政单位仅对影响预算收支及结转（余）的负债项目设置了待偿债净资产。在流动负债中，应缴财政款不涉及预算收支，应缴税费、应付职工薪酬、应付政府补贴款、其他应付款等对预算收支的影响较小，没有必要设置其所对应的待偿债净资产。为简化会计核算，行政单位只为应付账款和长期应付款设置了待偿债净资产。待偿债净资产包括应付账款和长期应付款在净资产中对应的抵减金额。

（二）待偿债净资产的账户设置

行政单位设置"待偿债净资产"科目，核算行政单位因发生应付账款和长期应付款而相应需在净资产中冲减的金额。会计制度没有对本科目的明细科目作出规定，可以不设置明细科目。也可设置"应付账款"、"长期应付款"两个明细科目，分别核算应付账款和长期应付款在净资产中抵减的金额。本科目期末借方余额，反映行政单位因尚未支付的应付账款和长期应付款而需相应冲减净资产的金额。

（三）待偿债净资产的账务处理

1. 发生应付账款、长期应付款

发生应付账款、长期应付款时，按照实际发生的金额，借记"待偿债净资产"科目，贷记"应付账款"、"长期应付款"等科目。

【例6-20】某行政单位与某供应商签订购买合同，购买一台专用设备及相关维护用品。设备的价款为 37 000 元，款项要求在 18 个月后支付；维护用品的价值为 6 800 元，款项要求在 3 个月后支付。行政单位已经收到供应商交付的专用设备及相关维护用品。

借：待偿债净资产　　　　　　　　　　　　　　　　43 800
　　贷：长期应付款——某供应商　　　　　　　　　　　　　37 000
　　　　应付账款——某供应商　　　　　　　　　　　　　　 6 800

同时：

借：固定资产——专用设备　　　　　　　　　　　　37 000
　　存货——维护用品　　　　　　　　　　　　　　 6 800
　　贷：资产基金——固定资产　　　　　　　　　　　　　　37 000
　　　　　　　　——存货　　　　　　　　　　　　　　　　 6 800

2. 偿付应付账款、长期应付款

偿付应付账款、长期应付款时，按照实际偿付的金额，借记"应付账款"、"长期应付款"等科目，贷记"待偿债净资产"科目；同时，按照实际支付的金额，借记"经费支出"科目，贷记"财政拨款收入"、"零余额账户用款额度"、"银行存款"等科目。

【例6-21】某行政单位根据合同规定，支付购买设备维护用品的货款 6 800 元，款项通过单位的零余额账户支付，所用资金为公共财政预算项目支出拨款。

借：应付账款——某供应商　　　　　　　　　　　　 6 800
　　贷：待偿债净资产　　　　　　　　　　　　　　　　　　 6 800

同时：

借：经费支出——财政拨款支出——项目支出　　　　 6 800
　　贷：零余额账户用款额度　　　　　　　　　　　　　　　 6 800

【例6-22】某行政单位根据合同规定，支付购买专用设备的货款 37 000 元，款项通过财政部门直接支付，所用资金为公共财政预算项目支出拨款。

借：长期应付款——设备供应商　　　　　　　　　　37 000
　　贷：待偿债净资产　　　　　　　　　　　　　　　　　　37 000

同时：

借：经费支出——财政拨款支出——项目支出　　　　37 000
　　贷：财政拨款收入——项目支出拨款　　　　　　　　　　37 000

3. 无法偿付的应付账款、长期应付款

因债权人原因，核销确定无法支付的应付账款、长期应付款时，按照报经批准核销的金额，借记"应付账款"、"长期应付款"科目，贷记"待偿债净资产"科目。

【例6-23】某行政单位以分期付款方式购买了一台价值100 000元的大型设备，款项分4年支付。现因设备供应商破产，最后一笔款项25 000元无法偿付，报经批准予以核销。

借：长期应付款——某设备商　　　　　　　　　25 000

　　贷：待偿债净资产　　　　　　　　　　　　　　　　　　25 000

小提示

待偿债净资产是一项"抵减基金"，其余额一般在借方，是净资产项目的减项。在编制资产负债表时，"待偿债净资产"项目的期末借方余额以"－"号填列。

第七章

行政单位的财务报告

第一节　行政单位财务报告概述

财务报告由财务报表和财务情况说明书组成。本节讲解《行政单位财务规则》、《行政单位会计制度》中关于财务报告的相关规定，阐述行政单位财务报告的含义、内容与编报要求。

一、财务报告的含义与作用

（一）财务报告的含义

财务报告是反映行政单位一定时期财务状况和预算执行结果的总结性书面文件。财务报告是以表格、数字、文字等书面形式，对行政单位财务活动的过程和结果进行的系统、概括的反映。行政单位应当按照财政部门和主管预算单位的要求编制财务报告，向财务报告使用者提供与行政单位财务状况、预算执行等有关的财务信息，反映行政单位受托责任的履行情况。

行政单位的财务报告经主管预算单位审核汇总后，报送同级财政部门。财政部门对行政单位的财务报告要进行审核，对符合规定的财务报告，要在规定期限内批复。

（二）财务报告的作用

财务报告集中反映了行政单位财务活动及结果，其作用主要体现在以下几个方面：

（1）有利于加强单位内部的财务管理。作为财务报告的使用者，行政单位的管理人员可以了解单位的财务状况和预算执行情况，通过对报告的内容和数据的分析，发现单位财务管理中存在的问题，有针对性地提出加强财务管理的措施。

（2）有利于加强财政部门和主管单位对行政单位的管理。作为财务报告的使用者，财政部门和主管单位可以通过财务报告了解行政单位的预算支出情况和资产负债状况，考核和监督行政单位的预算执行情况，为核定下年度的财政预算拨款额度提供参考。

（3）有利于反映行政单位受托责任的履行情况。根据政府信息公开的有关要求，行政单位应当向社会公开单位的财务信息。政府审计部门应当对行政单位的财务收支的真实性、合法性及效益进行审查，并向社会公布。社会公众可以通过财务报告了解行政单位使用公共财政预算资金的情况，对行政单位实施社会监督。

二、财务报告的内容

行政单位财务报告由会计报表、会计报表附注和财务情况说明书组成。会计报表和会计报表附注构成财务报表。

（一）会计报表

会计报表是以表格形式反映行政单位的财务状况、预算收入支出情况和其他会计信息，是财务报告的重要组成部分。行政单位的会计报表包括资产负债表、收入支出表、财政拨款收入支出表及有关附表。

（1）资产负债表是反映行政单位在某一特定日期财务状况的报表。资产负债表应当按照资产、负债和净资产分类、分项列示。

（2）收入支出表是反映行政单位在某一会计期间全部预算收支执行结果的报表。收入支出表应当按照收入、支出的构成和结转结余情况分类、分项列示。

（3）财政拨款收入支出表是反映行政单位在某一会计期间财政拨款收入、支出、结转及结余情况的报表。财政拨款收入支出表应当按照财政拨款资金的类别，分别年初财政拨款结转结余、本年结转结余变动和年末财政拨款结转结余列示。

行政单位除编制上述主要会计报表外，还需要编制一系列明细表和附表，以全面反映各项支出的构成情况。行政单位需要编制的明细表主要包括经费支出明细表、基本支出明细表、项目支出明细表等。这些报表需要根据《政府收支分类科目》的要求，按支出的经济分类列出各类、款、项的具体数额。行政单位还需要编制资产情况表、机构人员情况表、基本数字表等附表，反映行政单位的基本状况。

（二）会计报表附注

会计报表附注是指对在会计报表中列示项目的文字描述或明细资料，以及对未能在会计报表中列示项目的说明等。《行政单位会计制度》要求，会计报表附注至少应当披露下列内容：

（1）遵循《行政单位会计制度》的声明；

（2）单位整体财务状况、预算执行情况的说明；

（3）会计报表中列示的重要项目的进一步说明，包括其主要构成、增减变动情况等；

（4）重要资产处置、资产重大损失情况的说明；

（5）以名义金额计量的资产名称、数量等情况，以及以名义金额计量理由的说明；

（6）或有负债情况的说明、1年以上到期负债预计偿还时间和数量的说明；

（7）以前年度结转结余调整情况的说明；

（8）有助于理解和分析会计报表的其他需要说明事项。

（三）财务情况说明书

财务情况说明书是对行政单位财务状况、预算执行结果的变动情况及原因所做的文字阐述。在完成了财务报表的编制工作后，财务人员需要撰写财务情况说明书，对行政单位年度预算执行情况进行分析，揭示重大影响的事项，总结经验与教训，进行预算绩效考核与评价，为下期财务管理工作奠定良好的基础。

根据《行政单位财务规则》的要求，财务情况说明书主要说明行政单位本期收入、支出、结转、结余、专项资金使用及资产负债变动等情况，以及影响财务状况变化的重要事项，总结财务管理经验，对存在的问题提出改进意见。

行政单位财务报告的体系如图7-1所示。

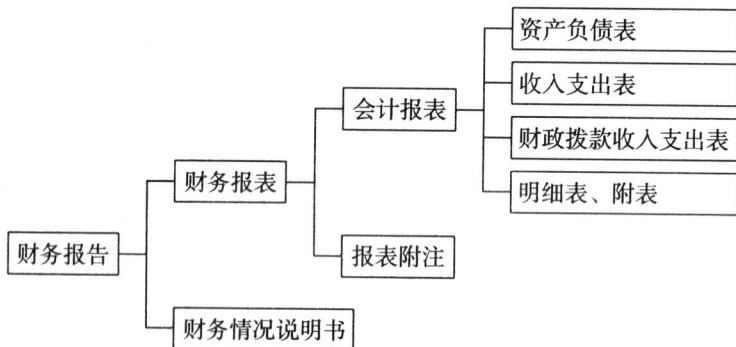

图7-1 行政单位财务报告体系

> **小比较**
>
> 同原会计制度相比，行政单位的财务报告体系发生了较大的变化。原会计制度下，行政单位的只需要编制资产负债表和收入支出总表两张主要会计报表。新会计制度建立了较为完善的财务报告体系，重新设计了资产负债表、收入支出表的项目、结构和排列方式；增加了"财政拨款收入支出表"，用于反映财政拨款收支情况；增加了报表附注，规范了会计报表附注应当披露的内容。

三、财务报表的编报要求

（一）总体要求

《行政单位会计制度》对行政单位财务报表的编制提出了总体的要求，主要内容如下：

（1）内容真实。行政单位的财务报表应当根据登记完整、核对无误的账簿记录和其他有关资料编制，要做到数字真实、计算准确。

（2）形式规范。行政单位的财务报表应当符合会计制度关于报表格式的要求，内容完整。行政单位不得违反规定，随意改变会计制度规定的会计报表格式、编制依据和方法，不得随意改变会计制度规定的会计报表有关数据的会计口径。

（3）报送及时。行政单位应当根据会计制度的规定，定期编制各项财务报表，并及时上报主管预算单位和同级财政部门。

（4）责任明确。行政单位财务报表应当由单位负责人和主管会计工作的负责人、会计机构负责人（会计主管人员）签名并盖章。

（二）财务报表的编制期

按编报期间划分，行政单位的财务报表分为年度财务报表和中期财务报表。以短于一个完整的会计年度的期间（如季度和月度）编制的财务报表称为中期财务报表。年度财务报表是以整个会计年度的会计事项为基础编制的财务报表。行政单位资产负债表、财政拨款收入支出表和附注应当至少按照年度编制，收入支出表应当按照月度和年度编制。行政单位财务报表的名称、编号、编制期见表7-1。

表7-1　　　　　　　　　　　　**行政单位的财务报表**

编　号	名　称	编制期
会行政01表	资产负债表	至少按年度编制，可以按月编制
会行政02表	收入支出表	按月度、年度分别编制
会行政03表	财政拨款收入支出表	至少按年度编制，可以按月编制
—	附　注	至少按年度编写，可以按月编写

（三）财务报表的审核、汇总

行政单位会计报表按编报层次分类，包括本级报表和汇总报表。主管预算单位除需要编制本级单位会计报表外，还应根据本级财务报表和经过审查的所属单位财务报表，编制汇总财务报表，以反映行政单位的总体情况。

（1）财务报表的审核。主管预算单位在编制汇总财务报表前，需要对所属单位上报的财务报表进行审核。财务报表审核包括政策性审核和技术性审核两项内容。政策性审核的重点是审查所属单位的各项经济业务活动是否符合国家有关的法律、法规和财务制度的规定。技术性审核是利用会计技术手段审查所属单位会计核算的正确性，如所属单位的财务报表存在问题，应当及时进行调整。

（2）财务报表的汇总。对所属单位财务报表进行审核后，行政单位还需要编制汇总财务报表，以全面反映行政单位的总体情况。需要汇总编制的财务报表主要包括汇总资产负债表、汇总收入支出表和汇总财政拨款收入支出表等。在编制汇总财务报表时，对于绝大多数的报表项目，可以直接将本级单位财务报表的数字与所属下级单位财务报表的数字相加，填列到汇总财务报表的相应项目中。但需要注意的是，上、下级单位之间发生的转拨款项、债权债务等应当予以冲销，不填列在汇总财务报表中，以避免重复列报。

第二节　资产负债表

资产负债表是反映行政单位财务状况的报表。本节依据《行政单位会计制度》，阐述资产负债表的含义、内容，讲解资产负债表的编制方法。

一、资产负债表的含义

资产负债表是反映行政单位在某一特定日期财务状况的报表，反映行政单位会计期末（月末、年末）占用或使用的资产、承担的负债及净资产的情况。

资产负债表所提供的财务信息，与行政单位的财务状况相关。一是可以反映行政单位所掌握的经济资源的规模，以及经济资源的分布和结构；二是可以反映行政单位所承担的债务总额，以及债务的种类和构成。三是可以反映行政单位资产与负债相抵形成的资产净额，以及结转（余）和基金的具体内容。

二、资产负债表的内容

行政单位的资产负债表由表首标题和报表主体构成。报表主体部分包括编报项目、栏目及金额。

1. 表首标题

资产负债表的表首标题包括报表名称、编号（会行政 01 表）、编制单位、编表时间（月末或年末）和金额单位等内容。资产负债表反映行政单位在某一时点的财务状况，属于静态报表，需要注明是某年某月某日的报表。按编报时间的不同，资产负债表分为月报资产负债表和年报资产负债表，行政单位应当至少按照年度编制资产负债表。

2. 编报项目

资产负债表的编报项目包括资产、负债和净资产三个会计要素，按资产（左侧）和负债与净资产（右侧）排列，按资产等于负债加净资产平衡。资产项目按流动资产、非流动资产、公共服务与受托资产排列；负债项目按流动负债、非流动负债、受托代理负债排列；净资产项目分别各项结转和结余、资产基金、待偿债净资产排列。资产负债表的平衡关系式是：

资产总计＝负债与净资产总计

3. 栏目及金额

资产负债表包括"年初余额"和"期末余额"两栏数字。资产负债表各栏的金额，按资产、负债和净资产分类合计。填列完成后，资产总计的金额应与负债和净资产总计的金额相等。

三、资产负债表的编制

（一）"年初余额"栏的填列方法

资产负债表的"年初余额"栏的数额根据上年年末资产负债表"期末余额"栏内的数字填列。如果本年度资产负债表规定的各个项目的名称和内容同上年度不相一致，应对上年年末资产负债表各项目的名称和数字按照本年度的规定进行调整，填入本表"年初余额"栏内。

（二）年报资产负债表"期末余额"的填列方法

年报资产负债表的"期末余额"栏的数额根据本年各账户的期末余额直接填列，或经过分析、计算后填列。

1. 资产类项目

（1）"库存现金"、"银行存款"项目，分别反映行政单位期末库存现金和银行存款的金额。这些项目应当分别根据"库存现金"、"银行存款"科目的期末余额填列；期末库存现金、银行存款中有属于受托代理现金、存款的，应当分别根据"库存现金"、"银行存款"科目的期末余额减去其中属于受托代理的现金、存款金额后的余额填列。

小提示

　　按年编制的资产负债表是不存在"零余额账户用款额度"项目的。按规定，行政单位在年末结账前应当对未使用的财政授权额度进行注销，年末"零余额用款额度"科目应当没有余额。在编制月末资产负债表时，需要增加"零余额账户用款额度"项目。

（2）"财政应返还额度"项目，反映行政单位期末财政应返还额度的金额。本项目应当根据"财政应返还额度"科目的期末余额填列。

（3）"应收账款"、"预付账款"和"其他应收款"项目，分别反映行政单位期末尚未收回的应收账款、预付给物资或者服务提供者款项、尚未收回的其他应收款的金额。这些项目应当分别根据"应收账款"、"预付账款"和"其他应收款"科目的期末余额填列。

（4）"存货"项目，反映行政单位期末为开展业务活动耗用而储存的存货的实际成本。本项目应当根据"存货"科目的期末余额填列。

（5）"固定资产"项目，反映行政单位期末各项固定资产的账面价值。本项目应当根据"固定资产"科目的期末余额减去"累计折旧"科目中"固定资产累计折旧"明细科目的期末余额后的金额填列。

"固定资产原价"项目，反映行政单位期末各项固定资产的原价。本项目应当根据"固定资产"科目的期末余额填列。

"固定资产累计折旧"项目，反映行政单位期末各项固定资产的累计折旧金额。本项目应当根据"累计折旧"科目中"固定资产累计折旧"明细科目的期末余额填列。

（6）"在建工程"项目，反映行政单位期末除公共基础设施在建工程以外的尚未完工交付使用的在建工程的实际成本。本项目应当根据"在建工程"科目中属于非公共基础设施在建工程的期末余额填列。

（7）"无形资产"项目，反映行政单位期末各项无形资产的账面价值。本项目应当根据"无形资产"科目的期末余额减去"累计摊销"科目的期末余额后的金额填列。

"无形资产原价"项目，反映行政单位期末各项无形资产的原价。本项目应当根据"无形资产"科目的期末余额填列。

"累计摊销"项目，反映行政单位期末各项无形资产的累计摊销金额。本项目应当根据"累计摊销"科目的期末余额填列。

（8）"待处理财产损溢"项目，反映行政单位期末待处理财产的价值及处理损溢。本项目应当根据"待处理财产损溢"科目的期末借方余额填列；如"待处理财产损溢"科目期末为贷方余额，则以"－"号填列。

（9）"政府储备物资"项目，反映行政单位期末储存管理的各种政府储备物资的实际成本。本项目应当根据"政府储备物资"科目的期末余额填列。

（10）"公共基础设施"项目，反映行政单位期末占有并直接管理的公共基础设施的账面价值。本项目应当根据"公共基础设施"科目的期末余额减去"累计折旧"科目中"公共基础设施累计折旧"明细科目的期末余额后的金额填列。

"公共基础设施原价"项目，反映行政单位期末占有并直接管理的公共基础设施的原价。本项目应当根据"公共基础设施"科目的期末余额填列。

"公共基础设施累计折旧"项目，反映行政单位期末占有并直接管理的公共基础设施的累计折旧金额。本项目应当根据"累计折旧"科目中"公共基础设施累计折旧"明细科目的期末余额填列。

（11）"公共基础设施在建工程"项目，反映行政单位期末尚未完工交付使用的公共基础设施在建工程的实际成本。本项目应当根据"在建工程"科目中属于公共基础设施在建工程的期末余额填列。

（12）"受托代理资产"项目，反映行政单位期末受托代理资产的价值。本项目应当根据"受托代理资产"科目的期末余额（扣除其中受托储存管理物资的金额）加上"库存现金"、"银行存款"科目中属于受托代理资产的现金余额和银行存款余额的合计数填列。

小提示

　　"受托代理资产"项目的填列，应当注意两个问题：第一，受托代理资产分布在"受托代理资产"、"库存现金"和"银行存款"三个科目中，需要汇总填列；第二，如果受托代理资产中存在受托储存管理物资，应当扣除其金额。同样，负债类的"受托代理负债"项目也需要扣除其中受托储存管理物资的金额。

　　2. 负债类项目

　　（1）"应缴财政款"项目，反映行政单位期末按规定应当上缴财政的款项（应缴税费除外）。本项目应当根据"应缴财政款"科目的期末余额填列。

　　（2）"应缴税费"项目，反映行政单位期末应缴未缴的各种税费。本项目应当根据"应缴税费"科目的期末贷方余额填列；如"应缴税费"科目期末为借方余额，则以"-"号填列。

　　（3）"应付职工薪酬"、"应付账款"、"应付政府补贴款"、"其他应付款"项目，分别反映行政单位期末尚未支付给职工的各种薪酬、尚未支付的偿还期限在1年以内（含1年）的应付账款、尚未支付的应付政府补贴款、尚未支付的其他各项应付及暂收款项的金额。这些项目应当分别根据"应付职工薪酬"、"应付账款"、"应付政府补贴款"、"其他应付款"科目的期末余额填列。

　　（4）"一年内到期的非流动负债"项目，反映行政单位期末承担的1年以内（含1年）到偿还期的非流动负债。本项目应当根据"长期应付款"等科目的期末余额分析填列。

　　（5）"长期应付款"项目，反映行政单位期末承担的偿还期限超过1年的应付款项。本项目应当根据"长期应付款"科目的期末余额减去其中1年以内（含1年）到偿还期的长期应付款金额后的余额填列。

　　（6）"受托代理负债"项目，反映行政单位期末受托代理负债的金额。本项目应当根据"受托代理负债"科目的期末余额（扣除其中受托储存管理物资对应的金额）填列。

　　3. 净资产类项目

　　（1）"财政拨款结转"项目，反映行政单位期末滚存的财政拨款结转资金。本项目应当根据"财政拨款结转"科目的期末余额填列。

　　（2）"财政拨款结余"项目，反映行政单位期末滚存的财政拨款结余资金。本项目应当根据"财政拨款结余"科目的期末余额填列。

　　（3）"其他资金结转结余"项目，反映行政单位期末滚存的除财政拨款以外的其他资金结转结余的金额。本项目应当根据"其他资金结转结余"科目的期末余额填列。

"项目结转"项目，反映行政单位期末滚存的非财政拨款未完成项目结转资金。本项目应当根据"其他资金结转结余"科目中"项目结转"明细科目的期末余额填列。

（4）"资产基金"项目，反映行政单位期末预付账款、存货、固定资产、在建工程、无形资产、政府储备物资、公共基础设施等非货币性资产在净资产中占用的金额。本项目应当根据"资产基金"科目的期末余额填列。

（5）"待偿债净资产"项目，反映行政单位期末因应付账款和长期应付款等负债而相应需在净资产中冲减的金额。本项目应当根据"待偿债净资产"科目的期末借方余额以"－"号填列。

小问题

在资产负债表中可以"－"号填列的项目有哪些？

我们来归纳一下。在资产项目中，如果"待处理财产损溢"科目期末为贷方余额，则以"－"号填列；在负债项目中，如果"应缴税费"科目期末为借方余额，则以"－"号填列；在净资产项目中，"待偿债净资产"科目的期末借方余额以"－"号填列。

（三）月报资产负债表"期末余额"的填列方法

行政单位的资产负债表要求按年编报，也可以根据需要按月编报。同年报相比，按月编制的资产负债表在项目的内容和填列方法方面有一定的区别。

1. 增加"零余额账户用款额度"项目

月度资产负债表应在资产部分"银行存款"项目下增加"零余额账户用款额度"项目。"零余额账户用款额度"项目，反映行政单位期末零余额账户用款额度的金额。本项目应当根据"零余额账户用款额度"科目的期末余额填列。

2. 结转结余项目的计算填列

由于行政单位会计在年末才进行各项收入、支出的转账处理，月末（12月末除外）各收入、支出类科目存在余额，并没有结转到结转（余）科目中。所以，"财政拨款结转"、"其他资金结转结余"项目不能根据其科目的期末余额直接填列。

（1）"财政拨款结转"项目应当根据"财政拨款结转"科目的期末余额，加上"财政拨款收入"科目本年累计发生额，减去"经费支出——财政拨款支出"科目本年累计发生额后的余额填列。

（2）"其他资金结转结余"项目应当根据"其他资金结转结余"科目的期末余额，加上"其他收入"科目本年累计发生额，减去"经费支出——其他资金支出"科目本年累计发生额，再减去"拨出经费"科目本年累计发生额后的余额填列。

"项目结转"项目应当根据"其他资金结转结余"科目中"项目结转"明细科目的期末余额，加上"其他收入"科目中项目收入的本年累计发生额，减去"经费支出——其他资金支出"科目中项目支出本年累计发生额，再减去"拨出经费"科目中项目支出本年累计发生额后的余额填列。

除上述项目外，月度资产负债表其他项目的填列方法与年度资产负债表的填列方法相同。

> **小提示**
>
> 编制月度资产负债表时，"财政拨款结余"项目可以根据"财政拨款结余"科目的月末余额直接填列，不需要计算填列。"财政拨款结余"项目的数字与是否进行了收支转账无关，年末对财政拨款项目的执行情况进行分析后，方能形成当年的财政拨款结余资金。

（四）资产负债表编制举例

【例7-1】某行政单位20×4年12月31日结账后各资产、负债和净资产类会计科目的余额见表7-2。据此，编制该行政单位年末资产负债表。

表7-2

会计科目余额表

20×4年12月31日

单位：元

资产类	借方余额	贷方余额	负债与净资产类	借方余额	贷方余额
库存现金	3 800		应缴财政款		0
其中：受托代理现金	0		应缴税费		0
银行存款	71 500		应付职工薪酬		0
其中：受托代理存款	0		应付账款		65 300
财政应返还额度	58 000		应付政府补贴款		0
应收账款	32 000		其他应付款		32 800
预付账款	13 000		长期应付款		39 800
其他应收款	4 500		受托代理负债		163 200
存货	332 000		其中：受托储存管理物资		0
固定资产	1 957 500		财政拨款结转		92 000
累计折旧		507 500	财政拨款结余		53 000
其中：固定资产累计折旧		507 500	其他资金结转结余		43 000
公共基础设施累计折旧		0	其中：项目结转		18 600
在建工程	246 000		资产基金		2 366 000
其中：公共基础设施在建工程	0		待偿债净资产	105 100	

续表

资产类	借方余额	贷方余额	负债与净资产类	借方余额	贷方余额
无形资产	266 000				
累计摊销		53 000			
待处理财产损溢	51 000				
政府储备物资	112 000				
公共基础设施	0				
受托代理资产	163 200				
其中：受托储存管理物资	0				
合　　计	3 310 500	560 500	合　　计	105 100	2 855 100

12 月 31 日编制的资产负债表为年度资产负债表。"年初余额"栏内各项数字，应当根据上年年末资产负债表"期末余额"栏内数字填列。"期末余额"栏内各项数字根据各账户的期末余额直接填列、合并填列或分析填列。主要项目的填列方法说明如下：

（1）"库存现金"、"银行存款"项目

"库存现金"项目"期末余额"栏内数字，是"库存现金"科目的期末余额 3 800 元，减去其中属于受托代理的现金 0 元，为 3 800 元。

"银行存款"项目"期末余额"栏内数字，是"银行存款"科目的期末余额 71 500 元，减去其中属于受托代理的存款 0 元，为 71 500 元。

（2）"固定资产"、"无形资产"项目

"固定资产"项目"期末余额"栏内数字，是"固定资产"科目的期末余额 1 957 500 元，减去"累计折旧"科目中"固定资产累计折旧"明细科目的期末余额 507 500 元，为 1 450 000 元。

"无形资产"项目"期末余额"栏内数字，是"无形资产"科目的期末余额 266 000 元，减去"累计摊销"科目的期末余额 53 000 元，为 213 000 元。

（3）"受托代理资产"项目

"受托代理资产"项目"期末余额"栏内数字，是"受托代理资产"科目的期末余额 163 200 元，加上"库存现金"、"银行存款"科目中属于受托代理资产的现金余额和银行存款余额 0 元，减去受托储存管理物资的金额 0 元，为 163 200 元。

其他各项目可根据各账户的期末余额直接填列。资产总计、负债合计、净资产合计等项目的数字按其内容汇总后填列。编制完成的年度资产负债表见表7-3。

表 7-3 　　　　　　　　　　资产负债表 　　　　　　　　会行政 01 表

编制单位：×××× 　　　　　　　20×4 年 12 月 31 日 　　　　　　　　单位：元

资　　产	年初余额	期末余额	负债和净资产	年初余额	期末余额
流动资产：			流动负债：		
库存现金	3 500	3 800	应缴财政款	0	0
银行存款	82 800	71 500	应缴税费	0	0
财政应返还额度	81 000	58 000	应付职工薪酬	0	0
应收账款	25 000	32 000	应付账款	58 200	65 300
预付账款	6 000	13 000	应付政府补贴款	0	0
其他应收款	8 100	4 500	其他应付款	13 200	32 800
存货	323 500	332 000	一年内到期的非流动负债	0	0
流动资产合计	529 900	514 800	流动负债合计	71 400	98 100
固定资产	1 120 000	1 450 000	非流动负债：		
固定资产原价	1 512 000	1 957 500	长期应付款	43 500	39 800
减：固定资产累计折旧	392 000	507 500	受托代理负债	133 100	163 200
在建工程	250 000	246 000	负债合计	248 000	301 100
无形资产	230 000	213 000			
无形资产原价	287 500	266 000			
减：累计摊销	57 500	53 000			
待处理财产损溢	0	51 000	财政拨款结转	85 000	92 000
政府储备物资	82 000	112 000	财政拨款结余	46 000	53 000
公共基础设施	0	0	其他资金结转结余	56 200	43 000
公共基础设施原价	0	0	其中：项目结转	32 700	18 600
减：公共基础设施累计折旧	0	0	资产基金	2 011 500	2 366 000
公共基础设施在建工程	0	0	待偿债净资产	-101 700	-105 100
受托代理资产	133 100	163 200	净资产合计	2 097 000	2 448 900
资产总计	2 345 000	2 750 000	负债和净资产总计	2 345 000	2 750 000

小提示

　　资产负债表编制完成后，应检查表中各项目之间的钩稽关系是否正确。"资产总计"栏目的金额，应当与"负债与净资产总计"栏目的金额相等；"受托代理负债"栏目的金额，应当等于"受托代理资产"栏目的金额加上"库存现金"、"银行存款"科目中属于受托代理资产的余额；"资产基金"栏目的金额，应当是"预付账款"、"存货"、"固定资产"、"在建工程"、"无形资产"、"政府储备物资"、"公共基础设施"栏目金额的合计；"待偿债净资产"栏目的金额应当是"应付账款"和"长期应付款"栏目金额的合计，以负数填列。

第三节　收入支出表

　　收入支出表是反映行政单位预算执行情况的报表。本节依据《行政单位会计制度》，阐述收入支出表的含义、内容，讲解收入支出表的编制方法。

一、收入支出表的含义

　　收入支出表是反映行政单位在某一会计期间全部预算收支执行结果的报表，反映行政单位某一时期（月度、年度）各项收入、支出和结转结余情况。

　　收入支出表所提供的财务信息，与行政单位的预算执行情况相关。收入支出表采用"步进式"结构，一是可以反映行政单位以前年度积累的各项结转结余资金的内容与金额，以及各项结转结余资金的调整及变动情况；二是可以反映行政单位本期收入、支出的内容与金额，以及本期收入与支出相抵形成的结转和结余资金；三是可以反映行政单位期末各项结转结余资金的内容与金额。

二、收入支出表的内容

　　行政单位的收入支出表由表首标题和报表主体构成。报表主体部分包括编报项目、栏目及金额。

　　1. 表首标题

　　收入支出表的表首标题包括报表名称、编号（会行政02表）、编制单位、编表时期（月度、年度）和金额单位等内容。由于收入支出表反映行政单位在某一时期的预算执行成果，属于动态报表，因此需要注明报表所属的期间，如××××年××月、××××年度。按编报时间的不同，收入支出表分为月报收入支出表和年报收入支出表。

　　2. 编报项目

　　收入支出表的编报项目以结转结余资金的形成、积累过程为脉络，从上至下按年初各项资金结转结余、各项资金结转结余调整及变动、收入合计、支出合计、本期收支差额、年末各项资金结转结余的顺序分层次排列。月报的收入支出表不需要填列"年初各项资金结转结余"、"年末各项资金结转结余"两栏数字。收入支出表的平衡关系式是：

$$\begin{array}{l}\text{年末各项资金} \\ \text{结转结余}\end{array} = \begin{array}{l}\text{年初各项资金} \\ \text{结转结余}\end{array} + \begin{array}{l}\text{各项资金结转结余} \\ \text{调整及变动}\end{array} + \begin{array}{l}\text{本期收支} \\ \text{差额}\end{array}$$

本期收支差额＝收入合计－支出合计

3. 栏目及金额

月度收入支出表由"本月数"和"本年累计数"两栏组成。"本月数"栏反映各项目的本月实际发生数，"本年累计数"栏反映各项目自年初起至报告期末止的累计实际发生数。

年度收入支出表由"上年数"和"本年数"两栏组成。"上年数"栏反映上年度各项目的实际发生数，"本年数"栏反映各项目的本年实际发生数。

> **小比较**
>
> 　　同原会计制度相比，行政单位的收入支出表的内容与结构发生了较大的变化。收入支出表的内容更加丰富，将结转结余资金分为财政拨款结转、财政拨款结余和其他资金结转结余三个部分，分项列示；收入支出表的结构更加科学，按期初结转结余、本期收支差额和年末结转结余排列，清晰地反映了行政单位的预算执行过程和结果。

三、收入支出表的编制

（一）月度收入支出表的编制

按月编报的收入支出表由"本月数"和"本年累计数"两栏组成。编制月度收入支出表时，应当先填列"本月数"栏数字。"本年累计数"栏反映各项目自年初起至报告期末止的累计实际发生数，应当以"本月数"栏数字和本年度上月收入支出表"本年累计数"栏数字的合计金额填列。"本月数"栏反映各项目的本月实际发生数，其内容和填列方法如下。

1. "年初各项资金结转结余"项目及其所属各明细项目，在月报时不需要填列。

2. "各项资金结转结余调整及变动"项目及其所属各明细项目，反映行政单位因发生需要调整以前年度各项资金结转结余的事项，以及本年因调入、上缴或交回等导致各项资金结转结余变动的金额。

（1）"财政拨款结转结余调整及变动"项目，根据"财政拨款结转"、"财政拨款结余"科目下的"年初余额调整"、"归集上缴"、"归集调入"明细科目的本期贷方发生额合计数减去本期借方发生额合计数的差额填列；如为负数，以"－"号填列。

（2）"其他资金结转结余调整及变动"项目，根据"其他资金结转结余"科目下的"年初余额调整"、"结余调剂"明细科目的本期贷方发生额合计数减去本期借方发生额合计数的差额填列；如为负数，以"－"号填列。

3. "收入合计"项目，反映行政单位本期取得的各项收入的金额。本项目应当根据"财政拨款收入"科目的本期发生额加上"其他收入"科目的本期发生额的合计数填列。

（1）"财政拨款收入"项目及其所属明细项目，反映行政单位本期从同级财政部门取得的各类财政拨款的金额。本项目应当根据"财政拨款收入"科目及其所属明细科目的本期发生额填列。

（2）"其他资金收入"项目及其所属明细项目，反映行政单位本期取得的各类非财政拨款的金额。本项目应当根据"其他收入"科目及其所属明细科目的本期发生额填列。

4. "支出合计"项目，反映行政单位本期发生的各项资金支出金额。本项目应当根据"经费支出"和"拨出经费"科目的本期发生额的合计数填列。

（1）"财政拨款支出"项目及其所属明细项目，反映行政单位本期发生的财政拨款支出金额。本项目应当根据"经费支出——财政拨款支出"科目及其所属明细科目的本期发生额填列。

（2）"其他资金支出"项目及其所属明细项目，反映行政单位本期使用各类非财政拨款资金发生的支出金额。本项目应当根据"经费支出——其他资金支出"和"拨出经费"科目及其所属明细科目的本期发生额的合计数填列。

5. "本期收支差额"项目及其所属各明细项目，反映行政单位本期发生的各项资金收入和支出相抵后的余额。

（1）"财政拨款收支差额"项目，反映行政单位本期发生的财政拨款资金收入和支出相抵后的余额。本项目应当根据本表中"财政拨款收入"项目金额减去"财政拨款支出"项目金额后的余额填列；如为负数，以"－"号填列。

（2）"其他资金收支差额"项目，反映行政单位本期发生的非财政拨款资金收入和支出相抵后的余额。本项目应当根据本表中"其他资金收入"项目金额减去"其他资金支出"项目金额后的余额填列；如为负数，以"－"号填列。

6. "年末各项资金结转结余"项目及其所属各明细项目，在月报时不需要填列。

（二）年度收入支出表的编制

按年编报的收入支出表由"上年数"和"本年数"两栏组成。"上年数"栏反映上年度各项目的实际发生数，应当根据上年度收入支出表的"本年数"栏的数字填列。如果本年度收入支出表规定的各个项目的名称和内容同上年度不一致，应对上年度收入支出表各项目的名称和数字按照本年度的规定进行调整，填入本年度收入支出表的"上年数"栏。"本年数"栏反映各项目的本年实际发生数，其内容和填列方法如下。

1. "年初各项资金结转结余"项目及其所属各明细项目，反映行政单位本年初所有资金结转结余的金额。各明细项目应当根据"财政拨款结转"、"财政拨款结余"、"其他资金结转结余"及其明细科目的年初余额填列。

> **小提示**
>
> 　　本项目及其所属各明细项目的数额，应当与上年度收入支出表中"年末各项资金结转结余"中各明细项目的数额相等。

　　2. "各项资金结转结余调整及变动"、"收入合计"、"支出合计"、"本期收支差额"项目及其所属各明细项目的内容与填列方法，与月度收入支出表的相同。

　　3. "年末各项资金结转结余"项目及其所属各明细项目，反映行政单位截至本年末的各项资金结转结余金额。各明细项目应当根据"财政拨款结转"、"财政拨款结余"、"其他资金结转结余"科目的年末余额填列。

　　（三）收入支出表编制举例

　　【例7-2】某行政单位20×4年12月31日结转结余类科目余额见表7-4，20×4年度收入、支出类科目发生额见表7-5。据此，编制该行政单位20×4年度的收入支出表。

表7-4　　　　　　　　　　**结转结余类科目余额表**①

20×4年12月31日　　　　　　　　　　　　　　　单位：元

会计科目	年初余额	本期借方发生额	本期贷方发生额	年末余额
财政拨款结转	432 000			945 000
其中：收支转账	0		691 000	0
结余转账	0	258 000		0
年初余额调整	0		35 000	0
归集上缴	0	58 000		0
归集调入	0		76 000	0
单位内部调剂	0		27 000	0
剩余结转	432 000		513 000	945 000
财政拨款结余	286 000			514 000
其中：结余转账	0		258 000	0
年初余额调整	0		12 000	0
归集上缴	0	15 000		0

---

　　① 为了方便编制收入支出表，未将年末冲销有关明细科目余额分录的发生额在表中列示。除剩余结转结余外，其他明细科目借方发生额与贷方发生额相等。

会计科目	年初余额	本期借方发生额	本期贷方发生额	年末余额
单位内部调剂	0	27 000		0
剩余结余	286 000		228 000	514 000
其他资金结转结余	68 000			116 000
其中：收支转账	0		75 000	0
年初余额调整	0	11 000		0
结余调剂	0	28 000	12 000	0
剩余结转结余	68 000		48 000	116 000

表 7–5 **收入、支出类科目发生额表**

20×4 年度　　　　　　　　　　　　　　单位：元

支出类	金额	收入类	金额
经费支出	13 417 000	财政拨款收入	12 856 000
其中：1. 财政拨款支出	12 165 000	其中：1. 基本支出拨款	9 642 000
（1）基本支出	9 350 000	2. 项目支出拨款	3 214 000
（2）项目支出	2 815 000	其他收入	1 863 000
2. 其他资金支出	1 252 000	其中：1. 非项目收入	538 000
（1）非项目支出	367 000	2. 项目收入	1 325 000
（2）项目支出	885 000		
拨出经费	536 000		
其中：1. 非项目支出	150 000		
2. 项目支出	386 000		
合　　计	13 953 000	合　　计	14 719 000

12 月 31 日编制的收入支出表为年度收入支出表，设立"上年数"和"本年数"两个栏目。由于是第一年按新会计制度编报，省略了"上年数"栏数字。"本年数"栏各项目的填列说明如下：

（1）年初各项资金结转结余

本项目及其所属各明细项目的数额，可以根据表 7–4 中"财政拨款结转"、"财政拨款结余"、"其他资金结转结余"及其明细科目的年初余额直接填列。

年初财政拨款结转结余 = 432 000+286 000=718 000（元）

年初其他资金结转结余 = 68 000 元

年初各项资金结转结余 = 718 000+68 000=786 000（元）

（2）各项资金结转结余调整及变动

本项目及其所属各明细项目的数额，可以根据表7-4中各结转结余科目的明细科目的本期发生额计算填列。

财政拨款结转结余调整及变动的数额＝（35 000＋76 000−58 000）＋（12 000−15000）

$$＝50 000（元）$$

其他资金结转结余调整及变动＝12 000−11 000−28 000＝−27 000（元）

各项资金结转结余调整及变动＝50 000−27 000＝23 000（元）

（3）收入合计

本项目及其所属各明细项目的数额，可以根据表7-5中"财政拨款收入"、"其他收入"科目及其所属明细科目的本期发生额填列。

财政拨款收入＝9 642 000＋3 214 000＝12 856 000（元）

其他资金收入＝538 000＋1 325 000＝1 863 000（元）

收入合计＝12 856 000＋1 863 000＝14 719 000（元）

（4）支出合计

本项目及其所属各明细项目的数额，可以根据表7-5中"经费支出"、"拨出经费"科目及其所属明细科目的本期发生额填列。

财政拨款支出＝9 350 000＋2 815 000＝12 165 000（元）

其他资金支出＝1 252 000＋536 000＝1 788 000（元）

支出合计＝12 165 000＋1 788 000＝13 953 000（元）

（5）本期收支差额

本项目及其所属各明细项目的数额，可以根据已经填列的收入项目、支出项目计算填列。

财政拨款收支差额＝12 856 000−12 165 000＝691 000（元）

其他资金收支差额＝1 863 000−1 788 000＝75 000（元）

本期收支差额＝691 000＋75 000＝766 000（元）

（6）年末各项资金结转结余

本项目及其所属各明细项目的数额，可以根据表7-4中"财政拨款结转"、"财政拨款结余"、"其他资金结转结余"科目的年末余额直接填列。

年末财政拨款结转结余＝945 000＋514 000＝1 459 000（元）

年末其他资金结转结余＝116 000元

年末各项资金结转结余＝1 459 000＋116 000＝1 575 000（元）

小提示

年末各项资金结转结余及其所属各明细项目的数额，除根据"财政拨款结转"、"财政拨款结余"、"其他资金结转结余"科目的年末余额直接填列外，还可以根据报表的钩稽关系计算填列，如：

年末财政拨款结转结余＝718 000＋50 000＋691 000＝1 459 000（元）

年末其他资金结转结余＝68 000−27 000＋75 000＝116 000（元）

年末各项资金结转结余＝786 000＋23 000＋766 000＝1 575 000（元）

编制完成的 20×4 年度收入支出表见表 7-6。

表 7-6 **收入支出表** 会行政 02 表

编制单位：××××　　　　　　　　　　20×4 年度　　　　　　　　　　单位：元

项目	上年数（略）	本年数
一、年初各项资金结转结余		786 000
（一）年初财政拨款结转结余		718 000
1. 财政拨款结转		432 000
2. 财政拨款结余		286 000
（二）年初其他资金结转结余		68 000
二、各项资金结转结余调整及变动		23 000
（一）财政拨款结转结余调整及变动		50 000
（二）其他资金结转结余调整及变动		−27 000
三、收入合计		14 719 000
（一）财政拨款收入		12 856 000
1. 基本支出拨款		9 642 000
2. 项目支出拨款		3 214 000
（二）其他资金收入		1 863 000
1. 非项目收入		538 000
2. 项目收入		1 325 000
四、支出合计		13 953 000
（一）财政拨款支出		12 165 000
1. 基本支出		9 350 000
2. 项目支出		2 815 000
（二）其他资金支出		1 788 000
1. 非项目支出		517 000
2. 项目支出		1 271 000
五、本期收支差额		766 000
（一）财政拨款收支差额		691 000
（二）其他资金收支差额		75 000
六、年末各项资金结转结余		1 575 000
（一）年末财政拨款结转结余		1 459 000
1. 财政拨款结转		945 000
2. 财政拨款结余		514 000
（二）年末其他资金结转结余		116 000

第四节 财政拨款收入支出表

财政拨款收入支出表是反映行政单位财政拨款收支情况的报表。本节依据《行政单位会计制度》，阐述财政拨款收入支出表的含义、内容，讲解财政拨款收入支出表的编制方法。

一、财政拨款收入支出表的含义

财政拨款收入支出表是反映行政单位在某一会计期间财政拨款收入、支出、结转及结余情况的报表。该表以财政拨款资金为内容，全面反映行政单位财政拨款资金的取得、运用及结转结余的具体情况。

财政拨款收入支出表所提供的财务信息，与财政拨款资金相关。财政拨款收入支出表采用多栏式结构，分别财政拨款资金的类别、基本支出与项目支出、人员经费与日常公用经费等具体项目列示，揭示行政单位财政拨款资金的运动过程和结果。

二、财政拨款收入支出表的内容

行政单位的财政拨款收入支出表由表首标题和报表主体构成。报表主体部分包括编报项目、栏目及金额。

1. 表首标题

财政拨款收入支出表的表首标题包括报表名称、编号（会行政03表）、编制单位、编表时期（月度或年度）和金额单位等内容。按编报时间的不同，财政拨款收入支出表分为月报和年报，行政单位应当至少按照年度编制财政拨款收入支出表。财政拨款收入支出表需要注明报表所属的期间，如××××年××月、××××年度。

2. 编报项目

财政拨款收入支出表的项目，应当根据行政单位取得的财政拨款种类分项设置，包括公共财政预算拨款、政府性基金预算拨款和其他类型的预算拨款。在各项财政预算拨款中，分别设置"基本支出"和"项目支出"两个具体项目。其中"基本支出"分别"人员经费"和"日常公用经费"列示，"项目支出"分别具体项目列示。

3. 栏目及金额

财政拨款收入支出表采用多栏式结构，栏目包括"年初财政拨款结转结余"、"调整年初财政拨款结转结余"、"归集调入或上缴"、"单位内部调剂"、"本年财政拨款收入"、"本年财政拨款支出"和"年末财政拨款结转结余"。财政拨款收入支出表按栏目横向平衡，基本关系式为：

$$\text{年末财政拨款结转结余} = \text{年初财政拨款结转结余} + \text{调整年初财政拨款结转结余} + \text{归集调入或上缴} + \text{单位内部调剂} + \text{本年财政拨款收入} - \text{本年财政拨款支出}$$

行政单位的财政拨款收入支出表的格式见表7-7。

表7-7   **财政拨款收入支出表**   会行政03表

编制单位：   _____年度   单位：元

项　目	年初财政拨款结转结余		调整年初财政拨款结转结余	归集调入或上缴	单位内部调剂		本年财政拨款收入	本年财政拨款支出	年末财政拨款结转结余	
	结转	结余			结转	结余			结转	结余
一、公共财政预算资金										
（一）基本支出										
1. 人员经费										
2. 日常公用经费										
（二）项目支出										
1. xx项目										
2. xx项目										
…										
二、政府性基金预算资金										
（一）基本支出										
1. 人员经费										
2. 日常公用经费										
（二）项目支出										
1. xx项目										
2. xx项目										
…										
总　计										

小提示

行政单位取得除公共财政预算拨款和政府性基金预算拨款以外的其他财政拨款的，应当按照财政拨款种类增加相应的资金项目及其明细项目。例如，如果行政单位取得了国有资本经营预算拨款，则需要在财政拨款收入支出表中增加"国有资本经营预算拨款"项目及其明细项目。

三、财政拨款收入支出表的编制

财政拨款收入支出表各栏目的数字，应当根据各结转结余科目及其明细科目、收支科目及其明细科目的余额或发生额填列。财政拨款收入支出表一般按年编报，也可以按月编报。月报、年报的财政拨款收入支出表在内容上一致，只是填列的期间有所区别。财政拨款收入支出表各栏及其对应项目的内容和填列方法如下：

1. "年初财政拨款结转结余"栏中各项目，反映行政单位年初各项财政拨款结转和结余的金额。各项目应当根据"财政拨款结转"、"财政拨款结余"及其明细科目的年初余额填列。

> **小提示**
>
> "年初财政拨款结转结余"栏目中各项目的数额，应当与上年度财政拨款收入支出表中"年末财政拨款结转结余"栏中各项目的数额相等。

2. "调整年初财政拨款结转结余"栏中各项目，反映行政单位对年初财政拨款结转结余的调整金额。各项目应当根据"财政拨款结转"、"财政拨款结余"科目中"年初余额调整"科目及其所属明细科目的本年发生额填列。如调整减少年初财政拨款结转结余，以"-"号填列。

3. "归集调入或上缴"栏中各项目，反映行政单位本年取得主管部门归集调入的财政拨款结转结余资金和按规定实际上缴的财政拨款结转结余资金金额。各项目应当根据"财政拨款结转"、"财政拨款结余"科目中"归集上缴"和"归集调入"科目及其所属明细科目的本年发生额填列。对归集上缴的财政拨款结转结余资金，以"-"号填列。

4. "单位内部调剂"栏中各项目，反映行政单位本年财政拨款结转结余资金在内部不同项目之间的调剂金额。各项目应当根据"财政拨款结转"和"财政拨款结余"科目中的"单位内部调剂"及其所属明细科目的本年发生额填列。对单位内部调剂减少的财政拨款结转结余项目，以"-"号填列。

5. "本年财政拨款收入"栏中各项目，反映行政单位本年从同级财政部门取得的各类财政预算拨款金额。各项目应当根据"财政拨款收入"科目及其所属明细科目的本年发生额填列。

6. "本年财政拨款支出"栏中各项目，反映行政单位本年发生的财政拨款支出金额。各项目应当根据"经费支出"科目及其所属明细科目的本年发生额填列。

7. "年末财政拨款结转结余"栏中各项目，反映行政单位年末财政拨款结转结余的金额。各项目应当根据"财政拨款结转"、"财政拨款结余"科目及其所属明细科目的年末余额填列。

> **小提示**
>
> 　　完成财政拨款收入支出表各栏目数字的填列后，应当对报表数字的准确性进行校验，检查"年末财政拨款结转结余"栏的数字是否与前几项数字存在平衡关系。

第五节　行政单位的财务分析

　　本节依据《行政单位财务规则》，阐述行政单位财务分析的含义、内容，讲解财务分析指标的计算方法。

一、财务分析的含义

　　财务分析是依据会计核算资料和其他有关信息资料，对行政单位财务活动过程及其结果进行的研究、分析和评价。行政单位的财务分析，要求以会计账簿、会计报表等日常的会计核算资料为依据，采用一系列专门的分析技术和方法，对行政单位的预算执行情况、收入支出状况、人员增减情况、资产使用情况等进行剖析与评价。

　　编制财务决算报表后，行政单位应当对财务活动进行分析，发现财务管理中存在的问题，分析问题产生的原因，总结经验与教训，撰写财务分析报告。行政单位的财务分析，有利于促进单位认真执行财经纪律和财务制度，严格预算收支管理，加强预算管理，提高财务管理的水平。

二、财务分析的内容

　　行政单位财务分析的内容，主要包括预算编制与执行情况分析、收支情况分析、人员增减情况分析、资产使用情况分析等。

　　（1）预算编制与执行情况分析包括预算编制分析和预算执行分析。预算编制分析，主要是分析行政单位预算的编制是否符合国家有关方针、政策和财务制度的规定，是否符合行政工作的要求；预算的编制依据、数量指标、定员定额标准是否合理，收支项目、范围是否符合有关规定。预算执行情况分析，主要是分析行政单位各项收支预算的执行进度情况，实际收支进度是否与单位行政工作任务相一致。

　　（2）收支情况分析包括收入情况分析和支出情况分析。收入情况分析是针对行政单位取得的收入的来源、规模、结构进行的分析，分析单位收入的来源是否符合规定，各项收入计划是否实现，收入的结构是否合理。支出情况分析是针对行政单位发生的支出的总量、结构、范围、标准和效益进行的分析，分析单位支出预算的完成情况和变化趋势，基本支出与项目支出、人员支出与公用支出等之间的比例关系，各项支出是否符合国家规定的开支范围和标准，是否取得了良好的效益。

（3）人员增减情况分析是针对行政单位人员数量、结构的分析，分析单位人员是否控制在核定的编制范围内，人员构成结构是否合理，承担的工作任务是否均衡，有无超编和人浮于事的现象。

（4）资产使用情况分析是针对行政单位资产结构、使用情况的分析，分析单位的资产构成是否合理、能否满足日常工作的需要，是否建立健全了资产管理制度，按规定合理使用和处置资产。

三、财务分析的指标

根据《行政单位财务规则》，行政单位财务分析的主要指标如下：

1. 支出增长率

支出增长率衡量行政单位支出的增长水平。计算公式为：

支出增长率＝（本期支出总额÷上期支出总额－1）×100%

2. 当年预算支出完成率

当年预算支出完成率衡量行政单位当年支出总预算及分项预算完成的程度。计算公式为：

当年预算支出完成率＝年终执行数÷（年初预算数±年中预算调整数）×100%

年终执行数不含上年结转和结余支出数。

3. 人均开支

人均开支衡量行政单位人均年消耗经费水平。计算公式为：

人均开支＝本期支出数÷本期平均在职人员数×100%

4. 项目支出占总支出的比率

项目支出占总支出的比率衡量行政单位的支出结构。计算公式为：

项目支出比率＝本期项目支出数÷本期支出总数×100%

5. 人员支出、公用支出占总支出的比率

人员支出、公用支出占总支出的比率衡量行政单位的支出结构。计算公式为：

人员支出比率＝本期人员支出数÷本期支出总数×100%

公用支出比率＝本期公用支出数÷本期支出总数×100%

6. 人均办公使用面积

人均办公使用面积衡量行政单位办公用房配备情况。计算公式为：

人均办公使用面积＝本期末单位办公用房使用面积÷本期末在职人员数

7. 人车比例

人车比例衡量行政单位公务用车配备情况。计算公式为：

人车比例＝本期末在职人员数÷本期末公务用车实有数：1

小提示

上述财务分析比率是行政单位财务分析的基本指标，适用于普通行政单位。行政单位可以根据其业务特点，增加财务分析指标。

第八章

新旧会计制度的衔接

第一节 新旧会计制度衔接的要求与程序

为了确保新旧会计制度顺利衔接、平稳过渡，财政部于 2013 年 12 月印发了《新旧行政单位会计制度有关衔接问题的处理规定》，对新旧会计制度衔接工作进行了指引。本节介绍新旧会计制度衔接的总体要求和工作程序，为后续新旧会计制度衔接具体方法的讲解奠定基础。

一、新旧会计制度衔接的总体要求

为适应公共财政改革和行政单位财务管理改革的需要，进一步规范行政单位会计核算，财政部对原《行政单位会计制度》（财预字〔1998〕49 号）进行了修订，于 2013 年 12 月发布了新的《行政单位会计制度》（财库〔2013〕218 号），自 2014 年 1 月 1 日起全面施行。

自 2014 年 1 月 1 日起，行政单位应当严格按照新会计制度的规定进行会计核算。行政单位应当做好新旧会计制度的衔接工作，按照新会计制度设立 2014 年 1 月 1 日的新账，编制 2014 年 1 月 1 日期初资产负债表，开展日常会计核算工作。2014 年度的资产负债表、收入支出表、财政拨款收入支出表均应当按照新会计制度的要求编制。

二、新旧会计制度衔接的工作程序

行政单位会计人员应当认真学习新会计制度的内容，领会新会计制度的精髓，掌握新会计制度下各会计事项的核算流程与方法。在此基础上，按照《新旧行政单位会计制度有关衔接问题的处理规定》的要求，完成新旧会计制度的衔接转换工作。主要工作程序如下：

1. 编制原会计制度下的会计科目余额表

行政单位应当做好新旧会计制度转换的准备工作，对 2013 年度的资产、负债进行全面清查、盘点和核实，清理预算收入、支出。在保证 2013 年度会计账簿数据真实、准确的前提下，按照原会计制度的要求，编制 2013 年 12 月 31 日的会计科目余额表。

2. 按照新会计制度设置新账

行政单位应当按照新会计制度的要求，根据单位的具体情况设置总账会计科目及其明细会计科目。新会计制度的会计科目表中有的、但本单位没有相关业务的总账科目，行政单位可以不设置；行政单位可以根据会计核算的需要，自行增设会计制度规定以外的明细科目，合并或减少会计制度规定的明细科目。完成了会计科目设置工作后，应当按照新会计制度的要求设立 2014 年 1 月 1 日的新账。

3. 会计科目余额的调整

行政单位应当按照新会计制度的要求，对原会计制度下的会计科目余额表进行调整，形成新制度下的会计科目余额表。原会计制度下的科目余额调整，主要包括两项工作：一是因新旧会计制度下会计科目核算内容的差异，调整原会计制度下会计科目的余额，转换记入新会计制度下的会计科目余额表；二是根据新会计制度的要求，将原未入账事项产生的科目余额，补充记入新会计制度下的会计科目余额表。

4. 基本建设账数据的并入

根据新会计制度的要求，行政单位应定期将基本建设账数据并入行政单位会计"大账"。初次执行新会计制度时，行政单位如果有按照《国有建设单位会计制度》单独核算的基本建设投资，应当将基本建设账相关数据并入新的会计科目余额表。

5. 编制年初资产负债表

调整、并账后的会计科目余额，作为各会计科目的期初余额，登记到 2014 年 1 月 1 日新账中。根据 2014 年 1 月 1 日新账中各会计科目的期初余额，以及新会计制度关于资产负债表编制的要求，编制 2014 年 1 月 1 日的期初资产负债表。

至此，新旧会计制度衔接转换工作结束。2014 年度，行政单位应当按照新会计制度的规定进行会计核算和编报财务报表。

小提示

行政单位一般运用会计软件进行核算。同原会计制度相比，新会计制度在会计科目设置、会计核算流程等方面发生了较大的变化。为确保新旧账套的有序衔接，按新会计制度的要求进行会计核算，行政单位应当对原有会计核算软件和会计信息系统进行及时更新和调试，正确实现数据转换。

第二节　原账会计科目余额的调整

新旧会计制度衔接转换工作的一项重要内容，是按照新会计制度的要求，对按原会计制度核算的 2013 年账簿（简称"原账"）的会计科目余额进行调整，编制新的会计科目余额表，据以登记按照新会计制度要求设置的 2014 年账簿（简称"新账"）。本节讲解资产类、负债类和净资产类会计科目余额的调整方法。

一、资产类会计科目余额的调整

（一）资产类新旧会计科目的对应关系

同原会计制度相比，新会计制度加强了资产的核算，增加、调整了一系列会计科目。原会计制度设置了 8 个资产类会计科目，新会计制度设置了 17 个资产类会计科目。资产类新旧会计科目对应关系见表 8-1。

表 8-1　　　　　**新旧行政单位会计制度会计科目对照表（资产类）**

序号	新行政单位会计制度会计科目		原行政单位会计制度会计科目①	
	编号	名　　称	编号	名　　称
1	1001	库存现金	101	现金
2	1002	银行存款	102	银行存款
3	1011	零余额账户用款额度	107	零余额账户用款额度
4	1021	财政应返还额度	115	财政应返还额度
	102101	财政直接支付		财政直接支付
	102102	财政授权支付		财政授权支付
5	1212	应收账款	104	暂付款
6	1213	预付账款		
7	1215	其他应收款	104	暂付款
			103	有价证券
8	1301	存货	105	库存材料
			106	固定资产
9	1501	固定资产	106	固定资产
10	1502	累计折旧		
11	1511	在建工程		
12	1601	无形资产	106	固定资产
13	1602	累计摊销		
14	1701	待处理财产损溢		
15	1801	政府储备物资	105	库存材料
16	1802	公共基础设施	106	固定资产
17	1901	受托代理资产		

---

① 原行政单位会计制度会计科目包括《行政单位会计制度》（财预字〔1998〕49 号）规定的会计科目，以及按照财政部印发的有关行政单位会计核算补充规定增设的会计科目。

（二）原账科目余额转入新账

原账科目余额转入新账，是将原会计科目余额表的内容，按照新会计制度的要求，过渡转换到新会计制度下的会计科目中。

1. "现金"、"银行存款"、"零余额账户用款额度"、"财政应返还额度"科目

新制度设置了"库存现金"、"银行存款"、"零余额账户用款额度"、"财政应返还额度"科目，其核算内容与原账中上述相应科目的核算内容基本相同。转账时，应将原账中上述科目的余额直接转入新账中相应科目。

2. "暂付款"科目

新制度未设置"暂付款"科目，但设置了"应收账款"、"预付账款"和"其他应收款"科目。转账时，应对原账中"暂付款"科目的余额进行分析，将符合上述新科目的余额分别转入新账中对应科目。同时，按照转入"预付账款"科目的金额，将相应的"结余"科目余额转入新账中"资产基金——预付款项"科目。

3. "有价证券"科目

新制度未设置"有价证券"科目，转账时，应将原账中"有价证券"科目余额转入新账中"其他应收款"科目。

4. "库存材料"科目

新制度未设置"库存材料"科目，但设置了"存货"、"政府储备物资"科目。转账时，应对原账中"库存材料"科目的余额进行分析，将属于存货的余额转入"存货"科目，同时，按照转入"存货"科目的金额，将相应的"结余"科目余额转入新账中"资产基金——存货"科目；将属丁政府储备物资的余额转入"政府储备物资"科目，同时，按照转入"政府储备物资"科目的金额，将相应的"结余"科目余额转入新账中"资产基金——政府储备物资"科目。

5. "固定资产"科目

新制度设置了"固定资产"、"无形资产"、"公共基础设施"科目。转账时，应对原账中"固定资产"科目的余额进行分析：

（1）对于达不到新的固定资产确认标准的，应当将相应余额转入新账中"存货"科目，同时，将相应的"固定基金"科目余额转入新账中"资产基金——存货"科目；对于已领用出库的，还应当按照其成本，在新账中借记"资产基金——存货"科目，贷记"存货"科目，同时做好相关实物资产的登记管理工作。

（2）对于符合新的固定资产确认标准的，应当将相应余额转入新账中"固定资产"科目，同时，将相应的"固定基金"科目余额转入新账中"资产基金——固定资产"科目。

（3）对于原账"固定资产"科目余额中属于无形资产的，应当将相应余额转入新账中"无形资产"科目，同时，将相应的"固定基金"科目余额转入新账中"资产基金——无形资产"科目。

（4）对于原账"固定资产"科目余额中属于公共基础设施的，应当将相应余额转入新账中"公共基础设施"科目，同时，将相应的"固定基金"科目余额转入新账中"资产基金——公共基础设施"科目。

原账资产类科目余额转入新账，可以采用编写调整会计分录的方法。根据需要调整的内容和金额，借记资产类会计科目（新账），贷记资产类会计科目（原账）。对于预付账款、存货、固定资产等项目，还需要确认对应的资产基金。根据资产类会计科目（新账）发生额编制的科目余额表，即是调整后的资产科目余额表。

【例8-1】某行政单位进行"暂付款"科目的余额调整工作。原账"暂付款"科目借方余额为78 000元。经过分析，属于新会计制度"应收账款"科目核算内容的余额为39 000元，"预付账款"科目核算内容的余额为13 000元，"其他应收款"科目核算内容的余额为26 000元。

借：应收账款（新账）　　　　　　　　　　　　　　　　39 000
　　预付账款（新账）　　　　　　　　　　　　　　　　13 000
　　其他应收款（新账）　　　　　　　　　　　　　　　26 000
　　贷：暂付款（原账）　　　　　　　　　　　　　　　　　　78 000
同时：
借：结余（原账）　　　　　　　　　　　　　　　　　　13 000
　　贷：资产基金——预付款项（新账）　　　　　　　　　　　13 000

（三）原未入账事项登记新账

原未入账事项登记新账，是按照新会计制度的要求，补充登记原会计制度下未入账的事项。

1. 关于原未入账的无形资产

行政单位在新旧制度转换时，应当将2013年12月31日前未入账的无形资产记入新账。登记新账时，按照确定的无形资产成本，借记"无形资产"科目，贷记"资产基金——无形资产"科目。

2. 关于原未入账的政府储备物资

行政单位在新旧制度转换时，应当将2013年12月31日前未入账的政府储备物资记入新账。登记新账时，按照确定的政府储备物资成本，借记"政府储备物资"科目，贷记"资产基金——政府储备物资"科目。

3. 关于原未入账的公共基础设施

行政单位在新旧制度转换时，应当将2013年12月31日前未入账的公共基础设施记入新账。登记新账时，按照确定的公共基础设施成本，借记"公共基础设施"科目，贷记"资产基金——公共基础设施"科目。

4. 关于原未入账的受托代理资产

行政单位在新旧制度转换时，应当将 2013 年 12 月 31 日前未入账的受托代理资产记入新账。登记新账时，按照确定的受托代理资产成本，借记"受托代理资产"等科目，贷记"受托代理负债"科目。

原未入账事项登记新账，可以采用编写补充登记会计分录的方法。根据新增加的资产项目的内容和金额，借记资产类会计科目（新账），贷记相应会计科目（新账）。新增会计分录的发生额，需要并入调整后的新会计制度下的会计科目余额表。

【例 8-2】某行政单位在新旧会计制度的衔接过程中，按新会计制度的要求确认一项原未入账的著作权。该著作权是行政单位 5 年前取得的，经过资产评估其价值为 60 000 元，不需要计提摊销。

借：无形资产——著作权（新账）　　　　　　　　　　　　　60 000
　　贷：资产基金——无形资产（新账）　　　　　　　　　　　　　60 000

小问题

新旧制度衔接过程中需要补计提固定资产折旧吗？

原会计制度下固定资产不计提折旧，但新制度设置了"累计折旧"科目，核算行政单位对固定资产、公共基础设施计提的累计折旧。制度规定，行政单位对固定资产、公共基础设施计提折旧事宜由财政部另行规定。所以，在财政部没有出台相关规定前，不需要考虑固定资产折旧问题。

二、负债类会计科目余额的调整

（一）负债类新旧会计科目的对应关系

同原会计制度相比，新会计制度合并了应缴类、应付薪酬类会计科目，细化了应付及暂存类会计科目。原会计制度设置了 6 个负债类会计科目，新会计制度设置了 8 个负债类会计科目。负债类新旧会计科目对应关系见表8-2。

表 8-2　　　　新旧行政单位会计制度会计科目对照表（负债类）

序号	新行政单位会计制度会计科目			原行政单位会计制度会计科目		
	编号	名　称		编号	名　称	
1	2001	应缴财政款		201	应缴预算款	
				202	应缴财政专户款	
2	2101	应缴税费		203	暂存款	

序号	新行政单位会计制度会计科目		原行政单位会计制度会计科目	
	编号	名　称	编号	名　称
3	2201	应付职工薪酬	211	应付工资（离退休费）
			212	应付地方（部门）津贴补贴
			213	应付其他个人收入
			203	暂存款
4	2301	应付账款	203	暂存款
5	2302	应付政府补贴款		
6	2305	其他应付款		
7	2401	长期应付款		
8	2901	受托代理负债		

（二）原账科目余额转入新账

1．"应缴预算款"、"应缴财政专户款"科目

新制度未设置"应缴预算款"、"应缴财政专户款"科目，但设置了"应缴财政款"科目，其核算内容涵盖了原账中"应缴预算款"、"应缴财政专户款"科目的核算内容。转账时，应将原账中"应缴预算款"、"应缴财政专户款"科目的余额转入新账中"应缴财政款"科目。

2．"应付工资（离退休费）"、"应付地方（部门）津贴补贴"、"应付其他个人收入"科目

新制度未设置"应付工资（离退休费）"、"应付地方（部门）津贴补贴"、"应付其他个人收入"科目，但设置了"应付职工薪酬"科目，其核算内容涵盖了原账中上述三个科目的核算内容。转账时，应将原账中"应付工资（离退休费）"、"应付地方（部门）津贴补贴"、"应付其他个人收入"科目的余额转入新账中"应付职工薪酬"科目。

3．"暂存款"科目

新制度未设置"暂存款"科目，但设置了"应缴税费"、"应付账款"、"应付政府补贴款"、"其他应付款"、"长期应付款"和"受托代理负债"科目。另外，新制度的"应付职工薪酬"科目核算内容还包括应付的社会保险费和住房公积金等。转账时，应对原账中"暂存款"科目的余额进行分析，将符合上述科目的余额分别转入新账对应科目。如有转入新账中"应付账款"、"长期应付款"科目的，还应按照转入"应付账款"、"长期应付款"科目余额的合计数，在新账中借记"待偿债净资产"科目，贷记"财政拨款结转"、"财政拨款结余"或"其他资金结转结余"科目。

原账负债类科目余额转入新账时，按照转换的内容和金额，借记负债类科目（原账），贷记负债类科目（新账）。

【例8-3】某行政单位原账"应缴预算款"科目贷方余额为24 850元，"应缴财政专户款"科目贷方余额为33 500元，将其转入新制度中的"应缴财政款"科目。

借：应缴预算款（原账）　　　　　　　　　　　　　　24 850
　　应缴财政专户款（原账）　　　　　　　　　　　　33 500
　　贷：应缴财政款（新账）　　　　　　　　　　　　　　　　58 350

（三）原未入账事项登记新账

1. 关于原未入账的应付账款

行政单位在新旧制度转换时，应当将2013年12月31日前未入账的应付账款记入新账。登记新账时，按照确定的应付账款金额，借记"待偿债净资产"科目，贷记"应付账款"科目。

2. 关于原未入账的长期应付款

行政单位在新旧制度转换时，应当将2013年12月31日前未入账的长期应付款记入新账。登记新账时，按照确定的长期应付款金额，借记"待偿债净资产"科目，贷记"长期应付款"科目。

除的应付账款、长期应付款外，行政单位如有未入账的其他事项，也应当按照新制度规定登记新账。

【例8-4】某行政单位在新旧会计制度的衔接过程中，按照新会计制度的要求确认一项原未入账的应付账款。该款项金额为6 500元，为购买材料所欠的货款。材料已经验收入库，按购买合同约定，款项将在3个月后偿付。

借：待偿债净资产（新账）　　　　　　　　　　　　　6 500
　　贷：应付账款——某供应商（新账）　　　　　　　　　　6 500

三、净资产类会计科目余额的调整

（一）净资产类新旧会计科目的对应关系

同原会计制度相比，新会计制度丰富了净资产类科目的内容。原会计制度设置了结余、固定基金两个净资产类会计科目，新会计制度设置了5个净资产类会计科目。净资产类新旧会计科目对应关系见表8-3。

表8-3　　　　**新旧行政单位会计制度会计科目对照表（净资产类）**

序号	新行政单位会计制度会计科目		原行政单位会计制度会计科目	
	编号	名　称	编号	名　称
1	3001	财政拨款结转	303	结余
2	3002	财政拨款结余		
3	3101	其他资金结转结余		

序号	新行政单位会计制度会计科目		原行政单位会计制度会计科目	
	编号	名　称	编号	名　称
4	3501	资产基金		
	350101	预付款项	303	结余
	350111	存货	303	结余
			301	固定基金
	350121	固定资产	301	固定基金
	350131	在建工程		
	350141	无形资产	301	固定基金
	350151	政府储备物资	303	结余
	350152	公共基础设施	303	固定基金
5	3502	待偿债净资产		

（二）原账科目余额转入新账

1. "结余"科目

新制度未设置"结余"科目，但设置了"财政拨款结转"、"财政拨款结余"和"其他资金结转结余"科目。转账时，应对原账中"结余"科目的余额（扣除转入新账中"资产基金——预付款项、存货、政府储备物资"科目金额）进行分析：对属于新制度下财政拨款结转的余额转入新账中"财政拨款结转"科目；对属于新制度下财政拨款结余的余额转入新账中"财政拨款结余"科目；将剩余余额转入新账中"其他资金结转结余"科目。

2. "固定基金"科目

新制度未设置"固定基金"科目，但设置了"资产基金"科目。转账时，应当参照原账中"固定资产"科目转入新账的规定，相应地将原账中"固定基金"科目的余额，分别转入新账中"资产基金——存货"、"资产基金——固定资产"、"资产基金——无形资产"和"资产基金——公共基础设施"科目。

【例8-5】某行政单位原账"结余"科目贷方余额为92 000元，扣除应转入"资产基金"科目的金额29 000元后，应转入结转和结余类科目的金额为63 000元。经分析，属于新制度下财政拨款结转的余额为24 000元，属于新制度下财政拨款结余的余额为18 000元。

借：结余（原账）　　　　　　　　　　　　　　　　　　　63 000
　　贷：财政拨款结转（新账）　　　　　　　　　　　　　　　24 000
　　　　财政拨款结余（新账）　　　　　　　　　　　　　　　18 000
　　　　其他资金结转结余（新账）　　　　　　　　　　　　　21 000

小提示

　　在业务举例时，我们省略了具体的明细科目。新账中科目设有明细科目的，应将原账中对应科目的余额加以分析，分别转入新账中相应科目的相关明细科目中。在进行新旧会计制度会计科目转换时，是需要编写带有各级明细科目的会计分录的，最后编制的科目余额表也要求有明细科目。这样，才可以据以登记 2014 年度的新账。

（三）原未入账事项登记新账

　　新会计制度的净资产类会计科目包括财政拨款结转、财政拨款结余和其他资金结转结余，以及资产基金和待偿债净资产。结转结余类科目一般不存在未入账事项，资产基金在新增加未入账非货币性资产时确认，待偿债净资产在新增加未入账应付账款、长期应付款时确认。所以，不需要单独进行原未入账净资产事项的处理。

　　完成了资产、负债和净资产类科目的原账科目余额转入和未入账事项登记处理后，应对调整会计分录进行归纳、整理，编制调整后的新会计制度下的会计科目余额表，并试算平衡。

小提示

　　如果单位设置的会计科目较少，会计科目余额转换较为简单，不需要分科目逐项编写调整会计分录。可以根据原账会计科目余额表，按照新旧会计制度衔接的规定，编制一个汇总调整会计分录。

四、收支类会计科目比较

（一）收支类新旧会计科目的对应关系

　　同原会计制度相比，新会计制度规范了行政单位收入、支出的会计核算，按照部门预算管理要求重新设计了收支类会计科目的核算内容。原会计制度设置了 6 个收支类会计科目，新会计制度设置了 4 个收支类会计科目。收支类新旧会计科目对应关系见表8-4。

表8-4　　　　**新旧行政单位会计制度会计科目对照表（收支类）**

序号	新行政单位会计制度会计科目		原行政单位会计制度会计科目	
	编号	名称	编号	名称
1	4001	财政拨款收入	401	拨入经费
2	4011	其他收入	407	其他收入
	—	—	404	预算外资金收入
3	5001	经费支出	501	经费支出
			505	结转自筹基建
4	5101	拨出经费	502	拨出经费

（二）原账科目余额转入新账

原账中收入、支出类科目年末应无余额，一般不需进行科目余额转入新账的处理。特殊情况下，行政单位的收支类科目如有余额，也应当按照新会计制度的规定，将其转入新账中的"财政拨款结转"、"财政拨款结余"和"其他资金结转结余"等会计科目。自2014年1月1日起，应当按照新会计制度设置收入、支出类科目，并进行相应的账务处理。

> **小提示**
>
> 如果你所在行政单位没有按照国家有关规定单独核算的基本建设投资，不用进行基本建设账数据的并入工作，则不需要阅读本章第三节的内容。

第三节　基本建设账数据的并入

按照新《行政单位会计制度》和《新旧行政单位会计制度有关衔接问题的处理规定》的要求，行政单位应当在按国家有关规定单独核算基本建设投资的同时，将基本建设账（以下简称"基建账"）相关数据并入单位按照新制度规定设置的会计账（以下简称"大账"）。本节讲解新旧会计制度衔接转换过程的基建账数据的并入方法，以及行政单位执行新会计制度后的基建账数据并入的规定。

一、衔接转换过程中资产类基建账数据的并入

（一）资产类"大账"和基建账会计科目的对应关系

行政单位在新旧会计制度转换过程中，应当按照"大账"和基建账会计科目的对应关系，将2013年12月31日基建账中资产类科目余额并入"大账"。行政单位"大账"和基建账会计科目对照表（资产类）见表8-5。

表8-5　　　**行政单位"大账"和基建账会计科目对照表（资产类）**

序号	"大账"科目		基建账科目	
	编号	名　称	编号	名　称
1	1001	库存现金	233	现金
2	1002	银行存款	232	银行存款
3	1011	零余额账户用款额度	234	零余额账户用款额度
4	1021	财政应返还额度	235	财政应返还额度

序号	"大账"科目		基建账科目	
	编号	名　称	编号	名　称
5	1212	应收账款	251	应收有偿调出器材及工程款
			253	应收票据
6	1215	其他应收款	252	其他应收款
			261	拨付所属投资借款
			281	有价证券
7	1501	固定资产	201	固定资产
8	1502	累计折旧	202	累计折旧
9	1511	在建工程	101	建筑安装工程投资
			102	设备投资
			103	待摊投资
			104	其他投资
			211	器材采购
			212	采购保管费
			213	库存设备
			214	库存材料
			218	材料成本差异
			219	委托加工器材
			241	预付备料款
			242	预付工程款
10	1701	待处理财产损溢	203	固定资产清理
			271	待处理财产损失

（二）资产类基建账数据的并入方法

1. "现金"、"银行存款"、"零余额账户用款额度"、"财政应返还额度"科目

按照基建账中"现金"、"银行存款"、"零余额账户用款额度"、"财政应返还额度"科目借方余额，分别借记"大账"中"库存现金"、"银行存款"、"零余额账户用款额度"、"财政应返还额度"科目。

小提示

由于基建账数据的并入只是将基建账各会计科目的余额按照对应关系合并到行政单位的"大账"中，并不冲销基建账会计科目的余额，所以并账会计分录没有贷记基建账中的会计科目，采用"单式记账"的方法。为了使会计分录借贷平衡，也可以贷记基建账中的相关科目，但不需要对基建账进行冲销处理。

---

2. "应收有偿调出器材及工程款"、"应收票据"科目

按照基建账中"应收有偿调出器材及工程款"、"应收票据"科目借方余额，借记"大账"中"应收账款"科目。

3. "其他应收款"、"拨付所属投资借款"、"有价证券"科目

按照基建账中"其他应收款"、"拨付所属投资借款"、"有价证券"科目借方余额，借记"大账"中"其他应收款"科目。

4. "固定资产"、"累计折旧"科目

按照基建账中"固定资产"科目借方余额，借记"大账"中"固定资产"科目；按照基建账中"累计折旧"科目贷方余额，贷记"大账"中"累计折旧"科目。

5. "建筑安装工程投资"、"设备投资"等工程类科目

按照基建账中"建筑安装工程投资"、"设备投资"、"待摊投资"、"其他投资"、"器材采购"、"采购保管费"、"库存设备"、"库存材料"、"材料成本差异"、"委托加工器材"、"预付备料款"、"预付工程款"科目借方余额，借记"大账"中"在建工程——基建工程"科目。

6. "固定资产清理"、"待处理财产损失"科目

按照基建账中"固定资产清理"、"待处理财产损失"科目借方余额，借记"大账"中"待处理财产损溢"科目。

【例8-6】某行政单位对基建账的工程类科目进行并账处理。基建账中，"建筑安装工程投资"科目借方余额为151 000元，"设备投资"科目借方余额为78 000元，"库存设备"科目借方余额为53 000元，"库存材料"科目借方余额为27 000元，"预付工程款"科目借方余额为45 000元。需要并入"大账"中"在建工程——基建工程"科目的金额为354 000元。

借：在建工程——基建工程（"大账"）　　　　　　　354 000

贷：相关科目（基建账） 354 000

> **小问题**
>
> 资产类基建账数据并入时，为什么没有确认其所对应的资产基金？
>
> 按照新会计制度的规定，行政单位取得固定资产、在建工程时是需要确认资产基金的。但由于基建数据并账采用"单式记账"的方法，资产基金在净资产类数据并账时予以确认。

二、衔接转换过程中负债类基建账数据的并入

（一）负债类"大账"和基建账会计科目的对应关系

行政单位在新旧会计制度转换过程中，应当按照"大账"和基建账会计科目的对应关系，将2013年12月31日基建账中负债类科目余额并入"大账"。行政单位"大账"和基建账会计科目对照表（负债类）见表8-6。

表8-6　　**行政单位"大账"和基建账会计科目对照表（负债类）**

序号	"大账"科目		基建账科目	
	编号	名　称	编号	名　称
1	2001	应缴财政款	362	应交基建包干节余（应交财政部分）
			363	应交基建收入（应交财政部分）
			364	其他应交款（应交财政部分）
2	2101	应缴税费	361	应交税金
3	2201	应付职工薪酬	341	应付工资
			342	应付福利费
4	2301	应付账款	331	应付器材款
			332	应付工程款（1年以内偿还的）
			351	应付有偿调入器材及工程款
			353	应付票据
5	2305	其他应付款	352	其他应付款
			364	其他应交款（非应交财政部分）
6	2401	长期应付款	332	应付工程款（超过1年偿还的）
			304	基建投资借款
			305	上级拨入投资借款
			306	其他借款

（二）负债类基建账数据的并入方法

1. "应交基建包干节余"、"应交基建收入"、"其他应交款"科目

按照基建账中"应交基建包干节余"、"应交基建收入"、"其他应交款"科目贷方余额中属于应交财政部分，贷记"大账"中"应缴财政款"科目；其余部分贷记"大账"中"其他应付款"科目。

2. "应交税金"科目

按照基建账中"应交税金"科目贷方余额，贷记"大账"中"应缴税费"科目。

3. "应付工资"、"应付福利费"科目

按照基建账中"应付工资"、"应付福利费"科目贷方余额，贷记"大账"中"应付职工薪酬"科目。

4. "应付器材款"、"应付有偿调入器材及工程款"、"应付票据"科目

按照基建账中"应付器材款"、"应付有偿调入器材及工程款"、"应付票据"科目贷方余额，以及"应付工程款"科目贷方余额中属于1年以内（含1年）偿还的部分，贷记"大账"中"应付账款"科目。

5. "其他应付款"科目

按照基建账中"其他应付款"科目贷方余额，贷记"大账"中"其他应付款"科目。

6. "基建投资借款"、"上级拨入投资借款"、"其他借款"科目

按照基建账中"基建投资借款"、"上级拨入投资借款"、"其他借款"科目贷方余额和"应付工程款"科目贷方余额中属于超过1年偿还的部分，贷记"大账"中"长期应付款"科目。

【例8-7】某行政单位对负债类科目进行并账处理。基建账中，"应交基建包干节余"科目贷方余额为92 000元，全部属于应上缴财政的金额；"应交基建收入"科目贷方余额为38 000元，属于应上缴财政部分的金额为17 000元，其余部分应上缴主管单位；"其他应交款"科目贷方余额为27 000元，全部属于应上缴上级单位的款项。

借：相关科目（基建账）　　　　　　　　　　　157 000
　　贷：应缴财政款（"大账"）　　　　　　　　　　109 000
　　　　其他应付款（"大账"）　　　　　　　　　　 48 000

小提示

与资产类基建账的并入类似，负债类基建账数据并入时也没有确认"待偿债净资产"项目。基建账相关负债对应的待偿债净资产，需要在并入净资产数据时予以确认。

三、衔接转换过程中净资产类基建账数据的并入

（一）净资产类"大账"和基建账会计科目的对应关系

行政单位在新旧会计制度转换过程中，应当按照"大账"和基建账会计科

目的对应关系，将 2013 年 12 月 31 日基建账中净资产类科目余额并入"大账"。行政单位"大账"和基建账会计科目对照表（净资产类）见表 8-7。

表 8-7　　　　行政单位"大账"和基建账会计科目对照表（净资产类）

序号	"大账"科目		基建账科目	
	编号	名称	编号	名称
1	3001	财政拨款结转	301	基建拨款（贷方余额中归属于同级财政拨款结转的资金）
			301	基建拨款（本期借方发生额中属于交回同级财政的结余资金）
			401	留成收入（属于同级财政拨款形成的部分）
2	3002	财政拨款结余	301	基建拨款（本期借方发生额中属于交回同级财政的结余资金）
			401	留成收入（属于同级财政拨款形成的部分）
3	3101	其他资金结转结余	301	基建拨款（本期借方发生额中属于交回的非同级财政结余资金）
			401	留成收入（属于非同级财政拨款形成的部分）
4	3501 350121 350131	资产基金　固定资产　在建工程		根据相关科目分析计算①
5	3502	待偿债净资产		根据相关科目分析计算②

（二）净资产类基建账数据的并入方法

1. 负债对应的待偿债净资产

按照基建账中"应付器材款"、"应付工程款"、"应付有偿调入器材及工程款"、"应付票据"、"基建投资借款"、"其他借款"、"上级拨入投资借款"科目贷方余额减去尚未使用的借款金额（实行贷转存办法）后的差额，借记"大账"中"待偿债净资产"科目。

2. 固定资产对应的资产基金

按照基建账中"固定资产"科目借方余额和"累计折旧"科目贷方余额的差额，贷记"大账"中"资产基金——固定资产"科目。

3. 在建工程对应的资产基金

按照基建账中"建筑安装工程投资"、"设备投资"、"待摊投资"、"其他投资"、"器材采购"、"采购保管费"、"库存设备"、"库存材料"、"材料成本差

---

① 基建账中没有与"资产基金"直接对应的会计科目。
② 基建账中没有与"待偿债净资产"直接对应的会计科目。

异"、"委托加工器材"、"预付备料款"、"预付工程款"科目借方余额,贷记"大账"中"资产基金——在建工程"科目。

4. 财政拨款结转

按照基建账中"基建拨款"、"留成收入"科目余额中归属于同级财政拨款结转的部分,贷记"大账"中"财政拨款结转"科目。

5. 财政拨款结余

按照基建账中"留成收入"科目余额中归属于同级财政拨款结余的部分,贷记"大账"中"财政拨款结余"科目。

6. 其他资金结转结余

完成了上述基建账并入处理后,将"大账"科目的借方合计金额减去贷方合计金额后的差额,贷记或借记"大账"中"其他资金结转结余"科目。

【例8-8】某行政单位对基建账中的"基建拨款"、"留成收入"科目进行并账处理。"基建拨款"科目贷方余额为 63 000 元,全部属于同级财政拨款结转资金;"留成收入"科目贷方余额为 42 000 元,属于同级财政拨款结余部分的金额为 29 000 元。

借:相关科目(基建账）   105 000
　　贷:财政拨款结转（"大账"）   63 000
　　　　财政拨款结余（"大账"）   29 000
　　　　其他资金结转结余（"大账"）   13 000

完成了资产、负债和净资产类基建账数据的并入处理后,应对并账会计分录进行归纳、整理,并试算平衡。由于基建数据并账采用"单式记账"的方法,可将所有"大账"的会计科目进行合并,形成一个汇总并账会计分录。

> **小知识**
>
> 《国有建设单位会计制度》主要适用于实行独立核算的国有建设单位。行政单位基本建设投资的会计核算在执行《行政单位会计制度》的同时,还按照国家有关基本建设会计核算的规定单独建账、单独核算。行政单位的基本建设是指以新增或扩大行政能力为目的,新建、续建、改扩建、迁建、大型维修改造工程及相关工作。

四、执行新制度后基建账数据的并入[①]

(一)执行新制度后基建账数据并入的要求

行政单位的基本建设投资执行《国有建设单位会计制度》,与基本建设相关的资产、负债及收支等信息都只在基建账中反映。为提高行政单位会计信息的完

---

① 需要注意的是,这并不属于新旧会计制度衔接转换期间的工作。财政部在《新旧行政单位会计制度有关衔接问题的处理规定》中,对行政单位执行新会计制度后的基建账数据并入的处理进行了规范,因此本书在此一并讲解。

整性，新会计制度要求行政单位对基建投资在按照基建会计核算规定单独建账、单独核算的同时，将基建账相关数据定期并入单位会计"大账"，在"大账"中按照新制度的要求对基建账数据进行会计处理。

《新旧行政单位会计制度有关衔接问题的处理规定》要求，行政单位执行新制度后，应当至少按月将基建账中相关科目的发生额并入行政单位会计的"大账"中。如果行政单位存在按照国家有关规定单独核算的基本建设投资，至少在每个月的月末都必须进行基建账数据并入的处理。

（二）执行新制度后基建账数据并入的方法

1. 资产、负债和净资产类

行政单位执行新制度后，资产、负债和净资产类科目的基建账数据并入的方法，与新旧制度衔接转换过程并入的方法类似，但也存在一定的区别。两者的科目对应关系基本相同，但并入的金额不同。新旧制度衔接转换过程基建账数据并入是初次并入，需要将基建账各资产、负债和净资产科目的"余额"并入到"大账"中。执行新会计制度后的基建账数据并入是再次并入，需要将基建账各资产、负债和净资产科目的本期发生额的"净额"并入到"大账"中。

会计科目的本期发生额的"净额"是指该科目本期借方发生额与贷方发生额的差额。资产类科目的本期发生额的"净额"通常在借方（"累计折旧"等科目除外），负债和净资产类科目的本期发生额的"净额"通常在贷方（"待偿债净资产"等科目除外）。在并账过程中，根据"大账"科目和基建账科目的对应关系，按照基建账中相关科目本期发生额的借方净额，借记"大账"中的对应科目；按照基建账中相关科目本期发生额的贷方净额，贷记"大账"中的对应科目。

如果存在当期发生基本建设结余资金交回业务，需要根据基建账中"基建拨款"科目本期借方发生额中归属于同级财政拨款的部分，借记"大账"中"财政拨款结转"或"财政拨款结余"科目；其余部分，借记"大账"中"其他资金结转结余"科目。

【例8-9】某行政单位于2014年1月1日开始执行新会计制度。1月末进行基建账数据并入时，基建账"银行存款"科目借方发生额为186 000元，贷方发生额为173 000元，需要并入"大账""银行存款"科目的借方净额为13 000元。

借：银行存款（"大账"）　　　　　　　　　　　　13 000
　　贷：银行存款（基建账）　　　　　　　　　　　　　　　　13 000

2. 收入、支出类

行政单位执行新会计制度后，不但要将资产、负债和净资产类科目的基建账数据并入"大账"，还需要进行收入、支出类基建账数据并入的处理。行政单位

"大账"和基建账会计科目对照表（收支类）见表8-8。

表8-8　　　　　行政单位"大账"和基建账会计科目对照表（收支类）

序号	"大账"科目		基建账科目	
	编号	名　称	编号	名　称
1	4001	财政拨款收入	301	基建拨款（本期贷方发生额中属于同级财政拨款的部分）
2	4011	其他收入	301	基建拨款（本期贷方发生额中属于非同级财政拨款的部分）
			321	上级拨入资金
3	5001	经费支出	—	根据相关科目分析计算①

（1）收入科目的并入

按照基建账中"基建拨款"科目本期贷方发生额中归属于同级财政拨款的部分，贷记"大账"中"财政拨款收入"科目；其余部分，贷记"大账"中"其他收入"科目。按照基建账中"上级拨入资金"科目本期贷方发生额，贷记"大账"中"其他收入"科目。

（2）支出科目的并入

根据新会计制度规定的支出确认原则，对基建账中相关科目本期发生额进行分析计算，按照计算出的数额，借记"大账"中"经费支出"科目。

为避免重复，行政单位如有从"大账"中"经费支出"科目列支转入基建账的资金，还应当在并账后将已列支金额部分予以冲销，借记"其他收入"科目，贷记"经费支出"科目。

【例8-10】某行政单位于2014年1月1日开始执行新会计制度。1月末进行基建账数据并入时，基建账"基建拨款"科目本期贷方发生额为78 000元，属于同级财政拨款部分的金额为50 000元。

借：相关科目（基建账）　　　　　　　　　　　　　　　78 000

　　贷：财政拨款收入（"大账"）　　　　　　　　　　　　50 000

　　　　其他收入（"大账"）　　　　　　　　　　　　　　28 000

> **小提示**
>
> 　如果行政单位在"大账"中已经对基本建设资金的收入、支出进行了核算，则不需要再进行基建账收支科目的并账处理。

完成了资产、负债、净资产、收入和支出的基建账数据的并入处理后，可将所编写的会计分录中涉及"大账"的会计科目进行合并，形成汇总并账会计分

---

① 基建账中没有与"经费支出"直接对应的会计科目。

录，试算平衡后记入单位的"大账"。

第四节　期初资产负债表的编制

原账会计科目余额的调整和基本建设账数据的并入工作结束后，行政单位即可以编制新会计制度下的会计科目余额表，并据以登记新账，并编制 2014 年期初资产负债表，完成新旧会计制度的转换工作。

一、新账会计科目余额表的编制

经过原账会计科目余额转换、未入账事项补充登记和基本建设账数据的并入后，即可根据所做的调整分录、补充登记分录和并账分录编制新账的会计科目余额表。编制会计科目余额表前，应当对所编写的衔接会计分录进行归纳、整理与审核，检查是否存在遗漏、重复和错误的调整事项。编制会计科目余额表时，可以采用"丁字账户"（又称"T 型账户"）法，将衔接转换过程中所编写的会计分录中涉及"新账"（原账会计科目余额调整分录）、"大账"（基建账数据并入分录）的会计科目的发生额，登记到各会计科目的"丁字账户"中，分别结出新制度下各会计科目的余额。"丁字账户"结构的示例如图 8-1 所示。①

银行存款

借方		贷方
原账"银行存款"科目余额转入　49 000		
基建账"银行存款"科目并入　33 800		
新账会计科目余额　82 800		

长期应付款

借方	贷方	
	原账"暂存款"科目余额转入	16 200
	原未入账事项补充登记	12 600
	基建账"应付工程款"科目并入	14 700
	新账会计科目余额	43 500

待偿债净资产

借方		贷方
"应付账款"科目对应的金额　58 200		
"长期应付款"科目对应的金额　43 500		
新账会计科目余额　101 700		

图 8-1　账户结构图

---

① 这里仅列出三个账户进行说明。行政单位在新旧会计制度的衔接转换过程中，应结出新制度下所有会计科目的余额。

将"丁字账户"中的各账户的余额填入新账会计科目余额表中,试算平衡后,即完成新账会计科目余额表的编制。2014 年 1 月 1 日的会计科目余额表见表 8-9。新账会计科目余额表是登记 2014 年 1 月 1 日新账的依据,也是编制2014 年初资产负债表的基础。

表 8-9

新账会计科目余额表

2014 年 1 月 1 日

单位:元

资产类科目	借方余额	贷方余额	负债与净资产类科目	借方余额	贷方余额
库存现金	3 500		应缴财政款		0
银行存款	82 800		应缴税费		0
零余额账户用款额度	0		应付职工薪酬		0
财政应返还额度	81 000		应付账款		58 200
应收账款	25 000		应付政府补贴款		0
预付账款	6 000		其他应付款		13 200
其他应收款	8 100		长期应付款		43 500
存货	323 500		受托代理负债		133 100
固定资产	1 512 000		财政拨款结转		85 000
累计折旧		392 000	财政拨款结余		46 000
在建工程	250 000		其他资金结转结余		56 200
无形资产	287 500		资产基金		2 011 500
累计摊销		57 500	待偿债净资产	101 700	
待处理财产损溢	0				
政府储备物资	82 000				
公共基础设施	0				
受托代理资产	133 100				
合　　计	2 794 500	449 500	合　　计	101 700	2 446 700

二、新账会计科目年初余额的登记

行政单位应当按照新会计制度的要求设立 2014 年新账。会计科目的名称、编号必须与会计制度的规定一致,因没有相关业务不需要使用的总账科目可以不设,可以根据实际情况自行设置会计制度规定以外的明细科目。

会计科目余额表中列示的各会计科目余额,即是 2014 年 1 月 1 日新账的年初余额。会计人员应当将各会计科目的年初余额依次登记到 2014 年新账中,包括总账、日记账和明细账等。

三、期初资产负债表编制

按照财政部《新旧行政单位会计制度有关衔接问题的处理规定》，行政单位在完成了科目余额转换与新账年初余额的登记后，应当根据新账各会计科目的期初余额，按照新会计制度的要求编制 2014 年 1 月 1 日期初资产负债表。期初资产负债表只要求列出"年初余额"，"期末余额"一栏数字可以不用填写。编制的期初资产负债表见表 8-10。

表 8-10　　　　　　　　　　　　资产负债表　　　　　　　　　会行政 01 表

编制单位：××××　　　　　　　　　20×4 年 1 月 1 日　　　　　　　　　单位：元

资产	年初余额	期末余额	负债与净资产	年初余额	期末余额
流动资产：			流动负债：		
库存现金	3 500		应缴财政款	0	
银行存款	82 800		应缴税费	0	
财政应返还额度	81 000		应付职工薪酬	0	
应收账款	25 000		应付账款	58 200	
预付账款	6 000		应付政府补贴款	0	
其他应收款	8 100		其他应付款	13 200	
存货	323 500		一年内到期的非流动负债	0	
流动资产合计	529 900		流动负债合计	71 400	
固定资产	1 120 000		非流动负债：		
固定资产原价	1 512 000		长期应付款	43 500	
减：固定资产累计折旧	392 000		受托代理负债	133 100	
在建工程	250 000		负债合计	248 000	
无形资产	230 000				
无形资产原价	287 500				
减：累计摊销	57 500				
待处理财产损溢	0		财政拨款结转	85 000	
政府储备物资	82 000		财政拨款结余	46 000	
公共基础设施	0		其他资金结转结余	56 200	
公共基础设施原价	0		其中：项目结转	32 700	
减：公共基础设施累计折旧	0		资产基金	2 011 500	
公共基础设施在建工程	0		待偿债净资产	-101 700	
受托代理资产	133 100		净资产合计	2 097 000	
资产总计	2 345 000		负债与净资产总计	2 345 000	

附录一

行政单位会计制度

第一章　总则

第一条　为了规范行政单位会计核算，保证会计信息质量，根据《中华人民共和国会计法》和其他有关法律、行政法规和部门规章，制定本制度。

第二条　本制度适用于各级各类国家机关、政党组织（以下统称行政单位）。

第三条　行政单位会计核算目标是向会计信息使用者提供与行政单位财务状况、预算执行情况等有关的会计信息，反映行政单位受托责任的履行情况，有助于会计信息使用者进行管理、监督和决策。

行政单位会计信息使用者包括人民代表大会、政府及其有关部门、行政单位自身和其他会计信息使用者。

第四条　行政单位应当对其自身发生的经济业务或者事项进行会计核算。

第五条　行政单位会计核算应当以行政单位各项业务活动持续正常地进行为前提。

第六条　行政单位应当划分会计期间，分期结算账目和编制财务报表。

会计期间至少分为年度和月度。会计年度、月度等会计期间的起讫日期采用公历日期。

第七条　行政单位会计核算应当以人民币作为记账本位币。发生外币业务时，应当将有关外币金额折算为人民币金额计量。

第八条　行政单位会计应当按照业务或事项的经济特征确定会计要素。会计要素包括资产、负债、净资产、收入和支出。

第九条 行政单位会计核算一般采用收付实现制，特殊经济业务和事项应当按照本制度的规定采用权责发生制核算。

第十条 行政单位应当采用借贷记账法记账。

第十一条 行政单位的会计记录应当使用中文，少数民族地区可以同时使用本民族文字。

第二章 会计信息质量要求

第十二条 行政单位应当以实际发生的经济业务或者事项为依据进行会计核算，如实反映各项会计要素的情况和结果，保证会计信息真实可靠。

第十三条 行政单位提供的会计信息应当与行政单位受托责任履行情况的反映、会计信息使用者的管理、监督和决策需要相关，有助于会计信息使用者对行政单位过去、现在或者未来的情况作出评价或者预测。

第十四条 行政单位应当将发生的各项经济业务或者事项全部纳入会计核算，确保会计信息能够全面反映行政单位的财务状况和预算执行情况等。

第十五条 行政单位对于已经发生的经济业务或者事项，应当及时进行会计核算，不得提前或者延后。

第十六条 行政单位提供的会计信息应当具有可比性。

同一行政单位不同时期发生的相同或者相似的经济业务或者事项，应当采用一致的会计政策，不得随意变更。确需变更的，应当将变更的内容、理由和对单位财务状况、预算执行情况的影响在附注中予以说明。

不同行政单位发生的相同或者相似的经济业务或者事项，应当采用统一的会计政策，确保不同行政单位会计信息口径一致、相互可比。

第十七条 行政单位提供的会计信息应当清晰明了，便于会计信息使用者理解和使用。

第三章 资产

第十八条 资产是指行政单位占有或者使用的，能以货币计量的经济资源。

前款所称占有，是指行政单位对经济资源拥有法律上的占有权。由行政单位直接支配，供社会公众使用的政府储备物资、公共基础设施等，也属于行政单位核算的资产。

第十九条 行政单位的资产包括流动资产、固定资产、在建工程、无形资产等。其中，流动资产是指可以在1年以内（含1年）变现或者耗用的资产，包括库存现金、银行存款、零余额账户用款额度、财政应返还额度、应收及预付款项、存货等。

零余额账户用款额度是指实行国库集中支付的行政单位根据财政部门批复的用款计划收到和支用的零余额账户用款额度。

财政应返还额度是指实行国库集中支付的行政单位应收财政返还的资金额度。

应收及预付款项是指行政单位在开展业务活动中形成的各项债权，包括应收账款、预付账款、其他应收款等。

存货是指行政单位在工作中为耗用而储存的资产，包括材料、燃料、包装物和低值易耗品等。

固定资产是指使用期限超过 1 年（不含 1 年），单位价值在规定标准以上，并且在使用过程中基本保持原有物质形态的资产。

在建工程是指行政单位已经发生必要支出，但尚未交付使用的建设工程。

无形资产是指不具有实物形态而能够为使用者提供某种权利的非货币性资产。

第二十条　行政单位对符合本制度第十八条资产定义的经济资源，应当在取得对其相关的权利并且能够可靠地进行货币计量时确认。

符合资产定义并确认的资产项目，应当列入资产负债表。

第二十一条　行政单位的资产应当按照取得时实际成本进行计量。除国家另有规定外，行政单位不得自行调整其账面价值。

应收及预付款项应当按照实际发生额计量。

以支付对价方式取得的资产，应当按照取得资产时支付的现金或者现金等价物的金额，以及所付出的非货币性资产的评估价值等金额计量。

取得资产时没有支付对价的，其计量金额应当按照有关凭证注明的金额加上相关税费、运输费等确定；没有相关凭证但依法经过资产评估的，其计量金额应当按照评估价值加上相关税费、运输费等确定；没有相关凭证也未经评估的，其计量金额比照同类或类似资产的市场价格加上相关税费、运输费等确定；没有相关凭证也未经评估，其同类或类似资产的市场价格无法可靠取得，所取得的资产应当按照名义金额（即人民币 1 元，下同）入账。

第二十二条　行政单位应当按照本制度的规定对无形资产进行摊销；对无形资产计提摊销的金额，应当根据无形资产原价和摊销年限确定。

行政单位对固定资产、公共基础设施是否计提折旧由财政部另行规定；按照规定对固定资产、公共基础设施计提折旧的，折旧金额应当根据固定资产、公共基础设施原价和折旧年限确定。

第四章　负债

第二十三条　负债是指行政单位所承担的能以货币计量，需要以资产等偿还的债务。

第二十四条　行政单位的负债按照流动性，分为流动负债和非流动负债。

流动负债是指预计在 1 年内（含 1 年）偿还的负债。

非流动负债是指流动负债以外的负债。

第二十五条　行政单位的流动负债包括应缴财政款、应缴税费、应付职工薪酬、应付及暂存款项、应付政府补贴款等。

应缴财政款是指行政单位按照规定取得的应当上缴财政的款项。

应缴税费是指行政单位按照国家税法等有关规定应当缴纳的各种税费。

应付职工薪酬是指行政单位按照有关规定应付的职工工资、津贴补贴等。

应付及暂存款项是指行政单位在开展业务活动中发生的各项债务，包括应付账款、其他应付款等。

应付政府补贴款是指负责发放政府补贴的行政单位，按照有关规定应付给政府补贴接受者的各种政府补贴款。

第二十六条　行政单位的非流动负债包括长期应付款。

长期应付款是指行政单位发生的偿还期限超过 1 年（不含 1 年）的应付款项。

第二十七条　行政单位对符合本制度第二十三条负债定义的债务，应当在确定承担偿债责任并且能够可靠地进行货币计量时确认。

符合负债定义并确认的负债项目，应当列入资产负债表；行政单位承担或有责任（偿债责任需要通过未来不确定事项的发生或不发生予以证实）的负债，不列入资产负债表，但应当在报表附注中披露。

第二十八条　行政单位的负债，应当按照承担的相关合同金额或实际发生额进行计量。

第五章　净资产

第二十九条　净资产是指行政单位资产扣除负债后的余额。

第三十条　行政单位的净资产包括财政拨款结转、财政拨款结余、其他资金结转结余、资产基金、待偿债净资产等。

财政拨款结转是指行政单位当年预算已执行但尚未完成，或因故未执行，下一年度需要按照原用途继续使用的财政拨款滚存资金。

财政拨款结余是指行政单位当年预算工作目标已完成，或因故终止，剩余的财政拨款滚存资金。

其他资金结转结余是指行政单位除财政拨款收支以外的各项收支相抵后剩余的滚存资金。

资产基金是指行政单位的非货币性资产在净资产中占用的金额。

待偿债净资产是指行政单位因发生应付账款和长期应付款而相应需在净资产中冲减的金额。

第六章　收入

第三十一条　收入是指行政单位依法取得的非偿还性资金。

第三十二条　行政单位的收入包括财政拨款收入和其他收入。

财政拨款收入是指行政单位从同级财政部门取得的财政预算资金。

其他收入是指行政单位依法取得的除财政拨款收入以外的各项收入。

第三十三条　行政单位的收入一般应当在收到款项时予以确认，并按照实际收到的金额进行计量。

第七章　支出

第三十四条　支出是指行政单位为保障机构正常运转和完成工作任务所发生的资金耗费和损失。

第三十五条　行政单位的支出包括经费支出和拨出经费。

经费支出是指行政单位自身开展业务活动使用各项资金发生的基本支出和项目支出。

拨出经费是指行政单位纳入单位预算管理、拨付给所属单位的非同级财政拨款资金。

第三十六条　行政单位的支出一般应当在支付款项时予以确认，并按照实际支付金额进行计量。

采用权责发生制确认的支出，应当在其发生时予以确认，并按照实际发生额进行计量。

第八章　会计科目

第三十七条　行政单位应当按照下列规定运用会计科目：

一、行政单位应当对有关法律、法规允许进行的经济活动，按照本制度的规定使用会计科目进行核算；行政单位不得以本制度规定的会计科目及使用说明作为进行有关法律、法规禁止的经济活动的依据。

二、行政单位对基本建设投资的会计核算在执行本制度的同时，还应当按照国家有关基本建设会计核算的规定单独建账、单独核算。

三、行政单位应当按照本制度的规定设置和使用会计科目，因没有相关业务不需要使用的总账科目可以不设；在不影响会计处理和编报财务报表的前提下，行政单位可以根据实际情况自行增设本制度规定以外的明细科目，或者自行减少、合并本制度规定的明细科目。

四、按照财政部规定对固定资产和公共基础设施计提折旧的，相关折旧的账务处理应当按照本制度规定执行；按照财政部规定不对固定资产和公共基础设施计提折旧的，不设置本制度规定的"累计折旧"科目，在进行账务处理时不考虑本制度其他科目说明中涉及的"累计折旧"科目。

五、本制度统一规定会计科目的编号，以便于填制会计凭证、登记账簿、查阅账目、实行会计信息化管理。行政单位不得随意打乱重编本制度规定的会计科目编号。

第三十八条 行政单位适用的会计科目如下：

序号	科目编号	会计科目名称
一、资产类		
1	1001	库存现金
2	1002	银行存款
3	1011	零余额账户用款额度
4	1021 102101 102102	财政应返还额度 　财政直接支付 　财政授权支付
5	1212	应收账款
6	1213	预付账款
7	1215	其他应收款
8	1301	存货
9	1501	固定资产
10	1502	累计折旧
11	1511	在建工程
12	1601	无形资产
13	1602	累计摊销
14	1701	待处理财产损溢
15	1801	政府储备物资
16	1802	公共基础设施
17	1901	受托代理资产
二、负债类		
18	2001	应缴财政款
19	2101	应缴税费
20	2201	应付职工薪酬
21	2301	应付账款
22	2302	应付政府补贴款

序号	科目编号	会计科目名称
23	2305	其他应付款
24	2401	长期应付款
25	2901	受托代理负债
三、净资产类		
26	3001	财政拨款结转
27	3002	财政拨款结余
28	3101	其他资金结转结余
29	3501	资产基金
	350101	预付款项
	350111	存货
	350121	固定资产
	350131	在建工程
	350141	无形资产
	350151	政府储备物资
	350152	公共基础设施
30	3502	待偿债净资产
四、收入类		
31	4001	财政拨款收入
32	4011	其他收入
五、支出类		
33	5001	经费支出
34	5101	拨出经费

第三十九条 行政单位会计科目使用说明如下：

一、资产类

1001 库存现金

一、本科目核算行政单位的库存现金。

二、行政单位应当严格按照国家有关现金管理的规定收支现金，并按照本制度规定核算现金的各项收支业务。

三、库存现金的主要账务处理如下：

（一）从银行等金融机构提取现金，按照实际提取的金额，借记本科目，贷记"银行存款"、"零余额账户用款额度"等科目；将现金存入银行等金融机构，借记"银行存款"，贷记本科目；将现金退回单位零余额账户，借记"零余额账户用款额度"科目，贷记本科目。

（二）因支付内部职工出差等原因所借的现金，借记"其他应收款"科目，贷记本科目；出差人员报销差旅费时，按照应报销的金额，借记有关科目，按照实际借出的现金金额，贷记"其他应收款"科目，按照其差额，借记或贷记本科目。

（三）因开展业务或其他事项收到现金，借记本科目，贷记有关科目；因购买服务、商品或者其他事项支出现金，借记有关科目，贷记本科目。

（四）收到受托代理的现金时，借记本科目，贷记"受托代理负债"科目；支付受托代理的现金时，借记"受托代理负债"科目，贷记本科目。

四、行政单位应当设置"现金日记账"，由出纳人员根据收付款凭证，按照业务发生顺序逐笔登记。每日终了，应当计算当日的现金收入合计数、现金支出合计数和结余数，并将结余数与实际库存数核对，做到账款相符。

每日终了结算现金收支，核对库存现金时发现有待查明原因的现金短缺或溢余，应通过"待处理财产损溢"科目核算。属于现金短缺，应当按照实际短缺的金额，借记"待处理财产损溢"科目，贷记本科目；属于现金溢余，应当按照实际溢余的金额，借记本科目，贷记"待处理财产损溢"科目。待查明原因后作如下处理：

（一）如为现金短缺，属于应由责任人赔偿或向有关人员追回的部分，借记"其他应收款"科目，贷记"待处理财产损溢"科目。

（二）如为现金溢余，属于应支付给有关人员或单位的，借记"待处理财产损溢"科目，贷记"其他应付款"科目。

五、行政单位有外币现金的，应当分别按照人民币、外币种类设置"现金日记账"进行明细核算。有关外币现金业务的账务处理参见"银行存款"科目的相关规定。

六、本科目期末借方余额，反映行政单位实际持有的库存现金。

1002 银行存款

一、本科目核算行政单位存入银行或者其他金融机构的各种存款。

二、行政单位应当严格按照国家有关支付结算办法的规定办理银行存款收支业务，并按照本制度规定核算银行存款的各项收支业务。

三、银行存款的主要账务处理如下：

（一）将款项存入银行或者其他金融机构，借记本科目，贷记"库存现金"、"其他收入"等有关科目。

（二）提取和支出存款时，借记有关科目，贷记本科目。

（三）收到银行存款利息，借记本科目，贷记"其他收入"等科目；支付银行手续费或银行扣收罚金等时，借记"经费支出"科目，贷记本科目。

（四）收到受托代理的银行存款时，借记本科目，贷记"受托代理负债"科目；支付受托代理的存款时，借记"受托代理负债"科目，贷记本科目。

四、行政单位发生外币业务的，应当按照业务发生当日或当期期初的即期汇率，将外币金额折算为人民币金额记账，并登记外币金额和汇率。

期末，各种外币账户的期末余额，应当按照期末的即期汇率折算为人民币，作为外币账户期末人民币余额。调整后的各种外币账户人民币余额与原账面余额的差额，作为汇兑损益计入当期支出。

（一）以外币购买物资、劳务等，按照购入当日或当期期初的即期汇率将支付的外币或应支付的外币折算为人民币金额，借记有关科目，贷记本科目、"应付账款"等科目的外币账户。

（二）以外币收取相关款项等，按照收入确认当日或当期期初的即期汇率将收取的外币或应收取的外币折算为人民币金额，借记本科目、"应收账款"等科目的外币账户，贷记有关科目。

（三）期末，根据各外币账户按期末汇率调整后的人民币余额与原账面人民币余额的差额，作为汇兑损益，借记或贷记本科目、"应收账款"、"应付账款"等科目，贷记或借记"经费支出"等科目。

五、行政单位应当按开户银行或其他金融机构、存款种类及币种等，分别设置"银行存款日记账"，由出纳人员根据收付款凭证，按照业务的发生顺序逐笔登记，每日终了应结出余额。"银行存款日记账"应定期与"银行对账单"核对，至少每月核对一次。月度终了，行政单位账面余额与银行对账单余额之间如有差额，必须逐笔查明原因并进行处理，按月编制"银行存款余额调节表"，调节相符。

六、本科目期末借方余额，反映行政单位实际存放在银行或其他金融机构的款项。

1011 零余额账户用款额度

一、本科目核算实行国库集中支付的行政单位根据财政部门批复的用款计划收到和支用的零余额账户用款额度。

二、零余额账户用款额度的主要账务处理如下：

（一）收到"财政授权支付额度到账通知书"时，根据通知书所列数额，借记本科目，贷记"财政拨款收入"科目。

（二）按规定支用额度时，借记"经费支出"等科目，贷记本科目。

（三）从零余额账户提取现金时，借记"库存现金"科目，贷记本科目。

（四）年末，根据代理银行提供的对账单作银行注销额度的相关账务处理，借记"财政应返还额度——财政授权支付"科目，贷记本科目。如单位本年度财政授权支付预算指标数大于财政授权支付额度下达数，根据两者间的差额，借记"财政应返还额度——财政授权支付"科目，贷记"财政拨款收入"科目。

下年度年初，行政单位根据代理银行提供的额度恢复到账通知书作恢复额度的相关账务处理，借记本科目，贷记"财政应返还额度——财政授权支付"科目。行政单位收到财政部门批复的上年未下达零余额账户用款额度时，借记本科目，贷记"财政应返还额度——财政授权支付"科目。

三、本科目期末借方余额，反映行政单位尚未支用的零余额账户用款额度。年度终了注销单位零余额账户用款额度后，本科目应无余额。

1021 财政应返还额度

一、本科目核算实行国库集中支付的行政单位应收财政返还的资金额度。

二、本科目应当设置"财政直接支付"、"财政授权支付"两个明细科目进行明细核算。

三、财政应返还额度的主要账务处理如下：

（一）年末国库集中支付尚未使用资金额度的账务处理。

1. 财政直接支付。

年末，行政单位根据本年度财政直接支付预算指标数与财政直接支付实际支出数的差额，借记本科目（财政直接支付），贷记"财政拨款收入"科目。

2. 财政授权支付。

年末，财政授权支付尚未使用资金额度的账务处理，参见"零余额账户用款额度"科目。

（二）下年初恢复以前年度财政资金额度的账务处理，参见"零余额账户用款额度"科目。

（三）行政单位使用以前年度财政资金额度的账务处理。

1. 财政直接支付。

行政单位使用以前年度财政直接支付额度发生支出时，借记"经费支出"科目，贷记本科目（财政直接支付）。

2. 财政授权支付。

行政单位使用以前年度财政授权支付额度发生支出时的账务处理，参见"零余额账户用款额度"科目。

四、本科目期末借方余额，反映行政单位应收财政返还的资金额度。

1212 应收账款

一、本科目核算行政单位出租资产、出售物资等应当收取的款项。行政单位收到的商业汇票，也通过本科目核算。

二、本科目应当按照购货、接受服务单位（或个人）或开出、承兑商业汇票的单位等进行明细核算。

三、应收账款应当在资产已出租或物资已出售、且尚未收到款项时确认。

四、应收账款的主要账务处理如下：

（一）出租资产发生的应收账款。

1. 出租资产尚未收到款项时，按照应收未收金额，借记本科目，贷记"其他应付款"科目。

2. 收回应收账款时，借记"银行存款"等科目，贷记本科目；同时，借记"其他应付款"科目，按照应缴的税费，贷记"应缴税费"科目，按照扣除应缴税费后的净额，贷记"应缴财政款"科目。

（二）出售物资发生的应收账款。

1. 物资已发出并到达约定状态且尚未收到款项时，按照应收未收金额，借记本科目，贷记"待处理财产损溢"科目。

2. 收回应收账款时，借记"银行存款"等科目，贷记本科目。

（三）收到商业汇票。

1. 出租资产收到商业汇票，按照商业汇票的票面金额，借记本科目，贷记"其他应付款"科目。

出售物资收到商业汇票，按照商业汇票的票面金额，借记本科目，贷记"待处理财产损溢"科目。

2. 商业汇票到期收回款项时，借记"银行存款"等科目，贷记本科目。其中，出租资产收回款项的，还应当同时借记"其他应付款"科目，按照应缴的税费，贷记"应缴税费"科目，按照扣除应缴税费后的净额，贷记"应缴财政款"科目。

行政单位应当设置"商业汇票备查簿"，逐笔登记每一笔应收商业汇票的种类、号数、出票日期、到期日、票面金额、交易合同号等相关信息资料。商业汇票到期结清票款或退票后，应当在备查簿内逐笔注销。

五、逾期3年或以上、有确凿证据表明确实无法收回的应收账款，按规定报经批准后予以核销。核销的应收账款应在备查簿中保留登记。

（一）转入"待处理财产损溢"时，按照待核销的应收账款金额，借记"待处理财产损溢"科目，贷记本科目。

（二）已核销的应收账款在以后期间收回的，借记"银行存款"科目，贷记"应缴财政款"等科目。

六、本科目期末借方余额，反映行政单位尚未收回的应收账款。

1213 预付账款

一、本科目核算行政单位按照购货、服务合同规定预付给供应单位（或个人）的款项。行政单位依据合同规定支付的定金，也通过本科目核算。行政单位支付可以收回的订金，不通过本科目核算，应当通过"其他应收款"科目核算。

二、本科目应当按照供应单位（或个人）进行明细核算。

三、预付账款应当在已支付款项且尚未收到物资或服务时确认。

四、预付账款的主要账务处理如下：

（一）发生预付账款时，借记本科目，贷记"资产基金——预付款项"科目；同时，借记"经费支出"科目，贷记"财政拨款收入"、"零余额账户用款额度"、"银行存款"等科目。

（二）收到所购物资或服务时，按照相应预付账款金额，借记"资产基金——预付款项"科目，贷记本科目；发生补付款项的，按照实际补付的款项，借记"经费支出"科目，贷记"财政拨款收入"、"零余额账户用款额度"、"银行存款"等科目。收到物资的，同时按照收到所购物资的成本，借记有关资产科目，贷记"资产基金"及相关明细科目。

（三）发生当年预付账款退回的，借记"资产基金——预付款项"科目，贷记本科目；同时，借记"财政拨款收入"、"零余额账户用款额度"、"银行存款"等科目，贷记"经费支出"科目。

发生以前年度预付账款退回的，借记"资产基金——预付款项"科目，贷记本科目；同时，借记"财政应返还额度"、"零余额账户用款额度"、"银行存款"等科目，贷记"财政拨款结转"、"财政拨款结余"、"其他资金结转结余"等科目。

五、逾期3年或以上、有确凿证据表明确实无法收到所购物资和服务，且无法收回的预付账款，按照规定报经批准后予以核销。核销的预付账款应在备查簿中保留登记。

（一）转入"待处理财产损溢"时，按照待核销的预付账款金额，借记"待处理财产损溢"科目，贷记本科目。

（二）已核销的预付账款在以后期间又收回的，借记"零余额账户用款额度"、"银行存款"等科目，贷记"财政拨款结转"、"财政拨款结余"、"其他资金结转结余"等科目。

六、本科目期末借方余额，反映行政单位实际预付但尚未结算的款项。

1215 其他应收款

一、本科目核算行政单位除应收账款、预付账款以外的其他各项应收及暂付款项，如职工预借的差旅费、拨付给内部有关部门的备用金、应向职工收取的各种垫付款项等。

二、本科目应当按照其他应收款的类别以及债务单位（或个人）进行明细核算。

三、其他应收款的主要账务处理如下：

（一）发生其他应收及暂付款项时，借记本科目，贷记"零余额账户用款额度"、"银行存款"等科目。

（二）收回或转销上述款项时，借记"银行存款"、"零余额账户用款额度"或有关支出等科目，贷记本科目。

（三）行政单位内部实行备用金制度的，有关部门使用备用金以后应当及时到财务部门报销并补足备用金。财务部门核定并发放备用金时，借记本科目，贷记"库存现金"等科目。根据报销数用现金补足备用金定额时，借记"经费支出"科目，贷记"库存现金"等科目，报销数和拨补数都不再通过本科目核算。

四、逾期 3 年或以上、有确凿证据表明确实无法收回的其他应收款，按规定报经批准后予以核销。核销的其他应收款应在备查簿中保留登记。

（一）转入"待处理财产损溢"时，按照待核销的其他应收款金额，借记"待处理财产损溢"科目，贷记本科目。

（二）已核销的其他应收款在以后期间又收回的，如属于在核销年度内收回的，借记"银行存款"等科目，贷记"经费支出"科目；如属于在核销年度以后收回的，借记"银行存款"等科目，贷记"财政拨款结转"、"财政拨款结余"、"其他资金结转结余"等科目。

五、本科目期末借方余额，反映行政单位尚未收回的其他应收款。

1301 存货

一、本科目核算行政单位在开展业务活动及其他活动中为耗用而储存的各种物资，包括材料、燃料、包装物和低值易耗品及未达到固定资产标准的家具、用具、装具等的实际成本。

行政单位接受委托人指定受赠人的转赠物资，应当通过"受托代理资产"科目核算，不通过本科目核算。

行政单位随买随用的零星办公用品等，可以在购进时直接列作支出，不通过本科目核算。

二、本科目应当按照存货的种类、规格和保管地点等进行明细核算。行政单位有委托加工存货业务的，应当在本科目下设置"委托加工存货成本"科目。出租、出借的存货，应当设置备查簿进行登记。

三、存货应当在其到达存放地点并验收时确认。

四、存货的主要账务处理如下：

（一）存货在取得时，应当按照其实际成本入账。

1. 购入的存货，其成本包括购买价款、相关税费、运输费、装卸费、保险费以及其他使得存货达到目前场所和状态所发生的支出。

购入的存货验收入库，按照确定的成本，借记本科目，贷记"资产基金——存货"科目；同时，按照实际支付的金额，借记"经费支出"科目，贷记"财政拨款收入"、"零余额账户用款额度"、"银行存款"等科目；对于尚未付款的，应当按照应付未付的金额，借记"待偿债净资产"科目，贷记"应付账款"科目。

2. 置换换入的存货，其成本按照换出资产的评估价值，加上支付的补价或减去收到的补价，加上为换入存货支付的其他费用（运输费等）确定。

换入的存货验收入库，按照确定的成本，借记本科目，贷记"资产基金——存货"科目；同时，按实际支付的补价、运输费等金额，借记"经费支出"科目，贷记"财政拨款收入"、"零余额账户用款额度"、"银行存款"等科目。

3. 接受捐赠、无偿调入的存货，其成本按照有关凭据注明的金额加上相关税费、运输费等确定；没有相关凭据可供取得，但依法经过资产评估的，其成本应当按照评估价值加上相关税费、运输费等确定；没有相关凭据可供取得、也未经评估的，其成本比照同类或类似存货的市场价格加上相关税费、运输费等确定；没有相关凭据也未经评估，其同类或类似存货的市场价格无法可靠取得，该存货按照名义金额入账。

接受捐赠、无偿调入的存货验收入库，按照确定的成本，借记本科目，贷记"资产基金——存货"科目；同时，按实际支付的相关税费、运输费等金额，借记"经费支出"科目，贷记"财政拨款收入"、"零余额账户用款额度"、"银行存款"等科目。

4. 委托加工的存货，其成本按照未加工存货的成本加上加工费用和往返运输费等确定。

委托加工的存货出库，借记本科目下的"委托加工存货成本"明细科目，贷记本科目下的相关明细科目。支付加工费用和相关运输费等时，借记"经费支出"科目，贷记"财政拨款收入"、"零余额账户用款额度"、"银行存款"等科目；同时，按照相同的金额，借记本科目下的"委托加工存货成本"明细科目，贷记"资产基金——存货"科目。委托加工完成的存货验收入库时，按照委托加工存货的成本，借记本科目下的相关明细科目，贷记本科目下的"委托加工存货成本"明细科目。

（二）存货发出时，应当根据实际情况采用先进先出法、加权平均法或者个别计价法确定发出存货的实际成本。计价方法一经确定，不得随意变更。

1. 开展业务活动等领用、发出存货，按照领用、发出存货的实际成本，借记"资产基金——存货"科目，贷记本科目。

2. 经批准对外捐赠、无偿调出存货时，按照对外捐赠、无偿调出存货的实际成本，借记"资产基金——存货"科目，贷记本科目。

对外捐赠、无偿调出存货发生的由行政单位承担的运输费等支出，借记"经费支出"科目，贷记"财政拨款收入"、"零余额账户用款额度"、"银行存款"等科目。

3. 经批准对外出售、置换换出的存货，应当转入"待处理财产损溢"，按照相关存货的实际成本，借记"待处理财产损溢"科目，贷记本科目。

（三）报废、毁损的存货，应当转入"待处理财产损溢"，按照相关存货的账面余额，借记"待处理财产损溢"科目，贷记本科目。

（四）行政单位的存货应当定期进行清查盘点，每年至少盘点一次。对于发生的存货盘盈、盘亏，应当及时查明原因，按规定报经批准后进行账务处理。

1. 盘盈的存货，按照取得同类或类似存货的实际成本确定入账价值；没有同类或类似存货的实际成本，按照同类或类似存货的市场价格确定入账价值；同类或类似存货的实际成本或市场价格无法可靠取得，按照名义金额入账。

盘盈的存货，按照确定的入账价值，借记本科目，贷记"待处理财产损溢"科目。

2. 盘亏的存货，转入"待处理财产损溢"时，按照其账面余额，借记"待处理财产损溢"科目，贷记本科目。

五、本科目期末借方余额，反映行政单位存货的实际成本。

1501 固定资产

一、本科目核算行政单位各类固定资产的原价。

固定资产是指使用期限超过 1 年（不含 1 年）、单位价值在规定标准以上，并在使用过程中基本保持原有物质形态的资产。单位价值虽未达到规定标准，但是耐用时间超过 1 年（不含 1 年）的大批同类物资，应当作为固定资产核算。

固定资产一般分为六类：房屋及构筑物；通用设备；专用设备；文物和陈列品；图书、档案；家具、用具、装具及动植物。

二、固定资产核算的有关说明如下：

（一）固定资产的各组成部分具有不同的使用寿命、适用不同折旧率的，应当分别将各组成部分确认为单项固定资产。

（二）购入需要安装的固定资产，应当先通过"在建工程"科目核算，安装完毕交付使用时再转入本科目核算。

（三）行政单位的软件，如果其构成相关硬件不可缺少的组成部分，应当将该软件的价值包括在所属的硬件价值中，一并作为固定资产，通过本科目进行核算；如果其不构成相关硬件不可缺少的组成部分，应当将该软件作为无形资产，通过"无形资产"科目核算。

（四）行政单位购建房屋及构筑物不能够分清支付价款中的房屋及构筑物与土地使用权部分的，应当全部作为固定资产，通过本科目核算；能够分清支付价款中的房屋及构筑物与土地使用权部分的，应当将其中的房屋及构筑物部分作为固定资产，通过本科目核算，将其中的土地使用权部分作为无形资产，通过"无形资产"科目核算；境外行政单位购买具有所有权的土地，作为固定资产，通过本科目核算。

（五）行政单位借入、以经营租赁方式租入的固定资产，不通过本科目核算，应当设置备查簿进行登记。

三、行政单位应当根据固定资产定义、有关主管部门对固定资产的统一分类，结合本单位的具体情况，制定适合本单位的固定资产目录、具体分类方法，作为进行固定资产核算的依据。

行政单位应当设置"固定资产登记簿"和"固定资产卡片"，按照固定资产类别、项目和使用部门等进行明细核算。出租、出借的固定资产，应当设置备查簿进行登记。

四、本科目核算的固定资产应当按照以下条件确认：

（一）购入、换入、无偿调入、接受捐赠不需安装的固定资产，在固定资产验收合格时确认。

（二）购入、换入、无偿调入、接受捐赠需要安装的固定资产，在固定资产安装完成交付使用时确认。

（三）自行建造、改建、扩建的固定资产，在建造完成交付使用时确认。

五、固定资产的主要账务处理如下：

（一）取得固定资产时，应当按照其成本入账。

1. 购入的固定资产，其成本包括实际支付的购买价款、相关税费、使固定资产交付使用前所发生的可归属于该项资产的运输费、装卸费、安装费和专业人员服务费等。

以一笔款项购入多项没有单独标价的固定资产，按照各项固定资产同类或类似固定资产市场价格的比例对总成本进行分配，分别确定各项固定资产的入账价值。

购入不需安装的固定资产，按照确定的固定资产成本，借记本科目，贷记"资产基金——固定资产"科目；同时，按照实际支付的金额，借记"经费支出"科目，贷记"财政拨款收入"、"零余额账户用款额度"、"银行存款"等科目。

购入需要安装的固定资产，先通过"在建工程"科目核算。安装完工交付使用时，借记本科目，贷记"资产基金——固定资产"科目；同时，借记"资产基金——在建工程"科目，贷记"在建工程"科目。

购入固定资产分期付款或扣留质量保证金的，在取得固定资产时，按照确定的固定资产成本，借记本科目［不需安装］或"在建工程"科目［需要安装］，贷记"资产基金——固定资产、在建工程"科目；同时，按照已实际支付的价款，借记"经费支出"科目，贷记"财政拨款收入"、"零余额账户用款额度"、"银行存款"等科目；按照应付未付的款项或扣留的质量保证金等金额，借记"待偿债净资产"科目，贷记"应付账款"或"长期应付款"科目。

2. 自行建造的固定资产，其成本包括建造该项资产至交付使用前所发生的全部必要支出。

固定资产的各组成部分需要分别核算的，按照各组成部分固定资产造价确定其成本；没有各组成部分固定资产造价的，按照各组成部分固定资产同类或类似固定资产市场造价的比例对总造价进行分配，确定各组成部分固定资产的成本。

工程完工交付使用时，按照自行建造过程中发生的实际支出，借记本科目，贷记"资产基金——固定资产"科目；同时，借记"资产基金——在建工程"科目，贷记"在建工程"科目；已交付使用但尚未办理竣工决算手续的固定资产，按照估计价值入账，待确定实际成本后再进行调整。

3. 自行繁育的动植物，其成本包括在达到可使用状态前所发生的全部必要支出。

（1）购入需要繁育的动植物，按照购入的成本，借记本科目（未成熟动植物），贷记"资产基金——固定资产"科目；同时，按照实际支付的金额，借记"经费支出"科目，贷记"财政拨款收入"、"零余额账户用款额度"、"银行存款"等科目。

（2）发生繁育费用，按照实际支付的金额，借记本科目（未成熟动植物），贷记"资产基金——固定资产"科目；同时，借记"经费支出"科目，贷记"财政拨款收入"、"零余额账户用款额度"、"银行存款"等科目。

（3）动植物达到可使用状态时，借记本科目（成熟动植物），贷记本科目（未成熟动植物）。

4. 在原有固定资产基础上进行改建、扩建、修缮的固定资产，其成本按照原固定资产的账面价值（"固定资产"科目账面余额减去"累计折旧"科目账面余额后的净值）加上改建、扩建、修缮发生的支出，再扣除固定资产拆除部分账面价值后的金额确定。

将固定资产转入改建、扩建、修缮时，按照固定资产的账面价值，借记"在建工程"科目，贷记"资产基金——在建工程"科目；同时，按照固定资产的账面价值，借记"资产基金——固定资产"科目，按照固定资产已计提折旧，借记"累计折旧"科目，按照固定资产的账面余额，贷记本科目。

工程完工交付使用时，按照确定的固定资产成本，借记本科目，贷记"资产基金——固定资产"科目；同时，借记"资产基金——在建工程"科目，贷记"在建工程"科目。

5. 置换取得的固定资产，其成本按照换出资产的评估价值加上支付的补价或减去收到的补价，加上为换入固定资产支付的其他费用（运输费等）确定，借记本科目［不需安装］或"在建工程"科目［需安装］，贷记"资产基金——固定资产、在建工程"科目；按照实际支付的补价、相关税费、运输费等，借记"经费支出"科目，贷记"财政拨款收入"、"零余额账户用款额度"、"银行存款"等科目。

6. 接受捐赠、无偿调入的固定资产，其成本按照有关凭据注明的金额加上相关税费、运输费等确定；没有相关凭据可供取得，但依法经过资产评估的，其成本应当按照评估价值加上相关税费、运输费等确定；没有相关凭据可供取得、也未经评估的，其成本比照同类或类似固定资产的市场价格加上相关税费、运输费等确定；没有相关凭据也未经评估，其同类或类似固定资产的市场价格无法可靠取得，所取得的固定资产应当按照名义金额入账。

接受捐赠、无偿调入的固定资产，按照确定的成本，借记本科目［不需安装］或"在建工程"科目［需要安装］，贷记"资产基金——固定资产、在建工程"科目；按照实际支付的相关税费、运输费等，借记"经费支出"科目，贷记"财政拨款收入"、"零余额账户用款额度"、"银行存款"等科目。

（二）按月计提固定资产折旧时，按照实际计提的金额，借记"资产基金——固定资产"科目，贷记"累计折旧"科目。

（三）与固定资产有关的后续支出，分以下情况处理：

1. 为增加固定资产使用效能或延长其使用寿命而发生的改建、扩建或修缮等后续支出，应当计入固定资产成本，通过"在建工程"科目核算，完工交付使用时转入本科目。有关账务处理参见"在建工程"科目。

2. 为维护固定资产正常使用而发生的日常修理等后续支出，应当计入当期支出但不计入固定资产成本，借记"经费支出"科目，贷记"财政拨款收入"、"零余额账户用款额度"、"银行存款"等科目。

（四）出售、置换换出固定资产。

经批准出售、置换换出的固定资产转入"待处理财产损溢"时，按照固定资产的账面价值，借记"待处理财产损溢"科目，按照已计提折旧，借记"累计折旧"科目，按照固定资产的账面余额，贷记本科目。

（五）无偿调出、对外捐赠固定资产。

经批准无偿调出、对外捐赠固定资产时，按照固定资产的账面价值，借记"资产基金——固定资产"科目，按照已计提折旧，借记"累计折旧"科目，按照固定资产的账面余额，贷记本科目。

无偿调出、对外捐赠固定资产发生由行政单位承担的拆除费用、运输费等，按照实际支付的金额，借记"经费支出"科目，贷记"财政拨款收入"、"零余额账户用款额度"、"银行存款"等科目。

（六）报废、毁损固定资产。

报废、毁损的固定资产转入"待处理财产损溢"时，按照固定资产的账面价值，借记"待处理财产损溢"科目，按照已计提折旧，借记"累计折旧"科目，按照固定资产的账面余额，贷记本科目。

（七）盘盈、盘亏固定资产。

行政单位的固定资产应当定期进行清查盘点，每年至少盘点一次。对于固定资产发生盘盈、盘亏的，应当及时查明原因，按照规定报经批准后进行账务处理。

1. 盘盈的固定资产，按照取得同类或类似固定资产的实际成本确定入账价值；没有同类或类似固定资产的实际成本，按照同类或类似固定资产的市场价格确定入账价值；同类或类似固定资产的实际成本或市场价格无法可靠取得，按照名义金额入账。

盘盈的固定资产，按照确定的入账价值，借记本科目，贷记"待处理财产损溢"科目。

2. 盘亏的固定资产，按照盘亏固定资产的账面价值，借记"待处理财产损溢"科目，按照已计提折旧，借记"累计折旧"科目，按照固定资产账面余额，贷记本科目。

六、本科目期末借方余额，反映行政单位固定资产的原价。

1502 累计折旧

一、本科目核算行政单位固定资产、公共基础设施计提的累计折旧。

二、本科目应当按照固定资产、公共基础设施的类别、项目等进行明细核算。占有公共基础设施的行政单位，应当在本科目下设置"固定资产累计折旧"和"公共基础设施累计折旧"两个一级明细科目，分别核算对固定资产和公共基础设施计提的折旧。

三、行政单位对下列固定资产不计提折旧：

（一）文物及陈列品；

（二）图书、档案；

（三）动植物；

（四）以名义金额入账的固定资产；

（五）境外行政单位持有的能够与房屋及构筑物区分、拥有所有权的土地。

四、固定资产、公共基础设施计提折旧是指在固定资产、公共基础设施预计使用寿命内，按照确定的方法对应折旧金额进行系统分摊。有关说明如下：

（一）行政单位应当根据固定资产、公共基础设施的性质和实际使用情况，合理确定其折旧年限。省级以上财政部门、主管部门对行政单位固定资产、公共基础设施折旧年限作出规定的，从其规定。

（二）行政单位一般应当采用年限平均法或工作量法计提固定资产、公共基础设施折旧。

（三）行政单位固定资产、公共基础设施的应折旧金额为其成本，计提固定资产、公共基础设施折旧不考虑预计净残值。

（四）行政单位一般应当按月计提固定资产、公共基础设施折旧。当月增加的固定资产、公共基础设施，当月不提折旧，从下月起计提折旧；当月减少的固定资产、公共基础设施，当月照提折旧，从下月起不提折旧。

（五）固定资产、公共基础设施提足折旧后，无论能否继续使用，均不再计提折旧；提前报废的固定资产、公共基础设施，也不再补提折旧；已提足折旧的固定资产、公共基础设施，可以继续使用的，应当继续使用，规范管理。

（六）固定资产、公共基础设施因改建、扩建或修缮等原因而提高使用效能或延长使用年限的，应当按照重新确定的固定资产、公共基础设施成本以及重新确定的折旧年限，重新计算折旧额。

五、累计折旧的主要账务处理如下：

（一）按月计提固定资产、公共基础设施折旧时，按照应计提折旧金额，借记"资产基金——固定资产、公共基础设施"科目，贷记本科目。

（二）固定资产、公共基础设施处置时，按照所处置固定资产、公共基础设施的账面价值，借记"待处理财产损溢"科目［出售、置换换出、报废、毁损、盘亏］或"资产基金——固定资产、公共基础设施"科目［无偿调出、对外捐赠］，按照固定资产、公共基础设施已计提折旧，借记本科目，按照固定资产、公共基础设施的账面余额，贷记"固定资产"、"公共基础设施"科目。

六、本科目期末贷方余额，反映行政单位计提的固定资产、公共基础设施折旧累计数。

1511 在建工程

一、本科目核算行政单位已经发生必要支出，但尚未完工交付使用的各种建筑（包括新建、改建、扩建、修缮等）、设备安装工程和信息系统建设工程的实际成本。不能够增加固定资产、公共基础设施使用效能或延长其使用寿命的修缮、维护等，不通过本科目核算。

二、本科目应当按照具体工程项目等进行明细核算；需要分摊计入不同工程项目的间接工程成本，应当通过本科目下设置的"待摊投资"明细科目核算。

三、行政单位的基本建设投资应当按照国家有关规定单独建账、单独核算，同时按照本制度的规定至少按月并入本科目及其他相关科目反映。

行政单位应当在本科目下设置"基建工程"明细科目，核算由基建账套并入的在建工程成本。有关基建并账的具体账务处理另行规定。

四、在建工程应当在属于在建工程的成本发生时确认。

五、在建工程（非基本建设项目）的主要账务处理如下：

（一）建筑工程。

1. 将固定资产转入改建、扩建或修缮等时，按照固定资产的账面价值，借记本科目，贷记"资产基金——在建工程"科目；同时，按照固定资产的账面价值，借记"资产基金——固定资产"科目，按照固定资产已计提折旧，借记"累计折旧"科目，按照固定资产的账面余额，贷记"固定资产"科目。

2. 将改建、扩建或修缮的建筑部分拆除时，按照拆除部分的账面价值［没有固定资产拆除部分的账面价值的，比照同类或类似固定资产的实际成本或市场价格及其拆除部分占全部固定资产价值的比例确定］，借记"资产基金——在建工程"科目，贷记本科目。

改建、扩建或修缮的建筑部分拆除获得残值收入时，借记"银行存款"等科目，贷记"经费支出"科目；同时，借记"资产基金——在建工程"科目，贷记本科目。

3. 根据工程进度支付工程款时，按照实际支付的金额，借记"经费支出"科目，贷记"财政拨款收入"、"零余额账户用款额度"、"银行存款"等科目；同时按照相同的金额，借记本科目，贷记"资产基金——在建工程"科目。

根据工程价款结算账单与施工企业结算工程价款时，按照工程价款结算账单上列明的金额（扣除已支付的金额），借记本科目，贷记"资产基金——在建工程"科目；同时，按照实际支付的金额，借记"经费支出"科目，贷记"财政拨款收入"、"零余额账户用款额度"、"银行存款"等科目，按照应付未付的金额，借记"待偿债净资产"科目，贷记"应付账款"科目。

4. 支付工程价款结算账单以外的款项时，借记本科目，贷记"资产基金——在建工程"科目；同时，借记"经费支出"科目，贷记"财政拨款收入"、"零余额账户用款额度"、"银行存款"等科目。

5. 工程项目结束，需要分摊间接工程成本的，按照应当分摊到该项目的间接工程成本，借记本科目（××项目），贷记本科目（待摊投资）。

6. 建筑工程项目完工交付使用时，按照交付使用工程的实际成本，借记"资产基金——在建工程"科目，贷记本科目；同时，借记"固定资产"、"无形资产"科目（交付使用的工程项目中有能够单独区分成本的无形资产），贷记"资产基金——固定资产、无形资产"科目。

7. 建筑工程项目完工交付使用时扣留质量保证金的，按照扣留的质量保证金金额，借记"待偿债净资产"科目，贷记"长期应付款"等科目。

8. 为工程项目配套而建成的、产权不归属本单位的专用设施，将专用设施产权移交其他单位时，按照应当交付专用设施的实际成本，借记"资产基金——在建工程"科目，贷记本科目。

9. 工程完工但不能形成资产的项目，应当按照规定报经批准后予以核销。转入"待处理财产损溢"时，按照不能形成资产的工程项目的实际成本，借记"待处理财产损溢"科目，贷记本科目。

（二）设备安装。

1. 购入需要安装的设备，按照购入的成本，借记本科目，贷记"资产基金——在建工程"科目；同时，按照实际支付的金额，借记"经费支出"科目，贷记"财政拨款收入"、"零余额账户用款额度"、"银行存款"等科目。

2. 发生安装费用时，按照实际支付的金额，借记本科目，贷记"资产基金——在建工程"科目；同时，借记"经费支出"科目，贷记"财政拨款收入"、"零余额账户用款额度"、"银行存款"等科目。

3. 设备安装完工交付使用时，按照交付使用设备的实际成本，借记"资产基金——在建工程"科目，贷记本科目；同时，借记"固定资产"、"无形资产"科目（交付使用的设备中有能够单独区分成本的无形资产），贷记"资产基金——固定资产、无形资产"科目。

（三）信息系统建设。

1. 发生各项建设支出时，按照实际支付的金额，借记本科目，贷记"资产基金——在建工程"科目；同时，借记"经费支出"科目，贷记"财政拨款收入"、"零余额账户用款额度"、"银行存款"等科目。

2. 信息系统建设完成交付使用时，按照交付使用信息系统的实际成本，借记"资产基金——在建工程"科目，贷记本科目；同时，借记"固定资产"、"无形资产"科目，贷记"资产基金——固定资产、无形资产"科目。

（四）在建工程的毁损。

毁损的在建工程成本，应当转入"待处理财产损溢"科目进行处理。转入"待处理财产损溢"时，借记"待处理财产损溢"科目，贷记本科目。

六、本科目期末借方余额，反映行政单位尚未完工的在建工程的实际成本。

1601 无形资产

一、本科目核算行政单位各项无形资产的原价。

本科目核算的无形资产是指不具有实物形态而能为行政单位提供某种权利的非货币性资产，包括著作权、土地使用权、专利权、非专利技术等。

行政单位购入的不构成相关硬件不可缺少组成部分的软件，应当作为无形资产核算。

二、本科目应当按照无形资产的类别、项目等进行明细核算。

三、无形资产应当在完成对其权属的规定登记或其他证明单位取得无形资产时确认。

四、无形资产的主要账务处理如下：

（一）取得无形资产时，应当按照其实际成本入账。

1. 外购的无形资产，其成本包括实际支付的购买价款、相关税费以及可归属于该项资产达到预定用途所发生的其他支出。

购入的无形资产，按照确定的成本，借记本科目，贷记"资产基金——无形资产"科目；同时，按照实际支付的金额，借记"经费支出"科目，贷记"财政拨款收入"、"零余额账户用款额度"、"银行存款"等科目。

购入无形资产尚未付款的，取得无形资产时，按照确定的成本，借记本科目，贷记"资产基金——无形资产"科目；同时，按照应付未付的款项金额，借记"待偿债净资产"科目，贷记"应付账款"科目。

2. 委托软件公司开发软件，视同外购无形资产进行处理。

（1）软件开发前按照合同约定预付开发费用时，借记"预付账款"科目，贷记"资产基金——预付款项"科目；同时，借记"经费支出"科目，贷记"财政拨款收入"、"零余额账户用款额度"、"银行存款"等科目。

（2）软件开发完成交付使用，并支付剩余或全部软件开发费用时，按照软件开发费用总额，借记本科目，贷记"资产基金——无形资产"科目；按照实际支付的金额，借记"经费支出"科目，贷记"财政拨款收入"、"零余额账户用款额度"、"银行存款"等科目；按照冲销的预付开发费用，借记"资产基金——预付款项"科目，贷记"预付账款"科目。

3. 自行开发并按法律程序申请取得的无形资产，按照依法取得时发生的注册费、聘请律师费等费用确定成本。

取得无形资产时，按照确定的成本，借记本科目，贷记"资产基金——无形资产"科目；同时，按照实际支付的金额，借记"经费支出"科目，贷记"财政拨款收入"、"零余额账户用款额度"、"银行存款"等科目。

依法取得前所发生的研究开发支出，应当于发生时直接计入当期支出，但不计入无形资产的成本。借记"经费支出"科目，贷记"财政拨款收入"、"零余额账户用款额度"、"财政应返还额度"、"银行存款"等科目。

4. 置换取得的无形资产，其成本按照换出资产的评估价值加上支付的补价或减去收到的补价，加上为换入无形资产支付的其他费用（登记费等）确定。

置换取得的无形资产，按照确定的成本，借记本科目，贷记"资产基金——无形资产"科目；按照实际支付的补价、相关税费等，借记"经费支出"科目，贷记"财政拨款收入"、"零余额账户用款额度"、"银行存款"等科目。

5. 接受捐赠、无偿调入的无形资产，其成本按照有关凭证注明的金额加上相关税费确定；没有相关凭证可供取得，但依法经过资产评估的，其成本应当按照评估价值加上相关税费确定；没有相关凭证可供取得，也未经评估的，其成本比照同类或类似资产的市场价格加上相关税费确定；没有相关凭证也未经评估，其同类或类似无形资产的市场价格无法可靠取得，所取得的无形资产应当按照名义金额入账。

接受捐赠、无偿调入无形资产时，按照确定的无形资产成本，借记本科目，贷记"资产基金——无形资产"科目；按照发生的相关税费，借记"经费支出"

科目，贷记"零余额账户用款额度"、"银行存款"等科目。

（二）按月计提无形资产摊销时，按照应计提的金额，借记"资产基金——无形资产"科目，贷记"累计摊销"科目。

（三）与无形资产有关的后续支出，分以下情况处理：

1. 为增加无形资产使用效能而发生的后续支出，如对软件进行升级改造或扩展其功能等所发生的支出，应当计入无形资产的成本，借记本科目，贷记"资产基金——无形资产"科目；同时，借记"经费支出"科目，贷记"财政拨款收入"、"零余额账户用款额度"、"银行存款"等科目。

2. 为维护无形资产的正常使用而发生的后续支出，如对软件进行的漏洞修补、技术维护等所发生的支出，应当计入当期支出但不计入无形资产的成本，借记"经费支出"科目，贷记"财政拨款收入"、"零余额账户用款额度"、"银行存款"等科目。

（四）报经批准出售、置换换出无形资产转入"待处理财产损溢"时，按照待出售、置换换出无形资产的账面价值，借记"待处理财产损溢"科目，按照已计提摊销，借记"累计摊销"科目，按照无形资产的账面余额，贷记本科目。

（五）报经批准无偿调出、对外捐赠无形资产，按照无偿调出、对外捐赠无形资产的账面价值，借记"资产基金——无形资产"科目，按照已计提摊销，借记"累计摊销"科目，按照无形资产的账面余额，贷记本科目。无偿调出、对外捐赠无形资产发生由行政单位承担的相关费用支出等，按照实际支付的金额，借记"经费支出"科目，贷记"财政拨款收入"、"零余额账户用款额度"、"银行存款"等科目。

（六）无形资产预期不能为行政单位带来服务潜力或经济利益的，应当按规定报经批准后将无形资产的账面价值予以核销。

待核销的无形资产转入"待处理财产损溢"时，按照待核销无形资产的账面价值，借记"待处理财产损溢"科目，按照已计提摊销，借记"累计摊销"科目，按照无形资产的账面余额，贷记本科目。

五、本科目期末借方余额，反映行政单位无形资产的原价。

1602　累计摊销

一、本科目核算行政单位无形资产计提的累计摊销。

二、本科目应当按照无形资产的类别、项目等进行明细核算。

三、行政单位应当对无形资产进行摊销，以名义金额计量的无形资产除外。

摊销是指在无形资产使用寿命内，按照确定的方法对应摊销金额进行系统分摊。有关说明如下：

（一）行政单位应当按照以下原则确定无形资产的摊销年限：

1. 法律规定了有效年限的，按照法律规定的有效年限作为摊销年限；

2. 法律没有规定有效年限的，按照相关合同或单位申请书中的受益年限作为摊销年限；

3. 法律没有规定有效年限、相关合同或单位申请书也没有规定受益年限的，按照不少于 10 年的期限摊销；

4. 非大批量购入、单价小于 1 000 元的无形资产，可以于购买的当期，一次将成本全部摊销。

（二）行政单位应当采用年限平均法计提无形资产摊销。

（三）行政单位无形资产的应摊销金额为其成本。

（四）行政单位应当自无形资产取得当月起，按月计提摊销；无形资产减少的当月，不再计提摊销。

（五）无形资产提足摊销后，无论能否继续带来服务潜力或经济利益，均不再计提摊销；核销的无形资产，如果未提足摊销，也不再补提摊销。

（六）因发生后续支出而增加无形资产成本的，应当按照重新确定的无形资产成本，重新计算摊销额。

四、累计摊销的主要账务处理如下：

（一）按月计提无形资产摊销时，按照应计提摊销金额，借记"资产基金——无形资产"科目，贷记本科目。

（二）无形资产处置时，按照所处置无形资产的账面价值，借记"待处理财产损溢"科目〔出售、置换换出、核销〕或"资产基金——无形资产"科目〔无偿调出、对外捐赠〕，按照已计提摊销，借记本科目，按照无形资产的账面余额，贷记"无形资产"科目。

五、本科目期末贷方余额，反映行政单位计提的无形资产摊销累计数。

1701 待处理财产损溢

一、本科目核算行政单位待处理财产的价值及财产处理损溢。

行政单位财产的处理包括资产的出售、报废、毁损、盘盈、盘亏，以及货币性资产损失核销等。

二、本科目应当按照待处理财产项目进行明细核算；对于在财产处理过程中取得收入或发生相关费用的项目，还应当设置"待处理财产价值"、"处理净收入"明细科目，进行明细核算。

三、行政单位财产的处理，一般应当先记入本科目，按照规定报经批准后及时进行相应的账务处理。年终结账前一般应处理完毕。

四、待处理财产损溢的主要账务处理如下：

（一）按照规定报经批准处理无法查明原因的现金短缺或溢余。

1. 属于无法查明原因的现金短缺，报经批准核销的，借记"经费支出"科目，贷记本科目。

2. 属于无法查明原因的现金溢余，报经批准后，借记本科目，贷记"其他收入"科目。

（二）按照规定报经批准核销无法收回的应收账款、其他应收款。

1. 转入"待处理财产损溢"时，借记本科目，贷记"应收账款"、"其他应收款"科目。

2. 报经批准对无法收回的其他应收款予以核销时，借记"经费支出"科目，贷记本科目；对无法收回的应收账款予以核销时，借记"其他应付款"等科目，贷记本科目。

（三）按照规定报经批准核销预付账款、无形资产。

1. 转入"待处理财产损溢"时，借记本科目［核销无形资产的，还应借记"累计摊销"科目］，贷记"预付账款"、"无形资产"科目。

2. 报经批准予以核销时，借记"资产基金——预付款项、无形资产"科目，贷记本科目。

（四）出售、置换换出存货、固定资产、无形资产、政府储备物资等。

1. 转入"待处理财产损溢"时，借记本科目（待处理财产价值）［出售、置换换出固定资产的，还应当借记"累计折旧"科目；出售、置换换出无形资产的，还应当借记"累计摊销"科目］，贷记"存货"、"固定资产"、"无形资产"、"政府储备物资"等科目。

2. 实现出售、置换换出时，借记"资产基金"及相关明细科目，贷记本科目（待处理财产价值）。

3. 出售、置换换出资产过程中收到价款、补价等收入，借记"库存现金"、"银行存款"等科目，贷记本科目（处理净收入）。

4. 出售、置换换出资产过程中发生相关费用，借记本科目（处理净收入），贷记"库存现金"、"银行存款"、"应缴税费"等科目。

5. 出售、置换换出完毕并收回相关的应收账款后，按照处置收入扣除相关税费后的净收入，借记本科目（处理净收入），贷记"应缴财政款"。如果处置收入小于相关税费的，按照相关税费减去处置收入后的净支出，借记"经费支出"科目，贷记本科目（处理净收入）。

（五）盘亏、毁损、报废各种实物资产。

1. 转入"待处理财产损溢"时，借记本科目（待处理财产价值）［处置固定资产、公共基础设施的，还应当借记"累计折旧"科目］，贷记"存货"、"固定资产"、"在建工程"、"政府储备物资"、"公共基础设施"等科目。

2. 报经批准予以核销时，借记"资产基金"及相关明细科目，贷记本科目（待处理财产价值）。

3. 毁损、报废各种实物资产过程中取得的残值变价收入、发生相关费用，以及取得的残值变价收入扣除相关费用后的净收入或净支出的账务处理，比照本科目"四（四）"有关出售资产进行处理。

（六）核销不能形成资产的在建工程成本。

转入"待处理财产损溢"时，借记本科目，贷记"在建工程"科目。报经批准予以核销时，借记"资产基金——在建工程"科目，贷记本科目。

（七）盘盈存货、固定资产、政府储备物资等实物资产。

转入"待处理财产损溢"时，借记"存货"、"固定资产"、"政府储备物资"等科目，贷记本科目。报经批准予以处理时，借记本科目，贷记"资产基金"及相关明细科目。

五、本科目期末如为借方余额，反映尚未处理完毕的各种财产的价值及净损失；期末如为贷方余额，反映尚未处理完毕的各种财产净溢余。年度终了，报经批准处理后，本科目一般应无余额。

1801 政府储备物资

一、本科目核算行政单位直接储存管理的各项政府应急或救灾储备物资等。

负责采购并拥有储备物资调拨权力的行政单位（简称"采购单位"）将政府储备物资交由其他行政单位（简称"代储单位"）代为储存的，由采购单位通过本科目核算政府储备物资，代储单位将受托代储的政府储备物资作为受托代理资产核算。

二、本科目应当按照政府储备物资的种类、品种、存放地点等进行明细核算。

三、政府储备物资应当在其到达存放地点并验收时确认。

四、政府储备物资的主要账务处理如下：

（一）取得政府储备物资时，应当按照其成本入账。

1. 购入的政府储备物资，其成本包括购买价款、相关税费、运输费、装卸费、保险费以及其他使政府储备物资达到目前场所和状态所发生的支出；单位支付的政府储备物资保管费、仓库租赁费等日常储备费用，不计入政府储备物资的成本。

购入的政府储备物资验收入库，按照确定的成本，借记本科目，贷记"资产基金——政府储备物资"科目；同时，按实际支付的金额，借记"经费支出"科目，贷记"财政拨款收入"、"零余额账户用款额度"、"银行存款"等科目。

2. 接受捐赠、无偿调入的政府储备物资，其成本按照有关凭据注明的金额加上相关税费、运输费等确定；没有相关凭据可供取得，但依法经过资产评估的，其成本应当按照评估价值加上相关税费、运输费等确定；没有相关凭据可供取得、也未经评估的，其成本比照同类或类似政府储备物资的市场价格加上相关税费、运输费等确定。

接受捐赠、无偿调入的政府储备物资验收入库，按照确定的成本，借记本科目，贷记"资产基金——政府储备物资"科目，由行政单位承担运输费用等的，按实际支付的相关税费、运输费等金额，借记"经费支出"科目，贷记"财政拨款收入"、"零余额账户用款额度"、"银行存款"等科目。

（二）政府储备物资发出时，应当根据实际情况采用先进先出法、加权平均法或者个别计价法确定发出政府储备物资的实际成本。计价方法一经确定，不得随意变更。

1. 经批准对外捐赠、无偿调出政府储备物资时，按照对外捐赠、无偿调出政府储备物资的实际成本，借记"资产基金——政府储备物资"科目，贷记本科目。

对外捐赠、无偿调出政府储备物资发生由行政单位承担的运输费等支出时，借记"经费支出"科目，贷记"财政拨款收入"、"零余额账户用款额度"、"银行存款"等科目。

2. 行政单位报经批准将不需储备的物资出售时，应当转入"待处理财产损溢"，按照相关储备物资的账面余额，借记"待处理财产损溢"科目，贷记本科目。

五、盘盈、盘亏或报废、毁损政府储备物资。

行政单位管理的政府储备物资应当定期进行清查盘点，每年至少盘点一次。对于发生的政府储备物资盘盈、盘亏或者报废、毁损，应当及时查明原因，按规定报经批准后进行账务处理。

1. 盘盈的政府储备物资，按照取得同类或类似政府储备物资的实际成本确定入账价值；没有同类或类似政府储备物资的实际成本，按照同类或类似政府储备物资的市场价格确定入账价值。

盘盈的政府储备物资，按照确定的入账价值，借记本科目，贷记"待处理财产损溢"科目。

2. 盘亏或者报废、毁损的政府储备物资，转入"待处理财产损溢"时，按照其账面余额，借记"待处理财产损溢"科目，贷记本科目。

六、本科目期末借方余额，反映行政单位管理的政府储备物资的实际成本。

1802 公共基础设施

一、本科目核算由行政单位占有并直接负责维护管理、供社会公众使用的工程性公共基础设施资产，包括城市交通设施、公共照明设施、环保设施、防灾设施、健身设施、广场及公共构筑物等其他公共设施。

与公共基础设施配套使用的修理设备、工具器具、车辆等动产，作为管理公共基础设施的行政单位的固定资产核算，不通过本科目核算。

与公共基础设施配套、供行政单位在公共基础设施管理中自行使用的房屋构筑物等，能够与公共基础设施分开核算的，作为行政单位的固定资产核算，不通过本科目核算。

二、本科目应当按照公共基础设施的类别和项目进行明细核算。

三、行政单位应当结合本单位的具体情况，制定适合于本单位管理的公共基础设施目录、分类方法，作为进行公共基础设施核算的依据。

四、公共基础设施应当在对其取得占有权利时确认。

五、公共基础设施的主要账务处理如下：

（一）公共基础设施在取得时，应当按照其成本入账。

1. 行政单位自行建设的公共基础设施，其成本包括建造该公共基础设施至交付使用前所发生的全部必要支出。

公共基础设施的各组成部分需要分别核算的，按照各组成部分公共基础设施造价确定其成本；没有各组成部分公共基础设施造价的，按照各组成部分公共基础设施同类或类似市场造价的比例对总造价进行分配，确定各组成部分公共基础设施的成本。

公共基础设施建设完工交付使用时，按照确定的成本，借记本科目，贷记"资产基金——公共基础设施"科目；同时，借记"资产基金——在建工程"科目，贷记"在建工程"科目。已交付使用但尚未办理竣工决算手续的公共基础设施，按照估计价值入账，待确定实际成本后再进行调整。

2. 接受其他单位移交的公共基础设施，其成本按照公共基础设施的原账面价值确认，借记本科目，贷记"资产基金——公共基础设施"科目。

（二）公共基础设施的后续支出。

与公共基础设施有关的后续支出，分以下情况处理：

1. 为增加公共基础设施使用效能或延长其使用寿命而发生的改建、扩建或大型修缮等后续支出，应当计入公共基础设施成本，通过"在建工程"科目核算，完工交付使用时转入本科目。

2. 为维护公共基础设施的正常使用而发生的日常修理等后续支出，应当计入当期支出，借记有关支出科目，贷记"财政拨款收入"、"零余额账户用款额度"、"银行存款"等科目。

（三）公共基础设施的处置。

行政单位管理的公共基础设施向其他单位移交、毁损、报废时，应当按照规定报经批准后进行账务处理。

1. 经批准向其他单位移交公共基础设施时，按照移交公共基础设施的账面价值，借记"资产基金——公共基础设施"科目，按照已计提折旧，借记"累计折旧"科目，按照公共基础设施的账面余额，贷记本科目。

2. 报废、毁损的公共基础设施，转入"待处理财产损溢"时，按照待处理公共基础设施的账面价值，借记"待处理财产损溢"科目，按照已计提折旧，借记"累计折旧"科目，按照公共基础设施的账面余额，贷记本科目。

六、本科目期末借方余额，反映行政单位管理的公共基础设施的实际成本。

1901 受托代理资产

一、本科目核算行政单位接受委托方委托管理的各项资产，包括受托指定转赠的物资、受托储存管理的物资等。

行政单位收到受托代理资产为现金和银行存款的，不通过本科目核算，应当通过"库存现金"、"银行存款"科目进行核算。

二、本科目应当按照资产的种类和委托人进行明细核算；属于转赠资产的，还应当按照受赠人进行明细核算。

三、受托代理资产应当在行政单位收到受托代理的资产时确认。

四、受托代理资产的主要账务处理如下：

（一）受托转赠物资。

1. 接受委托人委托需要转赠给受赠人的物资，其成本按照有关凭据注明的金额确定；没有相关凭据可供取得的，其成本比照同类或类似物资的市场价格确定。

接受委托转赠的物资验收入库，按照确定的成本，借记本科目，贷记"受托代理负债"科目；受托协议约定由行政单位承担相关税费、运输费等的，还应当按照实际支付的相关税费、运输费等金额，借记"经费支出"科目，贷记"银行存款"等科目。

2. 将受托转赠物资交付受赠人时，按照转赠物资的成本，借记"受托代理负债"科目，贷记本科目。

3. 转赠物资的委托人取消了对捐赠物资的转赠要求，且不再收回捐赠物资的，应当将转赠物资转为存货或固定资产，按照转赠物资的成本，借记"受托代理负债"科目，贷记本科目；同时，借记"存货"、"固定资产"科目，贷记"资产基金——存货、固定资产"科目。

（二）受托储存管理物资。

1. 接受委托人委托储存管理的物资，其成本按照有关凭据注明的金额确定。

接受委托储存的物资验收入库，按照确定的成本，借记本科目，贷记"受托代理负债"科目。

2. 支付由受托单位承担的与受托储存管理的物资相关的运输费、保管费等费用时，按照实际支付的金额，借记"经费支出"科目，贷记"银行存款"等科目。

3. 根据委托人要求交付受托储存管理的物资时，按照储存管理物资的成本，借记"受托代理负债"科目，贷记本科目。

五、本科目期末借方余额，反映单位受托代理资产中实物资产的价值。

二、负债类

2001 应缴财政款

一、本科目核算行政单位取得的按规定应当上缴财政的款项，包括罚没收入、行政事业性收费、政府性基金、国有资产处置和出租收入等。行政单位按照国家税法等有关规定应当缴纳的各种税费，通过"应缴税费"科目核算，不在本科目核算。

二、本科目应当按照应缴财政款项的类别进行明细核算。

三、应缴财政款应当在收到应缴财政的款项时确认。

四、应缴财政款的主要账务处理如下：

（一）取得按照规定应当上缴财政的款项时，借记"银行存款"等科目，贷记本科目。

（二）处置资产取得应当上缴财政的处置净收入的账务处理，参见"待处理财产损溢"科目。

（三）上缴应缴财政的款项时，按照实际上缴的金额，借记本科目，贷记"银行存款"科目。

五、本科目贷方余额，反映行政单位应当上缴财政但尚未缴纳的款项。年终清缴后，本科目一般应无余额。

2101 应缴税费

一、本科目核算行政单位按照税法等规定应当缴纳的各种税费，包括营业税、城市维护建设税、教育费附加、房产税、车船税、城镇土地使用税等。行政单位代扣代缴的个人所得税，也通过本科目核算。

二、本科目应当按照应缴纳的税费种类进行明细核算。

三、应缴税费应当在产生缴纳税费义务时确认。

四、应缴税费的主要账务处理如下：

（一）因资产处置等发生营业税、城市维护建设税、教育费附加等缴纳义务的，按照税法等规定计算的应缴税费金额，借记"待处理财产损溢"科目，贷记本科目；实际缴纳时，借记本科目，贷记"银行存款"等科目。

（二）因出租资产等发生营业税、城市维护建设税、教育费附加等缴纳义务的，按照税法等规定计算的应缴税费金额，借记"应缴财政款"等科目，贷记本科目；实际缴纳时，借记本科目，贷记"银行存款"等科目。

（三）代扣代缴个人所得税，按照税法等规定计算的应代扣代缴的个人所得税金额，借记"应付职工薪酬"科目［从职工工资中代扣个人所得税］或"经费支出"科目［从劳务费中代扣个人所得税］，贷记本科目。实际缴纳时，借记本科目，贷记"财政拨款收入"、"零余额账户用款额度"、"银行存款"等科目。

五、本科目期末贷方余额，反映行政单位应缴未缴的税费金额。

2201　应付职工薪酬

一、本科目核算行政单位按照有关规定应付给职工及为职工支付的各种薪酬，包括基本工资、奖金、国家统一规定的津贴补贴、社会保险费、住房公积金等。

二、本科目应当根据国家有关规定按照"工资（离退休费）"、"地方（部门）津贴补贴"、"其他个人收入"以及"社会保险费"、"住房公积金"等进行明细核算。

三、应付职工薪酬应当在规定支付职工薪酬的时间确认。

四、应付职工薪酬的主要账务处理如下：

（一）发生应付职工薪酬时，按照计算出的应付职工薪酬金额，借记"经费支出"科目，贷记本科目。

（二）向职工支付工资、津贴补贴等薪酬时，按照实际支付的金额，借记本科目，贷记"财政拨款收入"、"零余额账户用款额度"、"银行存款"等科目。

从应付职工薪酬中代扣为职工垫付的水电费、房租等费用时，按照实际扣除的金额，借记本科目（工资），贷记"其他应收款"等科目。

从应付职工薪酬中代扣代缴个人所得税，按照代扣代缴的金额，借记本科目（工资），贷记"应缴税费"科目。

从应付职工薪酬中代扣代缴社会保险费和住房公积金，按照代扣代缴的金额，借记本科目（工资），贷记"其他应付款"科目。

（三）缴纳单位为职工承担的社会保险费和住房公积金时，借记本科目（社会保险费、住房公积金），贷记"财政拨款收入"、"零余额账户用款额度"、"银行存款"等科目。

五、本科目期末贷方余额，反映行政单位应付未付的职工薪酬。

2301　应付账款

一、本科目核算行政单位因购买物资或服务、工程建设等而应付的偿还期限在1年以内（含1年）的款项。

二、本科目应当按照债权单位（或个人）进行明细核算。

三、应付账款应当在收到所购物资或服务、完成工程时确认。

四、应付账款的主要账务处理如下：

（一）收到所购物资或服务、完成工程但尚未付款时，按照应付未付款项的金额，借记"待偿债净资产"科目，贷记本科目。

（二）偿付应付账款时，借记本科目，贷记"待偿债净资产"科目；同时，借记"经费支出"科目，贷记"财政拨款收入"、"零余额账户用款额度"、"银行存款"等科目。

（三）无法偿付或债权人豁免偿还的应付账款，应当按照规定报经批准后进行账务处理。经批准核销时，借记本科目，贷记"待偿债净资产"科目。核销的应付账款应在备查簿中保留登记。

五、本科目期末贷方余额，反映行政单位尚未支付的应付账款。

2302 应付政府补贴款

一、本科目核算负责发放政府补贴的行政单位，按照规定应当支付给政府补贴接受者的各种政府补贴款。

二、本科目应当按照应支付的政府补贴种类进行明细核算。行政单位还应当按照补贴接受者建立备查簿，进行相应明细核算。

三、应付政府补贴款应当在规定发放政府补贴的时间确认。

四、应付政府补贴款的主要账务处理如下：

（一）发生应付政府补贴时，按照规定计算出的应付政府补贴金额，借记"经费支出"科目，贷记本科目。

（二）支付应付的政府补贴款时，借记本科目，贷记"零余额账户用款额度"、"银行存款"等科目。

五、本科目期末贷方余额，反映行政单位应付未付的政府补贴金额。

2305 其他应付款

一、本科目核算行政单位除应缴财政款、应缴税费、应付职工薪酬、应付政府补贴、应付账款以外的其他各项偿还期在 1 年以内（含 1 年）的应付及暂存款项，如收取的押金、保证金、未纳入行政单位预算管理的转拨资金、代扣代缴职工社会保险费和住房公积金等。

二、本科目应当按照其他应付款的类别以及债权单位（或个人）进行明细核算。

三、其他应付款的主要账务处理如下：

（一）发生其他各项应付及暂存款项时，借记"银行存款"等科目，贷记本科目。

（二）支付其他各项应付及暂存款项时，借记本科目，贷记"银行存款"等科目。

（三）因故无法偿付或债权人豁免偿还的其他应付款项，应当按规定报经批准后进行账务处理。经批准核销时，借记本科目，贷记"其他收入"科目。核销的其他应付款应在备查簿中保留登记。

四、本科目期末贷方余额，反映行政单位尚未支付的其他应付款。

2401　长期应付款

一、本科目核算行政单位发生的偿还期限超过 1 年（不含 1 年）的应付款项，如跨年度分期付款购入固定资产的价款等。

二、本科目应当按照长期应付款的类别以及债权单位（或个人）进行明细核算。

三、长期应付款应当按照以下条件确认：

（一）因购买物资、服务等发生的长期应付款，应当在收到所购物资或服务时确认。

（二）因其他原因发生的长期应付款，应当在承担付款义务时确认。

四、长期应付款的主要账务处理如下：

（一）发生长期应付款时，按照应付未付的金额，借记"待偿债净资产"科目，贷记本科目。

（二）偿付长期应付款时，借记"经费支出"科目，贷记"财政拨款收入"、"零余额账户用款额度"、"银行存款"等科目；同时，借记本科目，贷记"待偿债净资产"科目。

（三）无法偿付或债权人豁免偿还的长期应付款，应当按照规定报经批准后进行账务处理。经批准核销时，借记本科目，贷记"待偿债净资产"科目。核销的长期应付款应在备查簿中保留登记。

五、本科目期末贷方余额，反映行政单位尚未支付的长期应付款。

2901　受托代理负债

一、本科目核算行政单位接受委托，取得受托管理资产时形成的负债。

二、本科目应当按照委托人等进行明细核算；属于指定转赠物资和资金的，还应当按照指定受赠人进行明细核算。

三、受托代理负债应当在行政单位收到受托代理资产并产生受托代理义务时确认。

四、本科目的账务处理参见"受托代理资产"、"库存现金"、"银行存款"等科目。

五、本科目期末贷方余额，反映行政单位尚未清偿的受托代理负债。

三、净资产类

3001　财政拨款结转

一、本科目核算行政单位滚存的财政拨款结转资金，包括基本支出结转、项目支出结转。

二、本科目应当设置"基本支出结转"、"项目支出结转"两个明细科目；在"基本支出结转"明细科目下按照"人员经费"和"日常公用经费"进行明细核算，在"项目支出结转"明细科目下按照具体项目进行明细核算；本科目还应当按照《政府收支分类科目》中"支出功能分类科目"的项级科目进行明细核算。

有公共财政预算拨款、政府性基金预算拨款等两种或两种以上财政拨款的行政单位，还应当按照财政拨款种类分别进行明细核算。

本科目还可以根据管理需要按照财政拨款结转变动原因，设置"收支转账"、"结余转账"、"年初余额调整"、"归集上缴"、"归集调入"、"单位内部调剂"、"剩余结转"等明细科目，进行明细核算。

三、财政拨款结转的主要账务处理如下：

（一）调整以前年度财政拨款结转。因发生差错更正、以前年度支出收回等原因，需要调整财政拨款结转的，按照实际调增财政拨款结转的金额，借记有关科目，贷记本科目（年初余额调整）；按照实际调减财政拨款结转的金额，借记本科目（年初余额调整），贷记有关科目。

（二）从其他单位调入财政拨款结余资金。按照规定从其他单位调入财政拨款结余资金时，按照实际调增的额度数额或调入的资金数额，借记"零余额账户用款额度"、"银行存款"等科目，贷记本科目（归集调入）及其明细。

（三）上缴财政拨款结转。按照规定上缴财政拨款结转资金时，按照实际核销的额度数额或上缴的资金数额，借记本科目（归集上缴）及其明细，贷记"财政应返还额度"、"零余额账户用款额度"、"银行存款"等科目。

（四）单位内部调剂结余资金。经财政部门批准对财政拨款结余资金改变用途，调整用于其他未完成项目等，按照调整的金额，借记"财政拨款结余"科目（单位内部调剂）及其明细，贷记本科目（单位内部调剂）及其明细。

（五）结转本年财政拨款收入和支出。

1. 年末，将财政拨款收入本年发生额转入本科目，借记"财政拨款收入——基本支出拨款、项目支出拨款"科目及其明细，贷记本科目（收支转账——基本支出结转、项目支出结转）及其明细。

2. 年末，将财政拨款支出本年发生额转入本科目，借记本科目（收支转账——基本支出结转、项目支出结转）及其明细，贷记"经费支出——财政拨款支出——基本支出、项目支出"科目及其明细。

（六）将完成项目的结转资金转入财政拨款结余。年末完成上述财政拨款收支转账后，对各项目执行情况进行分析，按照有关规定将符合财政拨款结余性质的项目余额转入财政拨款结余，借记本科目（结余转账——项目支出结转）及其明细，贷记"财政拨款结余"（结余转账——项目支出结余）科目及其明细。

（七）年末冲销有关明细科目余额。

年末收支转账后，将本科目所属"收支转账"、"结余转账"、"年初余额调整"、"归集上缴"、"归集调入"、"单位内部调剂"等明细科目余额转入"剩余结转"明细科目；转账后，本科目除"剩余结转"明细科目外，其他明细科目应无余额。

四、本科目期末贷方余额，反映行政单位滚存的财政拨款结转资金数额。

3002 财政拨款结余

一、本科目核算行政单位滚存的财政拨款项目支出结余资金。

二、本科目应当按照具体项目、《政府收支分类科目》中"支出功能分类科目"的项级科目等进行明细核算。

有公共财政预算拨款、政府性基金预算拨款等两种或两种以上财政拨款的行政单位，还应当按照财政拨款的种类分别进行明细核算。

本科目还可以根据管理需要按照财政拨款结余变动原因，设置"结余转账"、"年初余额调整"、"归集上缴"、"单位内部调剂"、"剩余结余"等明细科目，进行明细核算。

三、财政拨款结余的主要账务处理如下：

（一）调整以前年度财政拨款结余。因发生差错更正、以前年度支出收回等原因，需要调整财政拨款结余的，按照实际调增财政拨款结余的金额，借记有关科目，贷记本科目（年初余额调整）；按照实际调减财政拨款结余的金额，借记本科目（年初余额调整），贷记有关科目。

（二）上缴财政拨款结余。按照规定上缴财政拨款结余时，按照实际核销的额度数额或上缴的资金数额，借记本科目（归集上缴）及其明细，贷记"财政应返还额度"、"零余额账户用款额度"、"银行存款"等科目。

（三）单位内部调剂结余资金。经财政部门批准将本单位完成项目结余资金调整用于基本支出或其他未完成项目支出时，按照批准调剂的金额，借记本科目（单位内部调剂）及其明细，贷记"财政拨款结转"（单位内部调剂）科目及其明细。

（四）将完成项目的结转资金转入财政拨款结余。年末，对财政拨款各项目执行情况进行分析，按照有关规定将符合财政拨款结余性质的项目余额转入本科目，借记"财政拨款结转"（结余转账——项目支出结转）科目及其明细，贷记本科目（结余转账——项目支出结余）及其明细。

（五）年末冲销有关明细科目余额。年末，将本科目所属"结余转账"、"年初余额调整"、"归集上缴"、"单位内部调剂"等明细科目余额转入"剩余结余"明细科目；转账后，本科目除"剩余结余"明细科目外，其他明细科目应无余额。

四、本科目期末贷方余额，反映行政单位滚存的财政拨款结余资金数额。

3101 其他资金结转结余

一、本科目核算行政单位除财政拨款收支以外的其他各项收支相抵后剩余的滚存资金。

二、本科目应当设置"项目结转"和"非项目结余"明细科目，分别对项目资金和非项目资金进行明细核算。对于项目结转，还应当按照具体项目进行明细核算。

本科目还可以根据管理需要按照其他资金结转结余变动原因，设置"收支转账"、"年初余额调整"、"结余调剂"、"剩余结转结余"等明细科目，进行明细核算。

三、其他资金结转结余的主要账务处理如下：

（一）调整以前年度其他资金结转结余。因发生差错更正、以前年度支出收回等原因，需要调整其他资金结转结余的，按照实际调增的金额，借记有关科目，贷记本科目（年初余额调整）及其相关明细。按照实际调减的金额，借记本科目（年初余额调整）及其相关明细，贷记有关科目。

（二）结转本年其他资金收入和支出：

1. 年末，将其他收入中的项目资金收入本年发生额转入本科目，借记"其他收入"科目及其明细，贷记本科目（项目结转——收支转账）及其明细；将其他收入中的非项目资金收入本年发生额转入本科目，借记"其他收入"科目及其明细，贷记本科目（非项目结余——收支转账）。

2. 年末，将其他资金支出中的项目支出本年发生额转入本科目，借记本科目（项目结转——收支转账）及其明细，贷记"经费支出——其他资金支出"科目（项目支出）及其明细、"拨出经费"科目（项目支出）及其明细；将其他资金支出中的基本支出本年发生额转入本科目，借记本科目（非项目结余——收支转账），贷记"经费支出——其他资金支出"科目（基本支出）、"拨出经费"科目（基本支出）。

（三）缴回或转出项目结转。完成上述（二）转账后，对本年末各项目执行情况进行分析，区分年末已完成项目和尚未完成项目，在此基础上，对完成项目的剩余资金根据不同情况进行账务处理：

1. 需要缴回原项目资金出资单位的，按照缴回的金额，借记本科目（项目结转——结余调剂）及其明细，贷记"银行存款"、"其他应付款"等科目。

2. 将项目剩余资金留归本单位用于其他非项目用途的，按照剩余的项目资金金额，借记本科目（项目结转——结余调剂）及其明细，贷记本科目（非项目结余——结余调剂）。

（四）用非项目资金结余补充项目资金。按照实际补充项目资金的金额，借记本科目（非项目结余——结余调剂），贷记本科目（项目结转——结余调剂）及其明细。

（五）年末冲销有关明细科目余额。年末收支转账后，将本科目所属"收支转账"、"年初余额调整"、"结余调剂"等明细科目余额转入"剩余结转结余"明细科目；转账后，本科目除"剩余结转结余"明细科目外，其他明细科目应无余额。

四、本科目期末贷方余额，反映行政单位滚存的各项非财政拨款资金结转结余数额。

3501　资产基金

一、本科目核算行政单位的预付账款、存货、固定资产、在建工程、无形资产、政府储备物资、公共基础设施等非货币性资产在净资产中占用的金额。

二、本科目应当设置"预付款项"、"存货"、"固定资产"、"在建工程"、"无形资产"、"政府储备物资"、"公共基础设施"等明细科目，进行明细核算。

三、资产基金的主要账务处理如下：

（一）资产基金应当在发生预付账款，取得存货、固定资产、在建工程、无形资产、政府储备物资、公共基础设施时确认。

1. 发生预付账款时，按照实际发生的金额，借记"预付账款"科目，贷记本科目（预付款项）；同时，按照实际支付的金额，借记"经费支出"科目，贷记"财政拨款收入"、"零余额账户用款额度"、"银行存款"等科目。

2. 取得存货、固定资产、在建工程、无形资产、政府储备物资、公共基础设施等资产时，按照取得资产的成本，借记"存货"、"固定资产"、"在建工程"、"无形资产"、"政府储备物资"、"公共基础设施"等科目，贷记本科目（存货、固定资产、在建工程、无形资产、政府储备物资、公共基础设施）；同时，按照实际发生的支出，借记"经费支出"科目，贷记"财政拨款收入"、"零余额账户用款额度"、"银行存款"等科目。

（二）收到预付账款购买的物资或服务时，应当相应冲减资产基金。

按照相应的预付账款金额，借记本科目（预付款项），贷记"预付账款"科目。

（三）领用和发出存货、政府储备物资时，应当相应冲减资产基金。

领用和发出存货、政府储备物资时，按照领用和发出存货、政府储备物资的成本，借记本科目（存货、政府储备物资），贷记"存货"、"政府储备物资"科目。

（四）计提固定资产折旧、公共基础设施折旧、无形资产摊销时，应当冲减资产基金。

计提固定资产折旧、公共基础设施折旧、无形资产摊销时，按照计提的折旧、摊销金额，借记本科目（固定资产、公共基础设施、无形资产），贷记"累计折旧"、"累计摊销"科目。

（五）无偿调出、对外捐赠存货、固定资产、无形资产、政府储备物资、公共基础设施时，应当冲减该资产对应的资产基金。

1. 无偿调出、对外捐赠存货、政府储备物资时，按照存货、政府储备物资的账面余额，借记本科目及其明细，贷记"存货"、"政府储备物资"等科目。

2. 无偿调出、对外捐赠固定资产、公共基础设施、无形资产时，按照相关固定资产、公共基础设施、无形资产的账面价值，借记本科目及其明细，按照已计提折旧、已计提摊销的金额，借记"累计折旧"、"累计摊销"科目，按照固定资产、公共基础设施、无形资产的账面余额，贷记"固定资产"、"公共基础设施"、"无形资产"科目。

（六）通过"待处理财产损溢"科目核算的资产处置，有关本科目的账务处理参见"待处理财产损溢"科目。

四、本科目期末贷方余额，反映行政单位非货币性资产在净资产中占用的金额。

3502 待偿债净资产

一、本科目核算行政单位因发生应付账款和长期应付款而相应需在净资产中冲减的金额。

二、待偿债净资产的主要账务处理如下：

（一）发生应付账款、长期应付款时，按照实际发生的金额，借记本科目，贷记"应付账款"、"长期应付款"等科目。

（二）偿付应付账款、长期应付款时，按照实际偿付的金额，借记"应付账款"、"长期应付款"等科目，贷记本科目；同时，按照实际支付的金额，借记"经费支出"科目，贷记"财政拨款收入"、"零余额账户用款额度"、"银行存款"等科目。

（三）因债权人原因，核销确定无法支付的应付账款、长期应付款时，按照报经批准核销的金额，借记"应付账款"、"长期应付款"科目，贷记本科目。

三、本科目期末借方余额，反映行政单位因尚未支付的应付账款和长期应付款而需相应冲减净资产的金额。

四、收入类

4001 财政拨款收入

一、本科目核算行政单位从同级财政部门取得的财政预算资金。

二、本科目应当设置"基本支出拨款"和"项目支出拨款"两个明细科目，分别核算行政单位取得用于基本支出和项目支出的财政拨款资金；同时，按照《政府收支分类科目》中"支出功能分类科目"的项级科目进行明细核算；在"基本支出拨款"明细科目下按照"人员经费"和"日常公用经费"进行明细核算，在"项目支出拨款"明细科目下按照具体项目进行明细核算。

有公共财政预算拨款、政府性基金预算拨款等两种或两种以上财政拨款的行政单位，还应当按照财政拨款的种类分别进行明细核算。

三、财政拨款收入的主要账务处理如下：

（一）财政直接支付方式下，行政单位根据收到的"财政直接支付入账通知书"及相关原始凭证，借记"经费支出"科目，贷记本科目。

年末，行政单位根据本年度财政直接支付预算指标数与财政直接支付实际支出数的差额，借记"财政应返还额度——财政直接支付"科目，贷记本科目。

（二）财政授权支付方式下，行政单位根据收到的"财政授权支付额度到账通知书"，借记"零余额账户用款额度"等科目，贷记本科目。

年末，如行政单位本年度财政授权支付预算指标数大于财政授权支付额度下达数，根据两者间的差额，借记"财政应返还额度——财政授权支付"科目，贷记本科目。

（三）其他方式下，实际收到财政拨款收入时，借记"银行存款"等科目，贷记本科目。

（四）本年度财政直接支付的资金收回时，借记本科目，贷记"经费支出"等科目。

（五）年末，将本科目本年发生额转入财政拨款结转时，借记本科目，贷记"财政拨款结转"科目。

四、年终结账后，本科目应无余额。

4011 其他收入

一、本科目核算行政单位取得的除财政拨款收入以外的其他各项收入，如从非同级财政部门、上级主管部门等取得的用于完成项目或专项任务的资金、库存现金溢余等。行政单位从非同级财政部门、上级主管部门等取得指定转给其他单位，且未纳入本单位预算管理的资金，不通过本科目核算，应当通过"其他应付款"科目核算。

二、本科目应当按照其他收入的类别、来源单位、项目资金和非项目资金进行明细核算。对于项目资金收入，还应当按照具体项目进行明细核算。

三、其他收入的主要账务处理如下：

（一）收到属于其他收入的各种款项时，按照实际收到的金额，借记"银行存款"、"库存现金"等科目，贷记本科目。

（二）年末，将本科目本年发生额转入其他资金结转结余时，借记本科目，贷记"其他资金结转结余"科目。

四、年终结账后，本科目应无余额。

五、支出类

5001 经费支出

一、本科目核算行政单位在开展业务活动中发生的各项支出。

二、本科目应当分别按照"财政拨款支出"和"其他资金支出"、"基本支出"和"项目支出"等分类进行明细核算；并按照《政府收支分类科目》中"支出功能分类科目"的项级科目进行明细核算；"基本支出"和"项目支出"明细科目下应当按照《政府收支分类科目》中"支出经济分类科目"的款级科目进行明细核算。同时在"项目支出"明细科目下按照具体项目进行明细核算。

有公共财政预算拨款、政府性基金预算拨款等两种或两种以上财政拨款的行政单位，还应当按照财政拨款的种类分别进行明细核算。

三、经费支出的主要账务处理如下：

（一）计提单位职工薪酬时，按照计算出的金额，借记本科目，贷记"应付职工薪酬"科目。

（二）支付外部人员劳务费，按照应当支付的金额，借记本科目，按照代扣代缴个人所得税的金额，贷记"应缴税费"科目，按照扣税后实际支付的金额，贷记"财政拨款收入"、"零余额账户用款额度"、"银行存款"等科目。

（三）支付购买存货、固定资产、无形资产、政府储备物资和工程结算的款项，按照实际支付的金额，借记本科目，贷记"财政拨款收入"、"零余额账户用款额度"、"银行存款"等科目；同时，按照采购或工程结算成本，借记"存货"、"固定资产"、"无形资产"、"在建工程"、"政府储备物资"等科目，贷记"资产基金"及其明细科目。

（四）发生预付账款的，按照实际预付的金额，借记本科目，贷记"财政拨款收入"、"零余额账户用款额度"、"银行存款"等科目；同时，借记"预付账款"科目，贷记"资产基金——预付款项"科目。

（五）偿还应付款项时，按照实际偿付的金额，借记本科目，贷记"财政拨款收入"、"零余额账户用款额度"、"银行存款"等科目；同时，借记"应付账款"、"长期应付款"科目，贷记"待偿债净资产"科目。

（六）发生其他各项支出时，按照实际支付的金额，借记本科目，贷记"财政拨款收入"、"零余额账户用款额度"、"银行存款"等科目。

（七）行政单位因退货等原因发生支出收回的，属于当年支出收回的，借记"财政拨款收入"、"零余额账户用款额度"、"银行存款"等科目，贷记本科目；属于以前年度支出收回的，借记"财政应返还额度"、"零余额账户用款额度"、"银行存款"等科目，贷记"财政拨款结转"、"财政拨款结余"、"其他资金结转结余"等科目。

（八）年末，将本科目本年发生额分别转入财政拨款结转和其他资金结转结余时，借记"财政拨款结转"、"其他资金结转结余"科目，贷记本科目。

四、年终结账后，本科目应无余额。

5101 拨出经费

一、本科目核算行政单位向所属单位拨出的纳入单位预算管理的非同级财政拨款资金，如拨给所属单位的专项经费和补助经费等。

二、本科目应当分别按照"基本支出"和"项目支出"进行明细核算；还应当按照接受拨出经费的具体单位和款项类别等分别进行明细核算。

三、拨出经费的主要账务处理如下：

（一）向所属单位拨付非同级财政拨款资金等款项时，借记本科目，贷记"银行存款"等科目。

（二）收回拨出经费时，借记"银行存款"等科目，贷记本科目。

（三）年末，将本科目本年发生额转入其他资金结转结余时，借记"其他资金结转结余"科目，贷记本科目。

四、年终结账后，本科目应无余额。

第九章 财务报表

第四十条 财务报表是反映行政单位财务状况和预算执行结果等的书面文件，由会计报表及其附注构成。会计报表包括资产负债表、收入支出表、财政拨款收入支出表等。

资产负债表是反映行政单位在某一特定日期财务状况的报表。资产负债表应当按照资产、负债和净资产分类、分项列示。

收入支出表是反映行政单位在某一会计期间全部预算收支执行结果的报表。收入支出表应当按照收入、支出的构成和结转结余情况分类、分项列示。

财政拨款收入支出表是反映行政单位在某一会计期间财政拨款收入、支出、结转及结余情况的报表。

附注是指对在会计报表中列示项目的文字描述或明细资料，以及对未能在会计报表中列示项目的说明等。

第四十一条 行政单位会计报表的格式如下：

资产负债表

会行政 01 表

编制单位： 　　　　　　　　年　月　日 　　　　　　　　　　单位：元

资　　产	年初余额	期末余额	负债和净资产	年初余额	期末余额
流动资产：			流动负债：		
库存现金			应缴财政款		
银行存款			应缴税费		
财政应返还额度			应付职工薪酬		
应收账款			应付账款		
预付账款			应付政府补贴款		
其他应收款			其他应付款		
存货			一年内到期的非流动负债		
流动资产合计			流动负债合计		
固定资产			非流动负债：		
固定资产原价			长期应付款		
减：固定资产累计折旧			受托代理负债		
在建工程			负债合计		
无形资产					
无形资产原价					
减：累计摊销					
待处理财产损溢			财政拨款结转		
政府储备物资			财政拨款结余		
公共基础设施			其他资金结转结余		
公共基础设施原价			其中：项目结转		
减：公共基础设施累计折旧			资产基金		
公共基础设施在建工程			待偿债净资产		
受托代理资产			净资产合计		
资产总计			负债和净资产总计		

收入支出表

会行政 02 表

编制单位：   年 月   单位：元

项　目	本月数	本年累计数
一、年初各项资金结转结余		
（一）年初财政拨款结转结余		
1. 财政拨款结转		
2. 财政拨款结余		
（二）年初其他资金结转结余		
二、各项资金结转结余调整及变动		
（一）财政拨款结转结余调整及变动		
（二）其他资金结转结余调整及变动		
三、收入合计		
（一）财政拨款收入		
1. 基本支出拨款		
2. 项目支出拨款		
（二）其他资金收入		
1. 非项目收入		
2. 项目收入		
四、支出合计		
（一）财政拨款支出		
1. 基本支出		
2. 项目支出		
（二）其他资金支出		
1. 非项目支出		
2. 项目支出		
五、本期收支差额		
（一）财政拨款收支差额		
（二）其他资金收支差额		
六、年末各项资金结转结余		
（一）年末财政拨款结转结余		
1. 财政拨款结转		
2. 财政拨款结余		
（二）年末其他资金结转结余		

财政拨款收入支出表

编制单位：　　　　　　　　　　　　　　　　　年度　　　　　　　　　　　　单位：元

项　目	年初财政拨款结转结余		调整年初财政拨款结转结余	归集调入或上缴	单位内部调剂		本年财政拨款收入	本年财政拨款支出	年末财政拨款结转结余	
	结转	结余			结转	结余			结转	结余
一、公共财政预算资金										
（一）基本支出										
1. 人员经费										
2. 日常公用经费										
（二）项目支出										
1. xx项目										
2. xx项目										
…										
二、政府性基金预算资金										
（一）基本支出										
1. 人员经费										
2. 日常公用经费										
（二）项目支出										
1. xx项目										
2. xx项目										
…										
总　计										

第四十二条　行政单位应当按照下列规定编制财务报表：

一、行政单位资产负债表、财政拨款收入支出表和附注应当至少按照年度编制，收入支出表应当按照月度和年度编制。

二、行政单位应当根据本制度编制并提供真实、完整的财务报表。行政单位不得违反规定，随意改变本制度规定的会计报表格式、编制依据和方法，不得随意改变本制度规定的会计报表有关数据的会计口径。

三、行政单位的财务报表应当根据登记完整、核对无误的账簿记录和其他有关资料编制，要做到数字真实、计算准确、内容完整、报送及时。

四、行政单位财务报表应当由单位负责人和主管会计工作的负责人、会计机构负责人（会计主管人员）签名并盖章。

第四十三条 行政单位财务报表编制说明如下：

一、资产负债表的编制说明

（一）本表"年初余额"栏内各项数字，应当根据上年年末资产负债表"期末余额"栏内数字填列。如果本年度资产负债表规定的各个项目的名称和内容同上年度不相一致，应对上年年末资产负债表各项目的名称和数字按照本年度的规定进行调整，填入本表"年初余额"栏内。

（二）本表"期末余额"栏各项目的内容和填列方法。

1. 资产类项目。

（1）"库存现金"项目，反映行政单位期末库存现金的金额。本项目应当根据"库存现金"科目的期末余额填列；期末库存现金中有属于受托代理现金的，本项目应当根据"库存现金"科目的期末余额减去其中属于受托代理的现金金额后的余额填列。

（2）"银行存款"项目，反映行政单位期末银行存款的金额。本项目应当根据"银行存款"科目的期末余额填列；期末银行存款中有属于受托代理存款的，本项目应当根据"银行存款"科目的期末余额减去其中属于受托代理的存款金额后的余额填列。

（3）"财政应返还额度"项目，反映行政单位期末财政应返还额度的金额。本项目应当根据"财政应返还额度"科目的期末余额填列。

（4）"应收账款"项目，反映行政单位期末尚未收回的应收账款金额。本项目应当根据"应收账款"科目的期末余额填列。

（5）"预付账款"项目，反映行政单位预付给物资或者服务提供者款项的金额。本项目应当根据"预付账款"科目的期末余额填列。

（6）"其他应收款"项目，反映行政单位期末尚未收回的其他应收款余额。本项目应当根据"其他应收款"科目的期末余额填列。

（7）"存货"项目，反映行政单位期末为开展业务活动耗用而储存的存货的实际成本。本项目应当根据"存货"科目的期末余额填列。

（8）"固定资产"项目，反映行政单位期末各项固定资产的账面价值。本项目应当根据"固定资产"科目的期末余额减去"累计折旧"科目中"固定资产累计折旧"明细科目的期末余额后的金额填列。

"固定资产原价"项目，反映行政单位期末各项固定资产的原价。本项目应当根据"固定资产"科目的期末余额填列。

"固定资产累计折旧"项目，反映行政单位期末各项固定资产的累计折旧金额。本项目应当根据"累计折旧"科目中"固定资产累计折旧"明细科目的期末余额填列。

（9）"在建工程"项目，反映行政单位期末除公共基础设施在建工程以外的尚未完工交付使用的在建工程的实际成本。本项目应当根据"在建工程"科目中属于非公共基础设施在建工程的期末余额填列。

（10）"无形资产"项目，反映行政单位期末各项无形资产的账面价值。本项目应当根据"无形资产"科目的期末余额减去"累计摊销"科目的期末余额后的金额填列。

"无形资产原价"项目，反映行政单位期末各项无形资产的原价。本项目应当根据"无形资产"科目的期末余额填列。

"累计摊销"项目，反映行政单位期末各项无形资产的累计摊销金额。本项目应当根据"累计摊销"科目的期末余额填列。

（11）"待处理财产损溢"项目，反映行政单位期末待处理财产的价值及处理损溢。本项目应当根据"待处理财产损溢"科目的期末借方余额填列；如"待处理财产损溢"科目期末为贷方余额，则以"－"号填列。

（12）"政府储备物资"项目，反映行政单位期末储存管理的各种政府储备物资的实际成本。本项目应当根据"政府储备物资"科目的期末余额填列。

（13）"公共基础设施"项目，反映行政单位期末占有并直接管理的公共基础设施的账面价值。本项目应当根据"公共基础设施"科目的期末余额减去"累计折旧"科目中"公共基础设施累计折旧"明细科目的期末余额后的金额填列。

"公共基础设施原价"项目，反映行政单位期末占有并直接管理的公共基础设施的原价。本项目应当根据"公共基础设施"科目的期末余额填列。

"公共基础设施累计折旧"项目，反映行政单位期末占有并直接管理的公共基础设施的累计折旧金额。本项目应当根据"累计折旧"科目中"公共基础设施累计折旧"明细科目的期末余额填列。

（14）"公共基础设施在建工程"项目，反映行政单位期末尚未完工交付使用的公共基础设施在建工程的实际成本。本项目应当根据"在建工程"科目中属于公共基础设施在建工程的期末余额填列。

（15）"受托代理资产"项目，反映行政单位期末受托代理资产的价值。本项目应当根据"受托代理资产"科目的期末余额（扣除其中受托储存管理物资的金额）加上"库存现金"、"银行存款"科目中属于受托代理资产的现金余额和银行存款余额的合计数填列。

2. 负债类项目。

（16）"应缴财政款"项目，反映行政单位期末按规定应当上缴财政的款项（应缴税费除外）。本项目应当根据"应缴财政款"科目的期末余额填列。

（17）"应缴税费"项目，反映行政单位期末应缴未缴的各种税费。本项目应当根据"应缴税费"科目的期末贷方余额填列；如"应缴税费"科目期末为借方余额，则以"－"号填列。

（18）"应付职工薪酬"项目，反映行政单位期末尚未支付给职工的各种薪酬。本项目应当根据"应付职工薪酬"科目的期末余额填列。

（19）"应付账款"项目，反映行政单位期末尚未支付的偿还期限在1年以内（含1年）的应付账款的金额。本项目应当根据"应付账款"科目的期末余额填列。

（20）"应付政府补贴款"项目，反映行政单位期末尚未支付的应付政府补贴款的金额。本项目应当根据"应付政府补贴款"科目的期末余额填列。

（21）"其他应付款"项目，反映行政单位期末尚未支付的其他各项应付及暂收款项的金额。本项目应当根据"其他应付款"科目的期末余额填列。

（22）"一年内到期的非流动负债"项目，反映行政单位期末承担的1年以内（含1年）到偿还期的非流动负债。本项目应当根据"长期应付款"等科目的期末余额分析填列。

（23）"长期应付款"项目，反映行政单位期末承担的偿还期限超过1年的应付款项。本项目应当根据"长期应付款"科目的期末余额减去其中1年以内（含1年）到偿还期的长期应付款金额后的余额填列。

（24）"受托代理负债"项目，反映行政单位期末受托代理负债的金额。本项目应当根据"受托代理负债"科目的期末余额（扣除其中受托储存管理物资对应的金额）填列。

3. 净资产类项目。

（25）"财政拨款结转"项目，反映行政单位期末滚存的财政拨款结转资金。本项目应当根据"财政拨款结转"科目的期末余额填列。

（26）"财政拨款结余"项目，反映行政单位期末滚存的财政拨款结余资金。本项目应当根据"财政拨款结余"科目的期末余额填列。

（27）"其他资金结转结余"项目，反映行政单位期末滚存的除财政拨款以外的其他资金结转结余的金额。本项目应当根据"其他资金结转结余"科目的期末余额填列。

"项目结转"项目，反映行政单位期末滚存的非财政拨款未完成项目结转资金。本项目应当根据"其他资金结转结余"科目中"项目结转"明细科目的期末余额填列。

（28）"资产基金"项目，反映行政单位期末预付账款、存货、固定资产、在建工程、无形资产、政府储备物资、公共基础设施等非货币性资产在净资产中占用的金额。本项目应当根据"资产基金"科目的期末余额填列。

（29）"待偿债净资产"项目，反映行政单位期末因应付账款和长期应付款等负债而相应需在净资产中冲减的金额。本项目应当根据"待偿债净资产"科目的期末借方余额以"－"号填列。

（三）行政单位按月编制资产负债表的，应当遵照以下规定编制：

1. 月度资产负债表应在资产部分"银行存款"项目下增加"零余额账户用款额度"项目。

2. "零余额账户用款额度"项目，反映行政单位期末零余额账户用款额度的金额。本项目应当根据"零余额账户用款额度"科目的期末余额填列。

3. "财政拨款结转"项目。本项目应当根据"财政拨款结转"科目的期末余额，加上"财政拨款收入"科目本年累计发生额，减去"经费支出——财政拨款支出"科目本年累计发生额后的余额填列。

4. "其他资金结转结余"项目。本项目应当根据"其他资金结转结余"科目的期末余额，加上"其他收入"科目本年累计发生额，减去"经费支出——其他资金支出"科目本年累计发生额，再减去"拨出经费"科目本年累计发生额后的余额填列。

"项目结转"项目。本项目应当根据"其他资金结转结余"科目中"项目结转"明细科目的期末余额，加上"其他收入"科目中项目收入的本年累计发生额，减去"经费支出——其他资金支出"科目中项目支出本年累计发生额，再减去"拨出经费"科目中项目支出本年累计发生额后的余额填列。

5. 月度资产负债表其他项目的填列方法与年度资产负债表的填列方法相同。

二、收入支出表的编制说明

（一）本表"本月数"栏反映各项目的本月实际发生数。在编制年度收入支出表时，应当将本栏改为"上年数"栏，反映上年度各项目的实际发生数；如果本年度收入支出表规定的各个项目的名称和内容同上年度不一致，应对上年度收入支出表各项目的名称和数字按照本年度的规定进行调整，填入本年度收入支出表的"上年数"栏。

本表"本年累计数"栏反映各项目自年初起至报告期末止的累计实际发生数。编制年度收入支出表时，应当将本栏改为"本年数"。

（二）本表"本月数"栏各项目的内容和填列方法：

1. "年初各项资金结转结余"项目及其所属各明细项目，反映行政单位本年初所有资金结转结余的金额。各明细项目应当根据"财政拨款结转"、"财政拨款结余"、"其他资金结转结余"及其明细科目的年初余额填列。本项目及其所属各明细项目的数额，应当与上年度收入支出表中"年末各项资金结转结余"中各明细项目的数额相等。

2. "各项资金结转结余调整及变动"项目及其所属各明细项目，反映行政单位因发生需要调整以前年度各项资金结转结余的事项，以及本年因调入、上缴或交回等导致各项资金结转结余变动的金额。

（1）"财政拨款结转结余调整及变动"项目，根据"财政拨款结转"、"财政拨款结余"科目下的"年初余额调整"、"归集上缴"、"归集调入"明细科目的本期贷方发生额合计数减去本期借方发生额合计数的差额填列；如为负数，以

"-"号填列。

（2）"其他资金结转结余调整及变动"项目，根据"其他资金结转结余"科目下的"年初余额调整"、"结余调剂"明细科目的本期贷方发生额合计数减去本期借方发生额合计数的差额填列；如为负数，以"-"号填列。

3. "收入合计"项目，反映行政单位本期取得的各项收入的金额。本项目应当根据"财政拨款收入"科目的本期发生额加上"其他收入"科目的本期发生额的合计数填列。

（1）"财政拨款收入"项目及其所属明细项目，反映行政单位本期从同级财政部门取得的各类财政拨款的金额。本项目应当根据"财政拨款收入"科目及其所属明细科目的本期发生额填列。

（2）"其他资金收入"项目及其所属明细项目，反映行政单位本期取得的各类非财政拨款的金额。本项目应当根据"其他收入"科目及其所属明细科目的本期发生额填列。

4. "支出合计"项目，反映行政单位本期发生的各项资金支出金额。本项目应当根据"经费支出"和"拨出经费"科目的本期发生额的合计数填列。

（1）"财政拨款支出"项目及其所属明细项目，反映行政单位本期发生的财政拨款支出金额。本项目应当根据"经费支出——财政拨款支出"科目及其所属明细科目的本期发生额填列。

（2）"其他资金支出"项目及其所属明细项目，反映行政单位本期使用各类非财政拨款资金发生的支出金额。本项目应当根据"经费支出——其他资金支出"和"拨出经费"科目及其所属明细科目的本期发生额的合计数填列。

5. "本期收支差额"项目及其所属各明细项目，反映行政单位本期发生的各项资金收入和支出相抵后的余额。

（1）"财政拨款收支差额"项目，反映行政单位本期发生的财政拨款资金收入和支出相抵后的余额。本项目应当根据本表中"财政拨款收入"项目金额减去"财政拨款支出"项目金额后的余额填列；如为负数，以"-"号填列。

（2）"其他资金收支差额"项目，反映行政单位本期发生的非财政拨款资金收入和支出相抵后的余额。本项目应当根据本表中"其他资金收入"项目金额减去"其他资金支出"项目金额后的余额填列；如为负数，以"-"号填列。

6. "年末各项资金结转结余"项目及其所属各明细项目，反映行政单位截至本年末的各项资金结转结余金额。各明细项目应当根据"财政拨款结转"、"财政拨款结余"、"其他资金结转结余"科目的年末余额填列。

上述"年初各项资金结转结余"、"年末各项资金结转结余"项目及其所属各明细项目，只在编制年度收入支出表时填列。

三、财政拨款收入支出表的编制说明

（一）本表"项目"栏内各项目，应当根据行政单位取得的财政拨款种类分项设置；其中"项目支出"下，根据每个项目设置；行政单位取得除公共财政预算拨款和政府性基金预算拨款以外的其他财政拨款的，应当按照财政拨款种类增加相应的资金项目及其明细项目。

（二）本表各栏及其对应项目的内容和填列方法：

1. "年初财政拨款结转结余"栏中各项目，反映行政单位年初各项财政拨款结转和结余的金额。各项目应当根据"财政拨款结转"、"财政拨款结余"及其明细科目的年初余额填列。本栏目中各项目的数额，应当与上年度财政拨款收入支出表中"年末财政拨款结转结余"栏中各项目的数额相等。

2. "调整年初财政拨款结转结余"栏中各项目，反映行政单位对年初财政拨款结转结余的调整金额。各项目应当根据"财政拨款结转"、"财政拨款结余"科目中"年初余额调整"科目及其所属明细科目的本年发生额填列。如调整减少年初财政拨款结转结余，以"−"号填列。

3. "归集调入或上缴"栏中各项目，反映行政单位本年取得主管部门归集调入的财政拨款结转结余资金和按规定实际上缴的财政拨款结转结余资金金额。各项目应当根据"财政拨款结转"、"财政拨款结余"科目中"归集上缴"和"归集调入"科目及其所属明细科目的本年发生额填列。对归集上缴的财政拨款结转结余资金，以"−"号填列。

4. "单位内部调剂"栏中各项目，反映行政单位本年财政拨款结转结余资金在内部不同项目之间的调剂金额。各项目应当根据"财政拨款结转"和"财政拨款结余"科目中的"单位内部调剂"及其所属明细科目的本年发生额填列。对单位内部调剂减少的财政拨款结转结余项目，以"−"号填列。

5. "本年财政拨款收入"栏中各项目，反映行政单位本年从同级财政部门取得的各类财政预算拨款金额。各项目应当根据"财政拨款收入"科目及其所属明细科目的本年发生额填列。

6. "本年财政拨款支出"栏中各项目，反映行政单位本年发生的财政拨款支出金额。各项目应当根据"经费支出"科目及其所属明细科目的本年发生额填列。

7. "年末财政拨款结转结余"栏中各项目，反映行政单位年末财政拨款结转结余的金额。各项目应当根据"财政拨款结转"、"财政拨款结余"科目及其所属明细科目的年末余额填列。

四、附注

行政单位的报表附注应当至少披露下列内容：

（一）遵循《行政单位会计制度》的声明；

（二）单位整体财务状况、预算执行情况的说明；

（三）会计报表中列示的重要项目的进一步说明，包括其主要构成、增减变动情况等；

（四）重要资产处置、资产重大损失情况的说明；

（五）以名义金额计量的资产名称、数量等情况，以及以名义金额计量理由的说明；

（六）或有负债情况的说明、1 年以上到期负债预计偿还时间和数量的说明；

（七）以前年度结转结余调整情况的说明；

（八）有助于理解和分析会计报表的其他需要说明事项。

第十章　附则

第四十四条　行政单位有关基本建设投资会计并账的要求和新旧会计制度的衔接，由财政部另行规定。

第四十五条　国家物资储备局及所属行政单位管理的储备物资的会计核算，按照《国家物资储备资金会计制度》规定执行。

行政单位会计机构设置、会计人员配备、会计基础工作、会计档案管理以及内部控制等，按照《中华人民共和国会计法》、《会计基础工作规范》、《会计档案管理办法》、《行政事业单位内部控制规范（试行）》等规定执行。开展会计信息化工作的行政单位，还应当按照财政部制定的相关会计信息化工作规范执行。

第四十六条　本制度自 2014 年 1 月 1 日起施行。1998 年 2 月 6 日财政部印发的《行政单位会计制度》（财预字〔1998〕49 号）同时废止。

财政部

2013 年 12 月 18 日

附录二

新旧行政单位会计制度
有关衔接问题的处理规定

修订后的《行政单位会计制度》（财库〔2013〕218 号）（以下简称新制度）自 2014 年 1 月 1 日起施行。为了确保新旧制度顺利过渡，现对行政单位执行新制度的有关衔接问题规定如下：

一、新旧制度衔接总要求

（一）自 2014 年 1 月 1 日起，行政单位应当严格按照新制度的规定进行会计核算和编报财务报表。

（二）行政单位应当按照本规定做好新旧制度的衔接。相关工作包括以下几个方面：

1. 根据原账编制 2013 年 12 月 31 日的科目余额表。

2. 按照新制度设立 2014 年 1 月 1 日的新账。

3. 将 2013 年 12 月 31 日原账中各会计科目余额按照本规定进行调整（包括新旧结转调整和基建并账调整），按调整后的科目余额编制科目余额表，作为新账各会计科目的期初余额。原账中各会计科目是指原《行政单位会计制度》（财预字〔1998〕49 号）规定的会计科目，以及按照财政部印发的有关行政单位会计核算补充规定增设的会计科目。

新旧会计科目对应关系参见本规定附 1。

4. 根据新账各会计科目期初余额，按照新制度编制 2014 年 1 月 1 日期初资产负债表。

（三）及时调整会计信息系统。行政单位应当对原有会计核算软件和会计信息系统进行及时更新和调试，正确实现数据转换，确保新旧账套的有序衔接。

二、将原账科目余额转入新账

（一）资产类。

1. "现金"、"银行存款"、"零余额账户用款额度"、"财政应返还额度"科目。

新制度设置了"库存现金"、"银行存款"、"零余额账户用款额度"、"财政应返还额度"科目，其核算内容与原账中上述相应科目的核算内容基本相同。转账时，应将原账中上述科目的余额直接转入新账中相应科目。

2. "暂付款"科目。

新制度未设置"暂付款"科目，但设置了"应收账款"、"预付账款"和"其他应收款"科目。转账时，应对原账中"暂付款"科目的余额进行分析，将符合上述新科目的余额分别转入新账中对应科目。同时，按照转入"预付账款"科目的金额，将相应的"结余"科目余额转入新账中"资产基金——预付款项"科目。

3. "有价证券"科目。

新制度未设置"有价证券"科目，转账时，应将原账中"有价证券"科目余额转入新账中"其他应收款"科目。

4. "库存材料"科目。

新制度未设置"库存材料"科目，但设置了"存货"、"政府储备物资"科目。转账时，应对原账中"库存材料"科目的余额进行分析，将属于存货的余额转入"存货"科目，同时，按照转入"存货"科目的金额，将相应的"结余"科目余额转入新账中"资产基金——存货"科目；将属于政府储备物资的余额转入"政府储备物资"科目，同时，按照转入"政府储备物资"科目的金额，将相应的"结余"科目余额转入新账中"资产基金——政府储备物资"科目。

5. "固定资产"科目。

新制度设置了"固定资产"、"无形资产"、"公共基础设施"科目。转账时，应对原账中"固定资产"科目的余额进行分析：

（1）对于达不到新的固定资产确认标准的，应当将相应余额转入新账中"存货"科目，同时，将相应的"固定基金"科目余额转入新账中"资产基金——存货"科目；对于已领用出库的，还应当按照其成本，在新账中借记"资产基金——存货"科目，贷记"存货"科目，同时做好相关实物资产的登记管理工作。

（2）对于符合新的固定资产确认标准的，应当将相应余额转入新账中"固定资产"科目，同时，将相应的"固定基金"科目余额转入新账中"资产基金——固定资产"科目。

（3）对于原账"固定资产"科目余额中属于无形资产的，应当将相应余额转入新账中"无形资产"科目，同时，将相应的"固定基金"科目余额转入新账中"资产基金——无形资产"科目。

（4）对于原账"固定资产"科目余额中属于公共基础设施的，应当将相应余额转入新账中"公共基础设施"科目，同时，将相应的"固定基金"科目余额转入新账中"资产基金——公共基础设施"科目。

（二）负债类。

1. "应缴预算款"、"应缴财政专户款"科目。

新制度未设置"应缴预算款"、"应缴财政专户款"科目，但设置了"应缴财政款"科目，其核算内容涵盖了原账中"应缴预算款"、"应缴财政专户款"科目的核算内容。转账时，应将原账中"应缴预算款"、"应缴财政专户款"科目的余额转入新账中"应缴财政款"科目。

2. "应付工资（离退休费）"、"应付地方（部门）津贴补贴"、"应付其他个人收入"科目。

新制度未设置"应付工资（离退休费）"、"应付地方（部门）津贴补贴"、"应付其他个人收入"科目，但设置了"应付职工薪酬"科目，其核算内容涵盖了原账中上述三个科目的核算内容。转账时，应将原账中"应付工资（离退休费）"、"应付地方（部门）津贴补贴"、"应付其他个人收入"科目的余额转入新账中"应付职工薪酬"科目。

3. "暂存款"科目。

新制度未设置"暂存款"科目，但设置了"应缴税费"、"应付账款"、"应付政府补贴款"、"其他应付款"、"长期应付款"和"受托代理负债"科目。另外，新制度的"应付职工薪酬"科目核算内容还包括应付的社会保险费和住房公积金等。转账时，应对原账中"暂存款"科目的余额进行分析，将符合上述科目的余额分别转入新账对应科目。如有转入新账中"应付账款"、"长期应付款"科目的，还应按照转入"应付账款"、"长期应付款"科目余额的合计数，在新账中借记"待偿债净资产"科目，贷记"财政拨款结转"、"财政拨款结余"或"其他资金结转结余"科目。

（三）净资产类。

1. "结余"科目。

新制度未设置"结余"科目，但设置了"财政拨款结转"、"财政拨款结余"和"其他资金结转结余"科目。转账时，应对原账中"结余"科目的余额（扣除转入新账中"资产基金——预付款项、存货、政府储备物资"科目金额）进行分析：对属于新制度下财政拨款结转的余额转入新账中"财政拨款结转"科目；对属于新制度下财政拨款结余的余额转入新账中"财政拨款结余"科目；将剩余余额转入新账中"其他资金结转结余"科目。

2. "固定基金"科目。

新制度未设置"固定基金"科目，但设置了"资产基金"科目。转账时，应当参照原账中"固定资产"科目的转账规定，相应地将原账中"固定基金"科目的余额，分别转入新账中"资产基金——存货"、"资产基金——固定资产"、"资产基金——无形资产"和"资产基金——公共基础设施"科目。

（四）收入支出类。

由于原账中收入支出类科目年末无余额，不需进行转账处理。自 2014 年 1 月 1 日起，应当按照新制度设置收入支出类科目并进行账务处理。

行政单位如有其他原账科目余额，应当按照新制度规定转入新账中相应的科目。新账中科目设有明细科目的，应将原账中对应科目的余额加以分析，分别转入新账中相应科目的相关明细科目。

三、将原未入账事项登记新账

（一）资产类。

1. 关于原未入账的无形资产。

行政单位在新旧制度转换时，应当将 2013 年 12 月 31 日前未入账的无形资产记入新账。登记新账时，按照确定的无形资产成本，借记"无形资产"科目，贷记"资产基金——无形资产"科目。

2. 关于原未入账的政府储备物资。

行政单位在新旧制度转换时，应当将 2013 年 12 月 31 日前未入账的政府储备物资记入新账。登记新账时，按照确定的政府储备物资成本，借记"政府储备物资"科目，贷记"资产基金——政府储备物资"科目。

3. 关于原未入账的公共基础设施。

行政单位在新旧制度转换时，应当将 2013 年 12 月 31 日前未入账的公共基础设施记入新账。登记新账时，按照确定的公共基础设施成本，借记"公共基础设施"科目，贷记"资产基金——公共基础设施"科目。

4. 关于原未入账的受托代理资产。

行政单位在新旧制度转换时，应当将 2013 年 12 月 31 日前未入账的受托代理资产记入新账。登记新账时，按照确定的受托代理资产成本，借记"受托代理资产"等科目，贷记"受托代理负债"科目。

（二）负债类。

1. 关于原未入账的应付账款。

行政单位在新旧制度转换时，应当将 2013 年 12 月 31 日前未入账的应付账款记入新账。登记新账时，按照确定的应付账款金额，借记"待偿债净资产"科目，贷记"应付账款"科目。

2. 关于原未入账的长期应付款。

行政单位在新旧制度转换时，应当将 2013 年 12 月 31 日前未入账的长期应付款记入新账。登记新账时，按照确定的长期应付款金额，借记"待偿债净资产"科目，贷记"长期应付款"科目。

行政单位如有 2013 年 12 月 31 日前未入账的其他事项，应当按照新制度规定登记新账。

四、将行政单位基建账相关数据并入按照新制度规定设置的会计账

行政单位应当在按国家有关规定单独核算基本建设投资的同时，将基建账相关数据并入单位按照新制度规定设置的会计账（以下简称"大账"）。新制度设置了"在建工程"科目。行政单位应当在"在建工程"科目下设置"基建工程"明细科目，核算由基建账并入的在建工程成本。

（一）将 2013 年 12 月 31 日基建账中相关科目余额按照以下方法并入"大账"。

1. 资产类。

（1）按照基建账中"现金"、"银行存款"、"零余额账户用款额度"、"财政应返还额度"科目借方余额，分别借记"大账"中"库存现金"、"银行存款"、"零余额账户用款额度"、"财政应返还额度"科目。

（2）按照基建账中"应收有偿调出器材及工程款"、"应收票据"科目借方余额，借记"大账"中"应收账款"科目。

（3）按照基建账中"其他应收款"、"拨付所属投资借款"、"有价证券"科目借方余额，借记"大账"中"其他应收款"科目。

（4）按照基建账中"固定资产"科目借方余额，借记"大账"中"固定资产"科目。

（5）按照基建账中"累计折旧"科目贷方余额，贷记"大账"中"累计折旧"科目。

（6）按照基建账中"建筑安装工程投资"、"设备投资"、"待摊投资"、"其他投资"、"器材采购"、"采购保管费"、"库存设备"、"库存材料"、"材料成本差异"、"委托加工器材"、"预付备料款"、"预付工程款"科目借方余额，借记"大账"中"在建工程——基建工程"科目。

（7）按照基建账中"固定资产清理"、"待处理财产损失"科目借方余额，借记"大账"中"待处理财产损溢"科目。

2. 负债类。

（8）按照基建账中"应交基建包干节余"、"应交基建收入"、"其他应交款"科目贷方余额中属于应交财政部分，贷记"大账"中"应缴财政款"科目；其余部分贷记"大账"中"其他应付款"科目。

（9）按照基建账中"应交税金"科目贷方余额，贷记"大账"中"应缴税费"科目。

（10）按照基建账中"应付工资"、"应付福利费"科目贷方余额，贷记

"大账"中"应付职工薪酬"科目。

（11）按照基建账中"应付器材款"、"应付有偿调入器材及工程款"、"应付票据"科目贷方余额，以及"应付工程款"科目贷方余额中属于1年以内（含1年）偿还的部分，贷记"大账"中"应付账款"科目。

（12）按照基建账中"其他应付款"科目贷方余额，贷记"大账"中"其他应付款"科目。

（13）按照基建账中"基建投资借款"、"上级拨入投资借款"、"其他借款"科目贷方余额和"应付工程款"科目贷方余额中属于超过1年偿还的部分，贷记"大账"中"长期应付款"科目。

3. 净资产类。

（14）按照基建账中"应付器材款"、"应付工程款"、"应付有偿调入器材及工程款"、"应付票据"、"基建投资借款"、"其他借款"、"上级拨入投资借款"科目贷方余额减去尚未使用的借款金额（实行贷转存办法）后的差额，借记"大账"中"待偿债净资产"科目。

（15）按照基建账中"固定资产"科目借方余额和"累计折旧"科目贷方余额的差额，贷记"大账"中"资产基金——固定资产"科目。

（16）按照基建账中"建筑安装工程投资"、"设备投资"、"待摊投资"、"其他投资"、"器材采购"、"采购保管费"、"库存设备"、"库存材料"、"材料成本差异"、"委托加工器材"、"预付备料款"、"预付工程款"科目借方余额，贷记"大账"中"资产基金——在建工程"科目。

（17）按照基建账中"基建拨款"、"留成收入"科目余额中归属于同级财政拨款结转的部分，贷记"大账"中"财政拨款结转"科目。

（18）按照基建账中"留成收入"科目余额中归属于同级财政拨款结余的部分，贷记"大账"中"财政拨款结余"科目。

按照上述（1）—（18）中"大账"科目的借方合计金额减去贷方合计金额后的差额，贷记或借记"大账"中"其他资金结转结余"科目。

（二）行政单位执行新制度后，应当至少按月将基建账中相关科目的发生额按照以下方法并入"大账"。

1. 资产、负债、净资产类。

根据"大账"科目和基建账科目的对应关系（见附2），按照基建账中相关科目本期发生额的借方净额，借记"大账"中的对应科目；按照基建账中相关科目本期发生额的贷方净额，贷记"大账"中的对应科目。

对于当期发生基本建设结余资金交回业务的，根据基建账中"基建拨款"科目本期借方发生额中归属于同级财政拨款的部分，借记"大账"中"财政拨款结转"或"财政拨款结余"科目；其余部分，借记"大账"中"其他资金结转结余"科目。

2. 收入、支出类。

按照基建账中"基建拨款"科目本期贷方发生额中归属于同级财政拨款的部分，贷记"大账"中"财政拨款收入"科目；其余部分，贷记"大账"中"其他收入"科目。

按照基建账中"上级拨入资金"科目本期贷方发生额，贷记"大账"中"其他收入"科目。

根据新制度规定的支出确认原则，对基建账中相关科目本期发生额进行分析计算，按照计算出的数额，借记"大账"中"经费支出"科目。

行政单位如有从"大账"中"经费支出"科目列支转入基建账的资金，还应当在并账后将已列支金额部分予以冲销，借记"其他收入"科目，贷记"经费支出"科目。如果行政单位已在"大账"中核算基建资金收支的，不再按照本规定进行基建资金收支的并账处理。

五、财务报表新旧衔接

（一）编制 2014 年 1 月 1 日期初资产负债表。

行政单位应当根据新账各会计科目期初余额，按照新制度编制 2014 年 1 月 1 日期初资产负债表。

（二）行政单位 2014 年度财务报表的编制。

行政单位应当按照新制度规定编制 2014 年的月度、年度财务报表。在编制 2014 年度收入支出表、财政拨款收入支出表时，不要求填列上年比较数。

六、其他衔接事项

（一）新制度设置了"累计摊销"科目，核算行政单位对无形资产计提的累计摊销。行政单位应当全面核查 2013 年 12 月 31 日前取得的无形资产的成本、截至 2013 年 12 月 31 日的已使用年限、尚可使用年限等，并对无形资产按照新制度的规定补提摊销。按照应计提的累计摊销金额，借记"资产基金——无形资产"科目，贷记"累计摊销"科目。

（二）新制度设置了"累计折旧"科目，核算行政单位对固定资产、公共基础设施计提的累计折旧。行政单位对固定资产、公共基础设施计提折旧事宜由财政部另行规定。

附：1. 新旧行政单位会计制度会计科目对照表

　　2. 行政单位"大账"与基建账会计科目对照表

附 1：

新旧行政单位会计制度会计科目对照表

序号	新行政单位会计制度会计科目			原行政单位会计制度会计科目及补充规定会计科目	
序号	编号	名称		编号	名称
一、资产类					
1	1001	库存现金		101	现金
2	1002	银行存款		102	银行存款
3	1011	零余额账户用款额度		107	零余额账户用款额度 *
4	1021	财政应返还额度		115	财政应返还额度 *
	102101	财政直接支付			财政直接支付
	102102	财政授权支付			财政授权支付
5	1212	应收账款		104	暂付款
6	1213	预付账款			
7	1215	其他应收款		104	暂付款
				103	有价证券
8	1301	存货		105	库存材料
				106	固定资产
9	1501	固定资产		106	固定资产
10	1502	累计折旧			
11	1511	在建工程			
12	1601	无形资产		106	固定资产
13	1602	累计摊销			
14	1701	待处理财产损溢			
15	1801	政府储备物资		105	库存材料
16	1802	公共基础设施		106	固定资产
17	1901	受托代理资产			
二、负债类					
18	2001	应缴财政款		201	应缴预算款
				202	应缴财政专户款
19	2101	应缴税费		203	暂存款

新行政单位会计制度会计科目			原行政单位会计制度会计科目 及补充规定会计科目	
序号	编号	名称	编号	名称
20	2201	应付职工薪酬	211	应付工资（离退休费）*
			212	应付地方（部门）津贴补贴*
			213	应付其他个人收入*
			203	暂存款
21	2301	应付账款	203	暂存款
22	2302	应付政府补贴款		
23	2305	其他应付款		
24	2401	长期应付款	203	暂存款
25	2901	受托代理负债		
三、净资产类				
26	3001	财政拨款结转	303	结余
27	3002	财政拨款结余		
28	3101	其他资金结转结余		
29	3501	资产基金		
	350101	预付款项	303	结余
	350111	存货	303	结余
			301	固定基金
	350121	固定资产	301	固定基金
	350131	在建工程		
	350141	无形资产	301	固定基金
	350151	政府储备物资	303	结余
	350152	公共基础设施	303	固定基金
30	3502	待偿债净资产		
四、收入类				
31	4001	财政拨款收入	401	拨入经费
32	4011	其他收入	407	其他收入
	—	—	404	预算外资金收入
五、支出类				
33	5001	经费支出	501	经费支出
			505	结转自筹基建
34	5101	拨出经费	502	拨出经费

注：上表中标有"＊"号的会计科目为行政单位按照财政部印发的有关行政单位会计核算补充规定增设的会计科目。

附 2：

行政单位"大账"和基建账会计科目对照表

"大账"科目		基建账科目	
编号	名称	编号	名称
一、资产类			
1001	库存现金	233	现金
1002	银行存款	232	银行存款
1011	零余额账户用款额度	234	零余额账户用款额度
1021	财政应返还额度	235	财政应返还额度
1212	应收账款	251	应收有偿调出器材及工程款
		253	应收票据
1215	其他应收款	252	其他应收款
		261	拨付所属投资借款
		281	有价证券
1501	固定资产	201	固定资产
1502	累计折旧	202	累计折旧
1511	在建工程	101	建筑安装工程投资
		102	设备投资
		103	待摊投资
		104	其他投资
		211	器材采购
		212	采购保管费
		213	库存设备
		214	库存材料
		218	材料成本差异
		219	委托加工器材
		241	预付备料款
		242	预付工程款
1701	待处理财产损溢	203	固定资产清理
		271	待处理财产损失

"大账"科目		基建账科目	
编号	名称	编号	名称
二、负债类			
2001	应缴财政款	362	应交基建包干节余（应交财政部分）
		363	应交基建收入（应交财政部分）
		364	其他应交款（应交财政部分）
2101	应缴税费	361	应交税金
2201	应付职工薪酬	341	应付工资
		342	应付福利费
2301	应付账款	331	应付器材款
		332	应付工程款（1年以内偿还的）
		351	应付有偿调入器材及工程款
		353	应付票据
2305	其他应付款	352	其他应付款
		364	其他应交款（非应交财政部分）
2401	长期应付款	332	应付工程款（超过1年偿还的）
		304	基建投资借款
		305	上级拨入投资借款
		306	其他借款
三、净资产类			
3001	财政拨款结转	301	基建拨款（贷方余额中归属于同级财政拨款结转的资金）
		301	基建拨款（本期借方发生额中属于交回同级财政的结余资金）
		401	留成收入（属于同级财政拨款形成的部分）
3002	财政拨款结余	301	基建拨款（本期借方发生额中属于交回同级财政的结余资金）
		401	留成收入（属于同级财政拨款形成的部分）

续表

"大账"科目		基建账科目	
编号	名称	编号	名称
3101	其他资金结转结余	301	基建拨款（本期借方发生额中属于交回的非同级财政结余资金）
		401	留成收入（属于非同级财政拨款形成的部分）
3501	资产基金		根据相关科目分析计算
350121	固定资产		
350131	在建工程		
3502	待偿债净资产		根据相关科目分析计算
四、收入类			
4001	财政拨款收入	301	基建拨款（本期贷方发生额中属于同级财政拨款的部分）
4011	其他收入	301	基建拨款（本期贷方发生额中属于非同级财政拨款的部分）
		321	上级拨入资金
五、支出类			
5001	经费支出		根据相关科目分析计算

附录三

行政单位财务规则

第一章 总则

第一条 为了规范行政单位的财务行为，加强行政单位财务管理和监督，提高资金使用效益，保障行政单位工作任务的完成，制定本规则。

第二条 本规则适用于各级各类国家机关、政党组织（以下统称行政单位）的财务活动。

第三条 行政单位财务管理的基本原则是：量入为出，保障重点，兼顾一般，厉行节约，制止奢侈浪费，降低行政成本，注重资金使用效益。

第四条 行政单位财务管理的主要任务是：

（一）科学、合理编制预算，严格预算执行，完整、准确、及时编制决算，真实反映单位财务状况；

（二）建立健全财务管理制度，实施预算绩效管理，加强对行政单位财务活动的控制和监督；

（三）加强资产管理，合理配置、有效利用、规范处置资产，防止国有资产流失；

（四）定期编制财务报告，进行财务活动分析；

（五）对行政单位所属并归口行政财务管理的单位的财务活动实施指导、监督；

（六）加强对非独立核算的机关后勤服务部门的财务管理，实行内部核算办法。

第五条 行政单位的财务活动在单位负责人领导下，由单位财务部门统一管理。

行政单位应当单独设置财务机构，配备专职财务会计人员，实行独立核算。人员编制少、财务工作量小等不具备独立核算条件的单位，可以实行单据报账制度。

第二章　单位预算管理

第六条　行政单位预算由收入预算和支出预算组成。

第七条　按照预算管理权限，行政单位预算管理分为下列级次：

（一）向同级财政部门申报预算的行政单位，为一级预算单位；

（二）向上一级预算单位申报预算并有下级预算单位的行政单位，为二级预算单位；

（三）向上一级预算单位申报预算，且没有下级预算单位的行政单位，为基层预算单位。

一级预算单位有下级预算单位的，为主管预算单位。

第八条　各级预算单位应当按照预算管理级次申报预算，并按照批准的预算组织实施，定期将预算执行情况向上一级预算单位或者同级财政部门报告。

第九条　财政部门对行政单位实行收支统一管理，定额、定项拨款，超支不补，结转和结余按规定使用的预算管理办法。

第十条　行政单位编制预算，应当综合考虑以下因素：

（一）年度工作计划和相应支出需求；

（二）以前年度预算执行情况；

（三）以前年度结转和结余情况；

（四）资产占有和使用情况；

（五）其他因素。

第十一条　行政单位预算依照下列程序编报和审批：

（一）行政单位测算、提出预算建议数，逐级汇总后报送同级财政部门；

（二）财政部门审核行政单位提出的预算建议数，下达预算控制数；

（三）行政单位根据预算控制数正式编制年度预算，逐级汇总后报送同级财政部门；

（四）经法定程序批准后，财政部门批复行政单位预算。

第十二条　行政单位应当严格执行预算，按照收支平衡的原则，合理安排各项资金，不得超预算安排支出。

预算在执行中原则上不予调整。因特殊情况确需调整预算的，行政单位应当按照规定程序报送审批。

第十三条　行政单位应当按照规定编制决算，逐级审核汇总后报同级财政部门审批。

第十四条　行政单位应当加强决算审核和分析，规范决算管理工作，保证决算数据的完整、真实、准确。

第三章　收入管理

第十五条　收入是指行政单位依法取得的非偿还性资金，包括财政拨款收入和其他收入。

财政拨款收入，是指行政单位从同级财政部门取得的财政预算资金。

其他收入，是指行政单位依法取得的除财政拨款收入以外的各项收入。

行政单位依法取得的应当上缴财政的罚没收入、行政事业性收费、政府性基金、国有资产处置和出租出借收入等，不属于行政单位的收入。

第十六条　行政单位取得各项收入，应当符合国家规定，按照财务管理的要求，分项如实核算。

第十七条　行政单位的各项收入应当全部纳入单位预算，统一核算，统一管理。

第四章　支出管理

第十八条　支出是指行政单位为保障机构正常运转和完成工作任务所发生的资金耗费和损失，包括基本支出和项目支出。

基本支出，是指行政单位为保障机构正常运转和完成日常工作任务发生的支出，包括人员支出和公用支出。

项目支出，是指行政单位为完成特定的工作任务，在基本支出之外发生的支出。

第十九条　行政单位应当将各项支出全部纳入单位预算。

各项支出由单位财务部门按照批准的预算和有关规定审核办理。

第二十条　行政单位的支出应当严格执行国家规定的开支范围及标准，建立健全支出管理制度，对节约潜力大、管理薄弱的支出进行重点管理和控制。

第二十一条　行政单位从财政部门或者上级预算单位取得的项目资金，应当按照批准的项目和用途使用，专款专用、单独核算，并按照规定向同级财政部门或者上级预算单位报告资金使用情况，接受财政部门和上级预算单位的检查监督。

项目完成后，行政单位应当向同级财政部门或者上级预算单位报送项目支出决算和使用效果的书面报告。

第二十二条　行政单位应当严格执行国库集中支付制度和政府采购制度等规定。

第二十三条　行政单位应当加强支出的绩效管理，提高资金的使用效益。

第二十四条　行政单位应当依法加强各类票据管理，确保票据来源合法、内容真实、使用正确，不得使用虚假票据。

第五章　结转和结余管理

第二十五条　结转资金，是指当年预算已执行但未完成，或者因故未执行，下一年度需要按照原用途继续使用的资金。

第二十六条　结余资金，是指当年预算工作目标已完成，或者因故终止，当年剩余的资金。

结转资金在规定使用年限未使用或者未使用完的，视为结余资金。

第二十七条　财政拨款结转和结余的管理，应当按照同级财政部门的规定执行。

第六章　资产管理

第二十八条　资产是指行政单位占有或者使用的，能以货币计量的经济资源，包括流动资产、固定资产、在建工程、无形资产等。

第二十九条　流动资产是指可以在一年内变现或者耗用的资产，包括现金、银行存款、零余额账户用款额度、应收及暂付款项、存货等。

前款所称存货是指行政单位在工作中为耗用而储存的资产，包括材料、燃料、包装物和低值易耗品等。

第三十条　固定资产是指使用期限超过一年，单位价值在 1 000 元以上（其中：专用设备单位价值在 1 500 元以上），并且在使用过程中基本保持原有物质形态的资产。单位价值虽未达到规定标准，但是耐用时间在一年以上的大批同类物资，作为固定资产管理。

固定资产一般分为六类：房屋及构筑物；通用设备；专用设备；文物和陈列品；图书、档案；家具、用具、装具及动植物。

第三十一条　在建工程是指已经发生必要支出，但尚未达到交付使用状态的建设工程。

在建工程达到交付使用状态时，应当按照规定办理工程竣工财务决算和资产交付使用。

第三十二条　无形资产是指不具有实物形态而能为使用者提供某种权利的资产，包括著作权、土地使用权等。

第三十三条　行政单位应当建立健全单位资产管理制度，加强和规范资产配置、使用和处置管理，维护资产安全完整。

第三十四条　行政单位应当按照科学规范、从严控制、保障工作需要的原则合理配置资产。

行政单位资产有原始凭证的，按照原始凭证记账；无原始凭证的，应当依法进行评估，按照评估价值记账。

第三十五条　行政单位应当加强资产日常管理工作，做好资产建账、核算和登记工作，定期或者不定期进行清查盘点，保证账账相符，账实相符。年度终了，应当进行全面清查盘点。对资产盘盈、盘亏应当及时处理。

第三十六条　行政单位开设银行存款账户，应当报同级财政部门审批，并由财务部门统一管理。

第三十七条　行政单位应当加强应收及暂付款项的管理，严格控制规模，并及时进行清理，不得长期挂账。

第三十八条　行政单位的资产增加时，应当及时登记入账；减少时，应当按照资产处置规定办理报批手续，进行账务处理。

行政单位的固定资产不计提折旧，但财政部另有规定的除外。

第三十九条　行政单位不得以任何形式用占有、使用的国有资产对外投资或者举办经济实体。对于未与行政单位脱钩的经济实体，行政单位应当按照有关规定进行监管。

除法律、行政法规另有规定外，行政单位不得举借债务，不得对外提供担保。

第四十条　未经同级财政部门批准，行政单位不得将占有、使用的国有资产对外出租、出借。

第四十一条　行政单位应当按照国家有关规定实行资源共享、装备共建，提高资产使用效率。

第四十二条　行政单位资产处置应当遵循公开、公平、公正的原则，依法进行评估，严格履行相关审批程序。

第七章　负债管理

第四十三条　负债是指行政单位所承担的能以货币计量，需要以资产或者劳务偿还的债务，包括应缴款项、暂存款项、应付款项等。

第四十四条　应缴款项是指行政单位依法取得的应当上缴财政的资金，包括罚没收入、行政事业性收费、政府性基金、国有资产处置和出租出借收入等。

第四十五条　行政单位取得罚没收入、行政事业性收费、政府性基金、国有资产处置和出租出借收入等，应当按照国库集中收缴的有关规定及时足额上缴，不得隐瞒、滞留、截留、挪用和坐支。

第四十六条　暂存款项是行政单位在业务活动中与其他单位或者个人发生的预收、代管等待结算的款项。

第四十七条　行政单位应当加强对暂存款项的管理，不得将应当纳入单位收入管理的款项列入暂存款项；对各种暂存款项应当及时清理、结算，不得长期挂账。

第八章　行政单位划转撤并的财务处理

第四十八条　行政单位划转撤并的财务处理，应当在财政部门、主管预算单位等部门的监督指导下进行。

划转撤并的行政单位应当对单位的财产、债权、债务等进行全面清理，编制财产目录和债权、债务清单，提出财产作价依据和债权、债务处理办法，做好资产的移交、接收、划转和管理工作，并妥善处理各项遗留问题。

第四十九条　划转撤并的行政单位的资产经主管预算单位审核并上报财政部门和有关部门批准后，分别按照下列规定处理：

（一）转为事业单位和改变隶属关系的行政单位，其资产无偿移交，并相应调整、划转经费指标。

（二）转为企业的行政单位，其资产按照有关规定进行评估作价后，转作企业的国有资本。

（三）撤销的行政单位，其全部资产由财政部门或者财政部门授权的单位处理。

（四）合并的行政单位，其全部资产移交接收单位或者新组建单位；合并后多余的资产，由财政部门或者财政部门授权的单位处理。

（五）分立的行政单位，其资产按照有关规定移交分立后的行政单位，并相应划转经费指标。

第九章　财务报告和财务分析

第五十条　财务报告是反映行政单位一定时期财务状况和预算执行结果的总结性书面文件。

第五十一条　行政单位的财务报告，包括财务报表和财务情况说明书。

财务报表包括资产负债表、收入支出表、支出明细表、财政拨款收入支出表、固定资产投资决算报表等主表及有关附表。

财务情况说明书，主要说明行政单位本期收入、支出、结转、结余、专项资金使用及资产负债变动等情况，以及影响财务状况变化的重要事项，总结财务管理经验，对存在的问题提出改进意见。

第五十二条　财务分析是依据会计核算资料和其他有关信息资料，对单位财务活动过程及其结果进行的研究、分析和评价。

第五十三条　财务分析的内容包括预算编制与执行情况、收入支出状况、人员增减情况、资产使用情况等。

财务分析的指标主要有：支出增长率、当年预算支出完成率、人均开支、项目支出占总支出的比率、人员支出占总支出的比率、公用支出占总支出的比率、人均办公使用面积、人车比例等。

行政单位可以根据其业务特点，增加财务分析指标。

第五十四条　行政单位应当真实、准确、完整、及时地编制财务报告，认真进行财务分析，并按照规定报送财政部门、主管预算单位和其他有关部门。

第十章　财务监督

第五十五条　行政单位财务监督主要包括对预算管理、收入管理、支出管理、结转和结余管理、资产管理、负债管理等的监督。

第五十六条　行政单位财务监督应当实行事前监督、事中监督、事后监督相结合，日常监督与专项监督相结合，并对违反财务规章制度的问题进行检查处理。

第五十七条　行政单位应当建立健全内部控制制度、经济责任制度、财务信息披露制度等监督制度，依法公开财务信息。

第五十八条　行政单位应当依法接受主管预算单位和财政、审计部门的监督。

第五十九条　财政部门、行政单位及其工作人员违反本规则，按照《财政违法行为处罚处分条例》（国务院令第427号）处理。

第十一章　附则

第六十条　行政单位基本建设投资的财务管理，应当执行本规则，但国家基本建设投资财务管理制度另有规定的，从其规定。

第六十一条　参照公务员法管理的事业单位财务制度的适用，由财政部另行规定。

行政单位所属独立核算的企业、事业单位分别执行相应的财务制度，不执行本规则。

第六十二条　省、自治区、直辖市人民政府财政部门可以依据本规则结合本地区实际情况制定实施办法。

第六十三条　本规则自2013年1月1日起施行。

附：

行政单位财务分析指标

1. 支出增长率，衡量行政单位支出的增长水平。计算公式为：

支出增长率＝（本期支出总额÷上期支出总额－1）×100%

2. 当年预算支出完成率，衡量行政单位当年支出总预算及分项预算完成的程度。计算公式为：

当年预算支出完成率＝年终执行数÷（年初预算数±年中预算调整数）×100%

年终执行数不含上年结转和结余支出数。

3. 人均开支，衡量行政单位人均年消耗经费水平。计算公式为：

人均开支＝本期支出数÷本期平均在职人员数×100%

4. 项目支出占总支出的比率，衡量行政单位的支出结构。计算公式为：

项目支出比率＝本期项目支出数÷本期支出总数×100%

5. 人员支出、公用支出占总支出的比率，衡量行政单位的支出结构。计算公式为：

人员支出比率＝本期人员支出数÷本期支出总数×100%

公用支出比率＝本期公用支出数÷本期支出总数×100%

6. 人均办公使用面积，衡量行政单位办公用房配备情况。计算公式为：

人均办公使用面积＝本期末单位办公用房使用面积÷本期末在职人员数

7. 人车比例，衡量行政单位公务用车配备情况。计算公式为：

人车比例＝本期末在职人员数÷本期末公务用车实有数：1